幼稚園教育實習輔導

— 黃文樹・編著 —

編著者序

黃文樹

樹德科技大學師資培育中心教授

　　本書乃筆者近日主持辦理的「幼稚園教育實習輔導學術研討會」論文彙編。該研討會係依 2010 年 7 月 27 日教育部修正公佈施行的「補助師資培育之大學辦理學術研討會作業要點」而提出之計畫，獲得教育部經費補助，按原計畫於 2011 年 3 月 26 日（星期六）假本校（樹德科技大學）圖資大樓 LB103 國際會議廳隆重舉行。參與者達九十人之多，有來自中南部各大學幼教相關系所及師資培育中心之教授；有來自全國各縣市公私立幼稚園現職園長、主任、教師；有來自南部國民小學之校長、教師；有本校兒童與家庭服務學系研究生及修習幼稚園教師教育學程之師資生等，構成學者、學校主管、教師、研究生、師資生共聚一堂，針對幼稚園師資培育課程之教育實習輔導課題，充分進行研討與意見交流。

　　教育部為提升中小學暨幼稚園師資培育半年教育實習課程之品質，增進教育實習輔導之效能，先後訂定了相關制度、作業原則與實施辦法。基本上，教育實習輔導之目的，在提升實習學生下列知能：一、暸解班級教學情境，演練教學知能；二、暸解教育對象，演練班級經營知能；三、見習並參與學校行政工作，暸解學校運作；四、體認教師職責與角色，培養專業精神。培育一位優秀的教師，教育實習輔導工作是不可或缺的。

　　依規定，師資生修畢各級師資教育學程最低總學分數之後，另需參加半年全時之教育實習課程，成績及格者，始能發給「修畢師資職前教育證明書」。取得「修畢師資職前教育證明書」及大學畢業學歷者，方可參加教師資格檢定考試，通過後由中央主管機關發給教師證

書。可見，半年之教育實習，是有志擔任中小學及幼稚園正式合格教師之必經過程，其重要性與意義極大。

在教育部、地方教育局（處）、大學師資培育單位、教育實習機構、實習指導教師、實習輔導教師及實習生等之通力配合與合作之下，我國教育實習輔導制度日臻健全，教育實習輔導成效日益提高，值得欣慰。但不可否認的，教育實習輔導工作，仍未能盡善盡美，尚有若干問題和缺失，亟待檢討和改進。諸如，實習學生是否很有尊嚴的到實習學校實習？實習內容是否合理合情？教育實習機構及實習輔導教師是否提供充實而完善的輔導？師資培育單位及實習指導教師是否用心於實習輔導工作？實習學生實習表現之評量是否客觀公允？實習輔導及實習表現優異者之回饋機制是否適當？等等課題，都需要大家進一步思考和改善。

職是之故，本研討會辦理以幼稚園教師為主（教育實習輔導教師優先）、師資生為輔的幼稚園教育實習輔導學術研討會，邀請這方面之學者發表研究論文，同時安排教育實習輔導教師經驗分享，以加強幼稚園現職教師及師資生在幼稚園教育實習輔導工作之專業知能，增進其當前及未來之教育實習輔導成效。

至於本研討會之意義可歸納為下列四項：

其一，本計畫研討內容以幼稚園教育實習輔導為中心，聚焦於攸關幼稚園教育實習輔導之研討，包括著名幼兒教育家張雪門的實習觀、實習指導教師的角色、實習生面對的挑戰與因應之道、實習生專業成長等相關議題，研討目標具體且清晰。

其二，本研討會之專題論文發表，概為這一領域素有研究之學者專家，包括鄭進丁、李鴻章、張麗芬、周俊良、潘世尊、趙惠鈴、廖瑞琳、陳建銘、許美華、陳埒淑、陳義汶、歐舜蘭等人之最新力作，可針對主題內容全面而深入地進行探討。

其三，本研討會之參與者主要為基層幼稚園現職教師（教育實習輔導教師優先），可將研討會的影響向幼稚園教育現場延伸，俾使以幼稚園教育實習輔導為核心的教育專業知能得以往下紮根。

　　其四，研討會計畫在本中心的網頁之下，設置「幼稚園教育實習輔導學術研討會」網站，並與全國教師在職進修資訊網連結，將計畫內容、議程活動之全程錄影、研討教材、執行成果報告及相關資訊等 E 化，上網至伺服器，供參與研討會的人員及社會各界人士點閱、查詢、利用等。

　　要言之，本研討會之旨趣，首在充實、強化現職幼稚園教師及幼教師資生對於幼稚園教育實習輔導之專業素養，進而提高有關教育實習輔導之成效。

　　本書的論文內容，概經各篇作者至少二個月時間搜集研究資料、整理分析，撰寫初稿，再予審慎修正，始克完成。其間勞心勞力的艱辛處，往往是無法同局外人道的。

　　當然，本論文集不可能十全十美，罅漏、缺失之處，一定存在，敬請讀者諸君惠賜指教。

各篇作者簡介

論文題目	論文發表人	任教單位	職稱
張雪門的幼師生實習觀	黃文樹（國立高雄師範大學教育學博士）	樹德科技大學師資培育中心	教授
從教育實習目標探討教育實習機構的能為	陳建銘（國立高雄師範大學教育學博士候選人）	高雄市前鎮區鎮昌國小	校長
實習生實習過程面對的挑戰與適應問題之探究和反思	張雅晴（國立新竹教育大學幼兒教育學碩士）、李鴻章（國立嘉義大學教育學博士）	新竹市天福幼稚園臺灣首府大學幼兒教育系	實習教師、副教授兼系主任
科技大學幼教實習生的實習困擾—以嘉南藥理科技大學94學年度到98學年度幼教實習生為例	許美華（國立高雄師範大學教育學博士）	嘉南藥理科技大學應用外語系	助理教授
我國師資培育法制之教育實習事務相關規範評析	周俊良（美國愛荷華大學特殊教育學博士）	國立體育大學適應體育系兼師資培育中心	副教授
幼教學程教育實習實習生實習困擾與因應策略之研究	鄭進丁（國立政治大學教育學博士）	輔英科技大學師資培育中心	副教授兼主任

幼保系實習指導教師的角色扮演	潘世尊（國立高雄師範大學教育學博士） 趙蕙鈴（東海大學社會學博士） 廖瑞琳（國立彰化師範大學商業教育研究所博士生）	弘光科技大學幼兒保育系	副教授兼主任、助理教授、講師
學前教師的數學教學知識之探討	張麗芬（國立政治大學教育學博士）	國立臺南大學幼兒教育系	副教授兼系主任
職前幼教師專業學科態度之探討—以數學為例	陳婷淑（國立高雄師範大學教育學博士） 陳義汶（美國伊利諾大學香檳校區課程與教學博士）	臺南應用科技大學師資培育中心	助理教授、助理教授
運用發展性教學輔導系統促進實習教師專業成長之探討	歐舜蘭（樹德科技大學幼兒保育系碩士）	高雄市荳荳幼稚園	園長

目次

張雪門的幼師生實習觀

黃文樹

樹德科技大學師資培育中心教授

一、前言

我國近現代，出現了一批幼兒教育家，他們都是教育工作上的有識之士。他們在政治環境不穩定，社會經濟條件欠缺保障的窘況下，從事刻苦的幼教研究和實踐活動，探索建立本土化、科學化、普及化的幼兒教育的道路。在內憂外犯疊起的時空背景，他們的主張雖然難以廣泛地推行，但是也有相當的影響，促進了我國幼兒教育的發展。

這些幼兒教育家當中，張雪門（1891-1973）是極重要而傑出者之一。他從 1918 年起即投入幼教工作，至 1973 逝於臺北為止，凡五十五年之久，約略前後各半在兩岸獻身幼教，無論在幼兒園與幼稚師範學校的實踐，或是幼教學理的探討，都有豐碩而可貴的成果。

論者謂：「張雪門對教育工作盡心盡力，對幼稚教育鞠躬盡瘁，不虧為中國幼教之父。」（林靜子，1985：73）；「張雪門先生對幼兒教育有深厚的研究，貢獻良多。其一生淡泊名利，有理想、有遠見，譽為我國『幼兒教育之父』，該當之無愧。」（王靜珠，1992：217）；「張雪門是樹立『中國的』幼兒教育的重要人物之一。……是中國第一個意識到幼教師資重要性的教育家。」（翁麗芳，1993：99）另有學者將「最早開始學前教育的實踐探索」、提出「行為課程」的張雪門，同「從家庭幼稚園起步」、揭櫫「活教育」理論的陳鶴琴（1892-1982）及「從中國第一位男性幼兒教師起步」、標舉「幼兒社會教育」的張宗麟（1899-1976），並列為「中國現代學前教育史上的浙江學派的三

座豐碑」（朱宗順，2007：18）。這些評價，勾勒出張雪門一生行誼、貢獻與歷史地位的輪廓。

此處依時間順序列舉張雪門重要的幼教行誼於後：

1. 1918 年，在浙江寧波創辦星蔭幼稚園。

2. 1920 年，在浙江寧波與友人共同創辦二年制的星蔭幼稚師範學校，並任校長。

3. 1926 年，發表《幼稚園的研究》（北新書局出版）。

4. 1927 年，在北平創辦藝文幼稚園；主持孔德學校的幼稚師範部。

5. 1930 年，在北平香山創辦北平幼稚師範學校（又稱香山幼稚師範學校）；完成《幼稚園的學理與實施》（北平香山慈幼院出版）、《幼稚園研究集》（北新書局出版）。

6. 1931 年，在北平創立中心幼稚園；付梓《幼稚園教育概論》（上海商務印書館出版）。

7. 1933 年，殺青《新幼稚教育》（上海兒童書局出版）。

8. 1934 年，撰就《幼稚教育新論》（上海中華書局出版）。

9. 1937 年，「七七事變」後，將北平幼稚師範學校遷到廣西桂林，任校長；創辦北平香山慈幼院桂林分院，任院長。

10. 1943 年，主持遷到重慶的北平幼稚師範學校。

11. 1946 年，赴臺灣，主持、開辦臺灣省兒童保育院（後稱臺灣省立臺北育幼院），任院長。

12. 1947 年，受聘到臺北女子師範學校開授「幼稚園實習」等課程。

13. 1959 年，完稿《幼稚園教材教法》（新潮出版社出版）。

14. 1960 年，撰成《中國幼稚園課程研究》（童年書店出版）。

15. 1961 年，發表《幼稚園科學教育集》（兒童書店出版）；出版《實習三年》（兒童書店出版）。

16. 1966 年，付梓《增訂幼稚園行為課程》（臺灣書店出版）。

17. 1969 年，殺青《幼稚教育五十年》（臺灣書店出版）。

18. 1973 年，完成《幼稚教育論叢》（臺灣開明書店出版）。

由上面的列舉可見，張雪門畢生所致力者，一是幼稚園教育，二是幼兒師資職前教育。這也是張氏從事幼教志業的兩翼。衡諸我國近現代教育史，《師範學校法》公佈於 1932 年，第一所公立幼稚師範學校——江西「實驗幼稚師範學校」於 1940 年成立，而張雪門早在 1927 年，1930 年便前後創辦、主持孔德與北平兩所幼稚師範學校，故稱張氏是我國幼教師資培育的「領航者」，應不為過。他在《實習三年》一書開宗明義指出：「幼教的良窳，由於主持幼教者的師資；而師資的由來，實由於師範教育的培植。」（張雪門，2009 b:392）在其眼中，幼兒園教育與幼教師資培育，是密切分不開的。他同時提出「教學做合一」的指導原則，強調「實習」在師資培育的關鍵地位。

學界研究張雪門的文獻，並不算多，而針對其在幼教師資培育及幼師實習課程方面之專題探討尤屬鮮見。其中，翁麗芳（1993）探論張氏的幼教師資課程的主張，兼涉他的實習觀，可資參考。而中國大陸學者朱良（2004）、李莉和于開蓮（2009）、曾娟（2009）等亦先後發表過關於此一主題的小文，惟篇幅皆極少，無法呈現較完整的討論，實有待進一步條理。

本文旨在運用文本分析法，闡述張雪門在幼稚園師資培育的實習課程之觀點，並藉由觀點之延展，提出其對當前幼教師資培育實習課程的啟示。

二、論實習的重要性

張雪門的教育思想有一明顯特徵，即是重視直接經驗。他說：「一種真實知識的獲得，是應該以直接經驗作基礎，再來擴充間接的經驗（就是書本的知識），才能夠融合貫通。」（張雪門，2009 b：394）基於此一教育觀，他辦理幼稚師範學校的重要措施，便是加重「實習」在師資職前教育課程中的份量和地位。

早在 1928 年，張雪門主持北平孔德學校的幼稚師範部時，他即認識到「騎馬者應從馬背上學」的道理，採取半日授課半日實習的措

施。除孔德幼師自辦的幼稚園外,還借了一個蒙養園作為幼師學生的實習場所。二年後,張雪門又應熊希齡之聘,創辦北平幼稚師範學校;隔年(1931),他還創辦一所中心幼稚園,作為北平幼師學生的實習場所。為了貫徹他重視實習的主張,還借用了北平市的幾個幼稚園(那時均為半日制,下午不上課)辦了幾個「平民幼稚園」,一切由師範生自主自理,以培養師範生全面辦理幼稚園的本領和技能(張雪門,2009c:379-380)。

　　1930年至1937年間北平幼稚師範學校的實習課程即由張雪門親自授課。依學者的考察,其實施概況是:實習是從一年級第一學期到畢業為止都有的課程。第一學年第一學期每週有6節實習課,幼師生到各幼稚園、蒙養園去參觀;第二學期則每週有兩天上午到幼稚園進行部分參與和試教活動。第二學年開始便實行「完全支配」的實習,幼師為學生準備好幼稚園的場地及設備,剩下的從招生到課程與教學的安排、實施的所有事物都由幼師生負責。第三學年實習的場地更由幼稚園向前延伸到托兒所(嬰兒教保園)及向後延伸到小學一年級。第一學期就近以香山慈幼院的嬰兒教保園、隸屬香山慈幼院的第二校的小學及天津南開小學為實習場地;第二學期則幼師生全體移往北平西郊經營三個「鄉村幼稚園」(即前述「平民幼稚園」),從農忙托兒所、幼稚園到稍大兒童的補習教育、農民的成人教育,完全由幼師生視需求自己設計,自己執行(翁麗芳,1993:105)。

　　根據翁麗芳的量化統計,張雪門1927年起主持孔德學校的幼稚師範部,其實習課程佔總課程的一半。而他1930年起創辦的北平幼稚師範學校三年制的課程,每學年的上課時數均為48小時,其中實習所占的時數,三年依序是9、15、18小時。對照1935年教育部頒行的同一學制幼稚師範學校的課程規定,三個學年之時數分別是72、70、70小時,其中實習所占時間是0、6、36小時(翁麗芳,1993:112-113)。兩相比較可知,先就時數看,張雪門的實習課程在幼師三年中皆有安排,且逐年增加時數,而部頒的只安排於後二年,並集中

於最後一年。再就比例看，張氏北平幼師的實習課總數是 42 小時，約占總課程 96 時數的 44%；部頒的實習課共 42 小時，約占總時數 212 小時的 19%。這充分彰顯張雪門重視實習的教育思想。

翁麗芳研究張雪門的幼教師資課程發現，張氏的幼教師資課程論，體現出以「實習」為中心的主張。她說：

> 張雪門一生的教育實踐印證其強調「實習」、「經驗」的「行動第一」的幼教師資教育原則。他以「騎馬要在馬背上學」比喻師範教育中實習的重要性，認為與其依賴書本不如實地在幼教機構裡學習來得合宜。……其所創辦的各種長短期幼教師資培養機構，「實習」課程必然占所有課程中最大比例，且必然全期間開設。……可顯現張雪門實習中心課程論之特色（翁麗芳，1993：113）。

這個論點，是信而可徵的。

張雪門一則為了呼籲幼教界及師校界重視實習課程，一則為了提供幼稚師範學校師生實施實習課程之參考，他在大病前後投下心力與時間，於 1961 年完成《實習三年》，此書可說是我國第一本有系統探討幼稚園實習課程的專著。該書凡六章；第一章緒論，第二章實習，第三章參觀，第四章見習，第五章試教，第六章輔導。其中二、三、四、五各章皆係病前舊稿，一、六兩章為病後所續成。他在書末卷尾語引唐儒柳宗元（773-819）〈南澗〉詩作結，其中「誰為後來者，當與此心期」一句，象徵了他對幼教師資培育的夥伴之期許，這也反映了他重視實習的一面。

三、論實習的功能

張雪門認為，實習對幼稚園師資生而言，具有多重的教育功能，可歸納如下四項：

5

（一）實習是幼師生獲得教育學理的重要途徑

教育上有諸多原理，諸如「教育即內在理性的啟發與開展」、「教育即充實經驗與建設心靈」、「教育即刺激與反應的連結」、「教育即社會化」、「教育即文化的傳遞與創新」、「教育即經驗的改造與重組」等。師資生修習教育專業課程，或和師友進行研討活動，或憑著自己大腦運思做種種的思考，再加例證，反覆推敲，諒可充實和提昇專業知能，但所得的印象，終究不能十分明白透徹，無法組織在自己的經驗裡。

欲將理論性的教育原理納入師資生的經驗裡，依張雪門的觀察和體悟，必須透過實習。他說：

> 在實習中常會體驗到學理的意義，使你不但可以印證學理，有時還可以找到新學理。人類把經驗移到了書本上，已經成了抽象的凝固體，其自身實不能再有所演進。除非在具體的行動中，才能發現其弱點，才能找出更進步的途徑，而實習正能使我們得到這種機會（張雪門，2009 b：396）。

這段話同前面他所言「真知識的獲得，是應該以直接經驗做基礎」，是前後同揆的。

（二）實習是解決兒童教育問題的實驗機會

幼稚園兒童的教育問題相當繁複，包括學童行為適應問題、課程設計與教材選擇問題、教學方法與評量方式問題、工作中的人際互動問題、兒童保護與安全問題、家長親職教育問題等，可謂層出不窮。這些問題對於任何一位幼教師和幼師生而言，都是鉅大的疑惑和挑戰。

幼師生職前的實習，即在提供一個實戰的現場，讓他們得以親臨實境去磨練、解決兒童教育上的各種問題，提昇其專業知能。張雪門說：

> 注意兒童教育問題而求其解決，自是教育者最重要的責任，但在書本上碰到問題，大家總抱著「不求其解」的態度。這種態度在實習上是萬難應付過去的。……況且書本上所寫的原理，

終不免是抽象的空泛的理論，似乎什麼都包括了，但應用到實際方面，就覺得什麼都不真切。這並不是說實習不需有理論作根據，卻是說在實習中始能切實注意到兒童教育問題而求其解決（張雪門，2009 b：396）。

張雪門以幼童哭的行為為例道：

> 譬如一個兒童哭了，如果不能探得哭的真實原因，就沒法解決這哭的行為。你不論在口頭或紙上研究哭的問題，像煞有介事地能提出許多理由來，但在實際上，你即使能解決這問題，那啼哭的容貌便仍然呈現在你的眼前，啼哭的聲浪依然傳播到你的耳朵裏，決不容許你「馬馬虎虎」過去的（張雪門，2009b；396）。

要解決兒童教育問題，光有書面研究或口頭討論，如同紙上談兵，並不能獲得解決，只有在實習中始能面對問題，實事求是地加以克服。

（三）實習是歷練幼稚園各項工作的唯一道路

幼稚園的運作，有教保工作，有行政事宜，前者又包括教學活動、教材研究、學籍管理、成績評量、親職教育、衛生安全、公共關係等；後者又包括事務、文書、會計、出納等業務，在在都需要教師同仁的分工合作，方能有效運作。幼師生畢業後便要進入職場任教，確需透過實習課程參與幼稚園各項實務工作，實地歷練，以強化未來之工作能力。

幼稚園各項工作能力之培養，僅靠師校課堂上的講述與研討是不足的。張雪門指出：

> 會騎馬的人是從馬背上學會的；離開了馬背，儘管念一輩子的騎馬術，如果跨上馬去，還是會從馬背上翻下來。……專從書本討經驗的人，無論對教材或教法的研究下過多深的工夫，一但實際與兒童對面，那幾十雙小眼睛，就可以使你「喪魂落

魄」、「手足無措」了。這不但教學上的技術如是,即是智慧測驗、體格檢查、編造預決算、拜訪家訪、輔導社會建設等一切的一切,在平時想像中都覺得最簡單最容易,但一和事實相接觸,正不知有多少困難(張雪門,2009 b:395-396)。

上面這席話,當不是危言聳聽。張氏凱切地勉勵道:「要想克服這些教學上、教師業務上以及行政處哩、社會輔導上種種的困難,沒有別的,只有一條路,那就是實地上實習。」(張雪門,2009 b:396)意味幼師生不必因此打退堂鼓,而是好好利用實習課程,以學生身分虛心學習,厚植將來正式擔任教師之各項能力。

(四)實習是培養幼師生教育興趣與熱忱的開端

凡對教育工作稍有經驗的人,大都承認要做一個富有教育熱忱的教師並不容易。教育工作實在是一種「良心」工作,自己是不是一個負責盡職的教師,只有自己知道(劉真,1979:284)。今日所謂教師專業精神的培養,主要的即在如何激發做教師者一種良心的自覺,始能自動自發地去做一個富有教育熱忱的教師。依張雪門的觀點,對於有意進入教師志業的幼師生來說,實習是培養幼師生對幼兒發生興趣,進而激發教育熱忱的開端。

張雪門在《實習三年》對此作了析解:

> 兒童,他們好像散佈幸福的天使,一天到晚,帶跳帶奔,遊戲著,工作著,永遠含著甜蜜的微笑。你,如果不是擺起老師神聖不可侵犯的莊嚴姿態,而是誠懇地付出幾分真摯的情誼到兒童身上,他們也自然有真摯的情緒給你,而且這種報酬只有多不會少!切記一個實際擔任兒童教育的人,最重要的條件,是對兒童發生興趣!發生濃厚的興趣。這種興趣是從兒童隊伍中來的,而實習卻是加入兒童隊伍唯一的機會(張雪門,2009 b:397)。

8

非但如此，許多正價的人格、任事的積極態度，也可在實習中鍛鍊出來。他接著說：

> 此外，一切處事待人必須具備的習慣態度，如忠實負責、詳於計畫、坦率和平、謹慎有恆、勇敢果斷，都非書本所能包辦，只有在實際生活中才能鍛鍊出來，而實習卻正是培養這些習性的開端（張雪門，2009 b：397）。

在張雪門看來，一位幼教師徒有熟練的教學技巧，而缺乏對幼兒的興趣與教學熱忱，很容易走上機械的道路，不僅自己工作無趣，而且要阻礙下一代的進步。

四、論實習的原理

張雪門從「騎馬者應從馬背上學」的理論，推衍出實習「教學做合一」原理。此外，他還強調應該由各領域專家來擔任幼師生的實習導師，本文徑稱之為「導師多元化」原理。還有，張氏也提出實習內容應將幼稚園一切的工作全面概括在內，可界定之為「內容概括化」原理。此下分別說明張氏這三項教育實習的原理。

（一）「教學做合一」原理

1920、1930 年代，中國新式幼兒教育尚在摸索、起步階段，幼稚師範學校的實習課程，也是如此。依張雪門的觀察，當時的師校實習課，有兩個「畸形發展」的「病態」：一是「教科書包辦實習」，即「教的是實習教科書，考的也是實習教科書」，將教科書看做實習課程唯一的活動，很少想到這僅是實習的參考；二是「一味活動的實習」，「對實習既沒有準備也沒有計畫，一味從活動入手。」（張雪門，2009 b：395-397）為了改善這兩大缺失，他在 1930 年掌理北平幼稚師範學校時，即提出「教學做合一」的原理。此一原理一方面強調「做」以革除「教科書包辦實習」之弊，另一方面注重實習的準備和計畫以改進「一味活動的實習」。

「教學做合一」，在張雪門的表述中，另名「做學教合一」；進一步說即「教的是根據學的，學的是根據做的。」（張雪門，2009 c：241）又可換一句話言即：「學本於做，教本於學」（張雪門，2009 c：148）。他說：「教的法子，要根據學的法子；學的法子，要根據做的法子；事怎樣做，就怎樣學；怎樣學就怎樣做。」（張雪門，2009 b：397）依張氏在《幼稚教育五十年》書中所述，他最早提出這個「顛撲不破」的原理，應在 1937 年私擬一份幼稚師範課程時正式揭櫫出來；這個觀點及其實踐到他歿世為止，未曾改變。

在當年張雪門為幼稚園課程的規劃中，強調「實習」一科內容需以行動為重心。他說：

> 因為以行動為重心，所以在行動中遇到的困難，才是真實的問題；在行動中所得的經驗，才是真實的知識；在行動中所克服的困難而獲得了成功，才是真正的駕馭環境的力量。又因重視行動，自然是事應怎樣做便得怎樣學，怎樣學便得怎樣做。這樣，一切的「學本於做，教本於學」的原則已在無形中貫徹了（張雪門，2009 c：148）。

據此，他針對「幼稚園實習」課程，要求達到的標準是：（1）參觀時能調查記錄設備、教具、表冊、教學實況及兒童特殊情況；（2）見習時能供給適當的工具、材料及一部分參與活動；（3）試教時能布置環境、編制課程、支配經費及兒童一切之活動（張雪門，2009 c：147）。「教學做合一」原理已然是「實習」課程的核心。

「教學做合一」的真諦乃「教」、「學」、「做」是「一體的三面」，並非三件可以單獨分開而能存在的東西。張雪門道：「一個人做一個活動，對事說是做，對己說是學，對人說是教。若在狹義教育的範圍內說，教師要在做上去教，兒童要在做上去學；教與學都要以做為中心。」（張雪門，2009 b：398-399）又說：「既沒有準備又沒有計劃的蠢動，要想在盲目摸索的途徑中，找到實習的經驗，實在是一種最不經濟最不適宜的辦法。」（張雪門，2009 b：298）教、學、做若脫節，實習課程終將事倍功半。

　　張雪門提倡「教學做合一」的原理，這與他同時代的陳鶴琴的教育觀幾近。1940 年，陳氏在江西省泰和縣創辦全國第一所公立的「實驗幼稚師範學校」，標舉「活教育」旗幟辦學（黃文樹、黃慧莉，2006：232）。陳鶴琴強調幼稚師範學校的指導原則是：「做中教，做中學，隨做隨習。活教材，活學生，活的教師。大自然、大社會是工作室。」（陳鶴琴，1987：4）他們同樣倡導實做實習在幼稚園師資培育上的關鍵意義和價值性。

（二）「導師多元化」原理

　　張雪門的幼教實習觀，還特別提出應該由廣泛的人來擔任幼師生的實習導師，諸如幼稚園教師、教導主任、醫生、護士、社會工作者、會計等，都可以成為幼師生不同實習階段（參後）的指導教師。他說：

> 擔任實習的導師（由幼稚師範學校指派）、幼稚園教師、教導主任，及擔任教育科的導師以及……醫生、看護士、社會工作者、演說家、會計、統計、庶務等等，似乎都可以在某一時間擔任某一種實習工作的指導（張雪門，2009 b:400）。

　　張雪門所謂不同實習階段可安排不同的實習導師，其規劃是：實習的第一階段「參觀」時期（一個學期），實習指導教師「應以擔任實習的導師為主，幼稚園教師為副。」第二階段「見習」時期（一個學期），實習指導教師「應以幼稚園教師及擔任實習的導師為主，而以實習主任及擔任教育科的導師為副。」第三階段「試教」時期（一個學年），「擔任實習導師者反退居於顧問地位，最多也不過是一位參議罷了。」第四階段「輔導」時期（一個學年），「實習導師必要時予以指點」之外，實習事務須向各領域專家請教、學習，這些專家也「擔任某一種實習工作的指導」（張雪門，2009 b：399-400）。

　　茲以醫生擔任實習的指導為例。1934 年至 1937 年間，張雪門領導一群幼師生在北平核桃園一帶進行鄉村幼稚教育實驗，實驗區內設有托兒所、幼稚園、小學、成人班、婦女班等普及教育措施，作為幼

稚師範學校學生面向農村、面向社會的實習園地（張雪門，2009 c：380）。當時核桃園一帶是相當偏僻的農村，沒有醫療人才；「莊稼人的孩子整天在田野裡討生活，不是誰的腿跌破了皮，就是誰的手指被割破了，更有人讓蟲兒進入了耳朵嗡嗡作響。」於是幼師生「向校醫學習了打針、灌腸、紮繃帶、種牛痘等技術。」後來村中農婦的「大脖子」（脖子腫痛）、老人的氣喘等也都前來幼稚園向幼師實習生要藥治療（張雪門，2009 c：136）。

那時幼師實習生為了應付這些醫療工作需要，「向醫學院附屬醫院訂做了一個保健箱，箱中備有鑷子、剪刀、紗布、藥棉、酒精、紅藥水、碘酒等等，另外還有如意油、瑙砂膏等中藥。」（張雪門，2009 b：472）「疾病治療」成為幼師生實習活動的項目之一（張雪門，2009 b：481）。這也印證了張氏所謂「一切學習都是從做上出發，做什麼，就學什麼；學什麼，就教什麼。」（張雪門，2009 b：477）

在「教學做合一」的原則訓練下，張雪門調教的幼師實習生很多人成為「郎中兼護士」，沈秀梅便是其中一位佼佼者，摘述如下：

> 有一天，一位婦人帶了一個小男孩到（幼稚園）辦公室來要藥，看小孩的頭上長滿了大小不同的熱癤。……師範生沈秀梅性情最溫柔，做事也最細心，她把瑙砂膏放在開水壺的蓋上等到熱透了一個一個攤開來，有的剪成兩塊，有的只剪了一角，一個一個都貼在熱癤上並且告訴他的母親，晚上睡覺的時候要小心。第二天，這個孩子又來了，熱癤的頭已經破了，用藥棉花蘸上硼酸水擦乾淨（張雪門，2009 b：472）。

這些活動，實是「婦幼保健」工作，在當時是張雪門教導幼師生進行「實習」課程的一部分。

（三）「內容概括化」原理

張雪門認為，實習之內容應將幼稚園教育所有相關的工作全面概括在內。就項目言，舉凡幼稚園的行政、建築、設備、人事、課程、

教學、保育、饍食、衛生、安全、親職教育等，皆應加以實習；就範圍言，托兒所、小學等教育機構，也有必要納入實習場所。如此才能培養幼師生獨立工作的能力，才能使幼師生從實習中獲得真知識，並解決幼師生與兒童和社會的隔膜。

在實習的「試教」階段中，張雪門「要求幼稚園中的招生、編輯、選材、組織課程、指導活動、編製預決算，以及一切教學上、教師業務上、幼稚園行政上的處理，都由二年級的師範生擔任。」（張雪門，2009 b：400）以「招生」為例，張雪門的學生許德英負責「水口寺幼稚園」的招生工作，有下面記述：

> 水口寺是偏在鄉下。……在（城市）街上，招生起來比較順利，但是在鄉村裡可不然了。在開始時他們（家長）看我們辦幼兒園，把我們當拉夫抽壯丁一樣看得，怕死了。有的立刻把小孩子藏起來，不給小孩子出門，怕給我們拉走了，不回來似的。當我們招生廣告出來兩天，只兩三個小朋友是自來報名的，以後就沒有了。我們這次開辦幼兒園，主要是為地方服務，另是為我們的實習。……鄉下的狗真多，主人若不來趕，真要咬人。有一天，我們一行出來三人（招生），……有幾家很順利地答應使他們的小孩到我們這裡來求學。後來又到了一家，狗特別凶，請主人趕，他不但不趕，反而叫狗來咬我們。狗原是仗勢，就很凶地撲過來。……一個同學在前面，狗在他身後追上了，看看！看看！要咬到我們了。幸而還好是寒冬了，我們都穿著大衣，只好把大衣脫下掩住了全身，因大衣很大。……主人這時發現自己是不應該的，又趕忙把狗叫回了。……還好，進行訪問了四天，找來了十八個小朋友，連自動來報名的有二十一人（張雪門，2009 b：491）。

這段記錄，反映出當時實習生負責招生事宜的辛苦，甚至危險的情形，同時也彰顯了 1930 年代新式幼兒教育初萌時期，鄉下農村一般人教育觀念的水平。

　　另外，幼師生在幼稚師範學校的時候，終日除了上課下課外，很少接觸社會的機會。因此，他們對於社會便有隔閡、距離。畢業後，進入幼稚園任教，面對各式各樣家長及其層出不窮的要求和意見，便常常不知如何是好。如果能在師校課程中增添社會學、社會心理學、社會工作學、社會與文化等有關社會的課程，借以促進幼師生對社會的認識，固然有益。然而，學校內授課，與實際仍有落差。為此，張雪門提出幼稚教育實驗區計畫，並加以實踐，前述他在核桃園地區辦理的幼稚園，輔導幼師生利用實習後期從事包含家庭訪問、親職教育、社會工作等在內的「輔導」，即箇中典範。

　　張雪門關於「輔導」的作法，有如下敘述：

> 輔導在縱的方面是由兒童的隊伍出發，向兒童家庭推進的是家庭訪問、親職教育；同時更由個案工作求得整體的聯絡，向學校單位前後延伸至托兒所和小學低年級。橫的方面，是向廣大的社會聯繫，包括社區調查、營養站、衛生站、輔導會、導生班。這些工作，一律由三年級的師範生負責，他們要自己計畫，自己分配工作，自己檢討並改進，實習導師必要時予以指點（張雪門，2009 b：400）。

由上可知，張雪門的實習計畫在內容上，從教學到行政；在空間上，從校內到校外；在層級上，從幼稚園向下延伸到托兒所、向上擴展到小學低年級，「概括性」色彩濃厚。

五、論實習「四階段」說

　　前引張雪門檢討當時師範學校的實習制度之弊，一是視實習教科書為實習，二是缺乏準備和計畫性，純以活動為主。職是之故，為落實實習的功能，他乃提出「有系統組織的」實習「四階段」說，將實習分成四個階段：第一是參觀，第二是見習，第三是試教，第四是輔導。這四個階段，依序貫穿於幼稚師範學校三年之中實施，「上一階

段的工作未終了，下一階段的工作不能開始」（張雪門，2009 b：400）。以下分別說明各階段內容與實施方式。

（一）參觀

時間為一個學期，參觀的對象以幼稚師範學校附設的中心幼稚園為主，其他幼稚園為輔，以資比較和參考。參觀的內容為幼稚園校舍建築、教具、工具、材料等設備，師生的儀表、態度與興趣，對幼兒習慣積極消極之處置，工作、遊戲、文學等教學過程以及整個的教學活動設計。參觀的目的，在培養幼師生對幼稚園的基本觀念（張雪門，2009 b：399）。

參觀又分為兩個小階段：第一階段，活動的範圍都在幼稚師範學校自己的中心幼稚園。在作為幼稚師範學校教育實驗地的中心幼稚園，師範生自然較易探得學理的印證，可以得到一個「先入為主」的基本觀念。當然，僅在中心幼稚園參觀是不夠的，因為，「他山之石，可以攻錯」，幼師生的參觀也需要多方面的擴充，更有許多地方應做比較，然後對教育的學識才能逐漸充實起來，而有更堅定地把握。這便是參觀的第二階段，即向托兒所、其他幼稚園、小學低年級、社會教育機構、地方教育行政單位以及各種的社會建設的參訪學習（張雪門，2009 b：405-406）。論者據此指出：「從張雪門的參觀向上延伸至小學，向下延伸至托兒所的規劃來看，顯示出張雪門重視幼稚園前後教育的連貫性。」（黃常惠，2001：99）

（二）見習

時間也是一個學期，在第二個學期實施，從供備工具、材料開始，一直到整個教學設計活動中的參與。見習的地點，也以幼稚師範學校自己的中心幼稚園為宜。這不僅來往便利，而且理論和實務也較易銜接（張雪門，2009 b：399）。張雪門說：

> 見習是把師範生從參觀中所得的經驗，再經過一次行為的表演，使得他們的認識更清楚，觀念更堅定，而且促醒他們對於

15

教育的看法，不應當僅僅以為是一種知識，並應有相當的熱忱和技能（張雪門，2009 b：430）。

這道出了見習的本質性義涵。

見習既根據參觀的經驗，卻比參觀更深入了一步。張氏提醒幼師生在見習時，應注意二個方針：一是「看的是什麼，記的是什麼；記的是什麼，做的就是什麼。」二是「客觀上需認清了現代的兒童，主觀上更需忘掉了自己。」（張雪門，2009 b：399）此外，幼稚師範學校的各種學科，如幼稚園教材教法，在見習中都應發生銜接的作用，不但為了應用，也同樣為了學理，是從知中求行，也是從行中求知（張雪門，2009 b：430）。

（三）試教

時間是一個學年，安排於第二學年。舉凡幼稚園中的招生、編班、規劃與組織課程、編製與選擇教材、指導活動、編製經費預算和決算，以及一切教學上、教師業務上、幼稚園行政上的處理，都由幼師生來擔任。張雪門堅信，「沒有做事的機會，將永遠沒有做事的能力」（張雪門，2009 b：400），此即何以他要求二年級師範生試教階段即須實習幼稚園諸多事務的立基點。回顧他在北平辦幼稚師範學校時，即利用各幼稚園下半天空閒的時間（當時北平地區幼稚園多只有上午半日制，許多都市的幼稚園差不多也只有半天），利用他們現有的課椅和教具，只要每月籌措五元，供兒童作業材料費及極少的辦公費用，就可以辦一所不收費的平民幼稚園（張雪門，2009 b：440），供實習生磨練。

張雪門針對試教指出：

（幼師生）從參觀、見習中獲得了若干經驗，當然對於幼稚園的觀念總有了一些根基，就是在教學上也不能說一些沒有把握，即對於兒童、民族、社會也稍有若干的認識和興趣。為著幫助他們的學識發展到更高一層的階段，便得趕緊給他們一個較長時間的獨立負責的機會（張雪門，2009 b：440）。

試教便是最好的形式。試教的時間，每天是整個的半天。上午仍照常在幼稚師範學校上課，下午各組按著所分配的幼稚園，自己去展開試教工作。幼稚園教師和擔任實習指導的教師不時去巡迴訪視他們，也列席他們每天試教後的檢討會，一直到了整個的學年完畢為止（張雪門，2009 b：440-441）。

（四）輔導

時間也是一個學年，安排在第三學年（幼稚師範學校最後一年）。幼師生從參觀開始，歷經見習，完成了試教，可說對幼稚教育已打定了一個基礎。但這種基礎是非常脆弱的，主要表現在教育的情感不高，教育的態度又不夠積極，因此，需要「輔導」這一階段，使之從實踐中了解教育的真正價值，並在輔導中培養他們堅貞卓絕的人格和百折不撓的精神（張雪門，2009 b：470）。

輔導的範圍，如前所略述，在縱的方面是由兒童出發，向兒童家庭推進，同時更由個案工作求得完整的連絡，向學校單位前後延伸至托兒所和小學低年級。橫的方面，是向廣大的社會聯繫，包括社區調查、營養站、衛生站、輔導會、導生班。這些工作，幼師生都要自己計畫，自己分配工作，自己檢討並改進。張雪門說：「這一階段的實習不但要了解兒童的發展情況，而且要進一步主動地展開全面的兒童福利工作，培養地方師資，以求達到幼稚教育的合理和普及。」（張雪門，2009 b：400）

六、對當前幼稚園師資培育的啟示

我國目前的幼稚園教師培育制度已逐漸朝向多元培育與專業優質二大方向發展。前者指除了傳統師範院校培育師資之外，並開放其他大學校院參與師培教育工作；後者指師資培育目標力求專業化、優質化，以提升中小學暨幼稚園師資水準。教育實習在師資職前教育課程中，雖向來受到重視，但不可否認仍有需要改進、發展之空間。張

17

雪門在幼稚教育的理論和實務經驗皆相當宏富，尤於幼稚師範生的實習課程用力特深，縱然其成果容有若干過時之嫌，但其理念、精神與做法，仍有諸多值得我們借鑒、參考之處。綜觀上述張雪門的幼師生實習觀，可以得到以下啟示：

（一）在師培觀念上，宜重視教育實習

　　長期以來，師範院校重理論、輕實踐的格局一直沒有得到根本改變。許多師校對教育實習的意義理解偏狹，將教育實習視為師培生職前教育課程中一個不得不進行的環節，更多將教育實習當作一種負擔。在這種觀念影響下，直接導致了教育實習的目標簡單化和過程形式化（曾娟，2009：198）。其衍生現象之一是，資深教授多不願擔任實習課程指導教師；現象之二是，師資生有人持「消極」、「被動」的態度參加實習，致使實習目標和功能不免打折扣；現象之三是，由於實習生在實習期間需要準備國家辦理的「教師資格檢定考試」，以及參與競爭劇烈的教師甄試，許多實習機構以變通做法，讓實習生在實習後期讀書準備考試，這也多少衝擊實習成效。

　　張雪門本著「騎馬者應從馬背上學」的事實，提出「教學做合一」原理，強調教與學統一在做之中，幼師生應在教育實踐中學習。幼稚園的學童有個別差異性，有他們身心各方面的發展特徵，包括認知發展、社會發展、情緒發展、身體動作發展、語言發展、人格發展等，都不同於青少年和成人，要深入客觀認識與瞭解，需要教師在職前透過實習課程進行較多的觀察才能達成。而各科教學領域之課程規劃能力、教學能力、班級經營能力、學習角設計能力，以及各種突發事件的因應與處理能力等等，都有賴在具體的幼稚園教學現場中進行培養和發展。

　　因此，無論是師資培育機構的教師和修習師培課程的師資生，都應該認識到教育實習的重要性。教育實習不僅是對幼教實習生專業知能的實練和提升，而且是對他們專業倫理、專業情操和文化素養的檢驗，故它對有志擔任教師的幼師生來說，非但不是不得不參加的課程，而且是必須賦予高度重視、認真嚴格執行的環節。

（二）在實習內容上，宜既廣泛又深入

　　現階段師資職前教育課程中，教育實踐部分主要包括教學實習和教育實習兩部分。由於人力、物力、財力等主客觀因素的侷限，這兩個教育實踐課程，並未達到完善地步。其中，教學實習四學分，有的學校集中在一個學期，有的分散在上下兩學期，實施方式多以課堂教學為主，到幼稚園參觀、見習或試教的機會並不多。教育實習，則在師資生修畢最低學分數要求之後，集中安排到幼稚園進行半年全時的實習。雖然規定實習內容包括有教學實習、導師（級務）實習、行政實習和研習活動四部分，惟師資生往往被視為「學生」、「助教」、「副手」，甚至「幫傭」看待，少有機會獨當一面工作，致實習歷練之成果經常是不盡理想。

　　論者指出，「從實習內容看，張雪門先生結合當時的社會發展與教育實際情況，進行了一系列富有開拓性的工作。」（朱良，2004：54）另有學者呼應道：

> （張雪門）認為實習應當是全方位的，師範生的實習範圍不應只圍於幼稚園這個相對狹小的天地，而應以幼稚園為中心，兼顧到社會中兒童相關的各種事務。這種教育實習思想極大地拓寬了我們當前對實習範圍和內容的固有道路（李莉、于開蓮，2009：47-48）。

張雪門在實習內容的觀點，確為許多幼教學者的一致肯定。

　　張雪門將實習四個階段有系統有計畫地貫串於幼師生三年學習之中，並且每一學年安排不同任務的主張，以及在實踐的同時進行理論學習，然後再實踐的培養方法，對目前我國師資培育的革新仍具有參考意義。當前幼稚園教師職前教育實習限於幼稚園，可考慮將托兒所實習、小學低年級實習、婦幼保健實習、幼稚園經營與管理實習等多項內容相結合，以多角度提高準幼教師的各項能力。特別是將小學低年級實習納入教育實習的部分，尤值得借境，它確是加強幼小銜接

的一個有效措施。另外,張氏帶領幼稚師範學校實習生創辦平民幼稚園的經驗,在我們透過實習培養師資生的創業能力方面,也值得關注。

　　為人師者不但要做「經師」,更要做「人師」,若能提高抱負到做「良師」,尤為學生之福、社會之福。擬從事教育工作的大學師資生,應在修習師資培育課程的過程中,逐步充實教育專業知識與能力,並漸次涵養積極的教育態度與情操。學者指出:「(教育專業)知識和能力的充實是個持續不斷的歷程,唯有正確的教學態度和價值觀的建立,是愈早愈好,培養師資生的服務熱忱和態度,刻不容緩。」(張民杰,2006:1)七十年前張雪門提出的幼師生實習觀,可說是這個理念的先驅。

(三)在實習目標上,宜培養服務精神

　　關於教育實習的目標,有人將之歸納為下列六項:1、證驗教育學理,2、了解教育對象,3、體認教師責任,4、培養教師風範,5、熟練專業知能,6、啟發研究志趣(教育實習手冊編輯小組,1988:20-21)。另有人析解為下面六點:1、認識教育工作,2、聯絡理論與實務,3、運用和發展教學方法和技術,4、累積教學的實務知識,5、體認教育人員的專業素養,6、激發教育研究的興趣(謝寶梅,2006:15-16)。這些論點,皆未將師資生從事專業性的社會服務精神之培養考慮在內,不無遺憾。

　　張雪門始終把幼兒教育看作社會事業的組成部分,認為只有通過社會服務才能使未來的教師更加體認到幼兒教育的價值和身為教師所負的社會責任感。他提出的諸如讓幼師生辦理不收費的平民幼稚園,以及鼓勵幼師生從事社會調查,到營養站、衛生站等處去服務群眾,從而使準教師更了解幼教事業的價值,更加熱愛自己的職業(李莉、于開蓮,2009:48)。從本文上面的討論可知,張雪門確實十分重視幼師生以教育專業進行社會服務的實踐,此點的確給予我們在研擬實習目標上極有益的啟迪。

七、結語

綜上可知，張雪門在二十世紀初葉我國新式幼兒教育起步的階段，全力投入幼稚師範學校與幼稚園的教育研究和教育實踐，在幼師生實習方面著力尤深。教育史家對他有極高的正向評價。本文主要採取文本分析法，旨在探討張雪門的幼師生實習觀點，並提出其對當前幼教師資培育課程中教育實習之啟示。筆者發現，張氏在幼師生實習方面的研究和實踐經驗皆相當宏富。他肯定實習在幼教師資培育工作上的重要性，認為實習的功能有四：（一）實習是幼師生獲得教育學理的重要途徑；（二）實習是解決兒童教育問題的實驗機會；（三）實習是歷練幼稚園各項工作的唯一道路；（四）實習是培養幼師生教育興趣與熱忱的開端。

另外，張雪門提出實習課程實施的原理凡三：其一為「教學做合一」原理，強調教的是根據學的，學的是根據做的；學本於做，教本於學。其二為「導師多元化」原理，擔任幼師生實習指導的教師，不限於師範學校的實習導師和幼稚園的教師，其他像醫師、護士、社會工作者等，也可以在某一時段擔任幼師生某一種實習工作的指導者。其三為「內容概括化」原理，實習內容全面含蓋與幼稚園工作有關的事務，包括托兒所實習、小學低年級實習、創辦幼稚園，以及相關的社會工作實習等，皆在實習範圍之內，希藉此鍛鍊幼師生獨立工作的全方位能力。

還有，張氏論述了實習「四階段」說，依序為參觀、見習、試教、輔導。這四個階段有機地貫串於幼師生三年的學習之中。各個階段各有任務，上一階段的工作未終了，下一階段的工作不能開始，體現出系統性、組織性與計畫性。

筆者認為，張雪門的幼師生實習觀，對當前的幼稚園教師師資培育工作，可得三項啟示：（一）在師培觀念上，宜重視教育實習；（二）在實習內容上，宜既廣泛又深入；（三）在實習目標上，宜培養服務精神。

總之，張雪門作為我國幼教師資培育教育先驅是當之無愧的；他的幼師生實習觀，在半世紀前曾發揮過智慧光芒，迄今仍有其參考價值。

參考資料

王靜珠（1992）。張雪門先生之幼教理念。《幼兒教育年刊》，5：217-234。

朱良（2004）。張雪門的幼稚師範實習理論及其啟示。《學前教育研究》，5：52-54。

朱宗順（2007）。現代學前教育史上的浙江學派。《浙江教育學院學報》，2：18-23。

李莉、于開蓮（2009）。張雪門教育實習思想對當前幼兒教師職前培養的啟示。《學前教育研究》，12：45-48。

林靜子（1985）。張雪門先生幼教理論的研究。《花蓮師專學報》，16：35-77。

翁麗芳（1993）。張雪門幼教師資課程論及其實踐。《幼兒教育學報》，2：99-120。

張民杰（2006）。《服務學習再師資培育運用之研究》。臺北：高等教育出版社。

張雪門著，戴自俺主編（2009a）。《張雪門幼兒教育文集（下卷）》。北京：北京少年兒童出版社。

張雪門著，戴自俺主編（2009b）。《張雪門幼兒教育文集（中卷）》。北京：北京少年兒童出版社。

張雪門著，戴自俺主編（2009c）。《張雪門幼兒教育文集（下卷）》。北京：北京少年兒童出版社。

教育實習手冊編輯小組（1998）。《教育實習手冊》。臺北：國立臺灣師範大學學生實習指導委員會。

陳鶴琴（1987）。《陳鶴琴全集（第五卷）》。南京：江蘇教育出版社。

曾娟（2009）。張雪門先生的幼師實習理論及其啟示。《管理觀察》，33：198-199。

黃文樹、黃慧莉（2006）。《陳鶴琴的特殊幼兒教育觀述評。收於國立嘉義大學幼兒教育系，《幼兒教育教學卓越與研究前瞻學術研討會論文集》（頁220-235）。嘉義：嘉義大學幼教系。

黃常惠（2001）。《張雪門幼兒教育思想及實踐之研究》。國立臺灣師範大學家政教育研究所碩士論文，未出版，臺北。

劉真（1979）。《教育與師道》。臺北：正中書局。

謝寶梅（2006）。《教育教師督導：學校輔導人員指引》。臺北：五南圖書公司。

我國師資培育法制
之教育實習事務相關規範評析

周俊良

國立體育大學適應體育學系兼師資培育中心副教授

一、緒論

（一）問題敘述

　　「良師興國」，古有明訓，提振師資素質，攸關國家的興衰，更是教育品質維護的關鍵課題。而師資培育的過程中，除了職前的課程外，教育實習更是結合理論與實務，型塑教師的重要養成階段，乃為影響初任教師最為關鍵的歷程。規範教育實習的典章制度，是為師培機構及參加教育實習課程的師資生，重要的行事準繩，法的規範若為明確可行，將是帶動師培品質向上的動力；反之，則成為阻滯不前的因素。

　　此外，實習為一種關鍵性的導入階段，也是理論應用於實務的轉銜過程，教育實習落實與否，將攸關師資培育的成敗（周愚文，2005；陳益興，2005）。我國自從師資培育法公布前後，由實習相關的法令所衍生之許許多多社會問題，藉由科學的研究方法，發掘事項執行的限制與利害關係，與對教育單位之相關大眾，爰以造成的得失影響，研擬解套的具體建議，以為政策制訂依循之參考，是為本研究之動機。

（二）研究目的

本研究主要的目的為：

1. 瞭解師資培育法規範內涵的歷史變遷。

2. 梳理師資培育之實習法令各事項之規範內容與原則。

3. 檢討師資培育之實習法規範對師資培育實務及政策面的影響。

（三）研究方法

本文探究的主要方法有歷史研究法、比較研究法、法條研究法與內容分析法，方法分述於後：

1.歷史研究法

歷史之研究為社會科學研究的基礎，未具歷史之觀點，不足以言社會科學之研究（林紀東，1994）。尋本溯源、返古鑄新，鑒往而知來，運用歷史研究法（historical approach）的精神，探究師資培育暨教育實習新舊法令的起源、變遷、演進，以宏觀因果分析法（macro-casual analysis）比較歷史的相關判準，羅列異同，找尋共同的成分而排除相異的因素，以確定因果推論，俾利識別前後時序之旨趣懸殊（謝臥龍等，2004）。

2.比較研究法

藉由比較的視角，可以擴充單一向度概念成為多元層面，並且敏銳研究知覺，發掘精微之異同。本方法藉助 Bereday（1964, 1977, 1979）的方法，從法律與師資教育的角度，提出描述（description）、解釋（interpretation）、併列（juxtaposition）與比較（comparison）的研究程序，以鋪陳具有時間脈絡意義或對比觀點的法制與政策論述。

3.法條研究法

本研究運用法案條文的分析研究法（analytical approach），運用邏輯推理方式以解析、澄釋法律及師資培育之教育實習的關連特質、概念與疑義（管歐，1996；McMillan & Schumacher, 1997）。法案條文分析的方式有四端：一為體系分析，旨在探求法案與他法之隸屬關係，以及與其他法令之關聯，從而得知某一法案的位階、隸屬性與相互援引的關聯性；二為性質分析，方便對師資教育政策發生原委之探掘及解釋；三為立法技術分析，解析法條之編排與結構，以為日後法條內容適用的合理解釋；最後，則進行法案批判，作為往後的填補、修正與改進參考，以符社會生活的需要與時代的潮流（林紀東，1994；羅傳賢，2002）。

4.內容分析法

本研究之內容分析法（content analysis approach），乃參酌 Babbie（2001）之看法，認為內容分析法的研究形式，包含了與法律及制度有關的任何成分，採擷「師資培育之教育實習」為分析主題，利用教育法案文本（text）為分析之材料，分析單位為不同師資培育相關法案版本之體系、形式、目的、意義、法案標題、法律概念、法條文字、法條語意或為以上各項的合併，以萃取有關教育實習之演變與沿革方針。

　　至於，文本分析(textual analysis)之進行與功能，乃利用 Fairclough 的理論，認為文本具有互文性(intertextuality)，亦為社會之成品(social artifacts)，植基於社會脈絡，並蘊含社會意義，分析文本即能將語言與意識型態的關係詮釋出來（Fairclough, 1995; Fairclough, 2003；游美惠，2000）。而法案條文的文本，屬於一種較為穩定、一致的類型（genre），從中的解釋，可以梳理「依法行政」的政策制訂依據與執行脈絡；將法條製表羅列對照，視為文本選擇和組織的「再脈絡化（recontextualization）」，茲以評析「再脈絡化」中法條的文字符號，縱貫與橫斷的時間序列重組，得出其所表徵之社會關係隱含或明示的意義，俾利明瞭社會的發展紋路（詹寶菁，2006）。

　　另外，法案編碼目的以為分析之便利，而不同的編號代碼，亦可顯示法律或行政命令的性質、年代所表徵之內涵的差異（謝卓君，2004）；以「920513I 師資培育法」與「1000104c 師資培育法施行細則」為例，英文字母 I 為同一法案名稱的立法或修正的沿革次序。而英文字母的大寫為師資培育母法，法律位階的代表，小寫 c 則為行政命令或行政指導，師資培育子法的表徵。920513 則為法案制定或修正後之公布施行日期，此處指呈民國 92 年 5 月 13 日。

（四）名詞解釋

1.師資培育

　　師資培育係指我國中等學校以下教育階段之各類教師職前養成教育體制所稱。

2.教育實習

　　師資培育分為三個階段，分別為：職前（pre-service）教育階段、導入（induction）教育階段與在職（in-service）教育階段；教育實習為介於職前與在職教育階段之導入教育階段，承接教育學程課程之後，實際進入教育現場之前的關鍵期程（羅綸新，2002）。本研究所稱之教育實習，為現階段修習教育學程師資生，所參加之職場教育實習課程。

3.法制

　　本研究所稱之「法制（legal system）」，包括法律與制度（體制）兩者。法律與制度同為社會的產物，均有強制性，乃為促進社會健全發展的基石，但常隨時代的演進而改變；制度的建立奠基於「依法行政」之架構，而制度之實行必須以法律為根據，惟彼此仍具相互之獨立性（李甲孚，1988）。而法制的性質有以下幾項（顏厥安、周志宏、李建良，1996，頁 12）：

　　(1) 強制性：法律體制以強制力的實施為後盾。

(2) 動態性：法律體制以一定之程序與組織（機關）之運作來創
　　設、變更及廢止規範。

(3) 權利性（義務性）：法律體制界定權利與義務關係。

(4) 區隔性：權利的界定同時代表彼此的區隔。

(5) 穩定性：法規範為剛性規範，相較道德、風俗等柔性規範有
　　較高的穩定性。

(6) 目的性：法律體制為目的性的存在。

(7) 價值性：法律體制表彰、運作，並實現一定之價值。

(8) 歷史性：法律體制包含了其創設、變遷的歷史意涵。

　　本研究題中「師資培育法制之教育實習事項」，適符應此宏觀的
8 大法律體制性質，本文也將以此為論述的內化路徑，聚凝出師資培
育法制特有的教育實習事務。

（五）研究範圍與限制

　　本研究僅聚焦在高級中等以下教育階段，附屬師資培育法制之下
的教育實習事務，並未涉及護理師培、教師進修、檢定等事項。而非
教育體系之社政、衛生、工商、服務業……等師資培育有關的教育實
習，亦不在本研究的探討範疇之內。

二、我國師資培育法制的歷史演進

　　我國自清朝光緒 23 年（1897），盛宣懷創立上海南洋公學院的師
範院，培育中小學師資開始，至民國 83 年公布師資培育法以來，百
年的師資培育歷經師範學校法、師範教育法與師資培育法三階四段的
法規演變（李園會，2001）：

（一）我國首部專責的師資培育法──師範學校法（1932～1978 年）

　　民國 21 年 12 月 17 日公布了我國第一部專責的師資培育法律，
因為當時我國的社會、政治、經濟狀況不佳，師範學校法內容稍顯貧

乏與簡略，而將近 50 年的期間，國民政府從大陸轉進到台灣，仍以此部法律規範台灣的師範教育。當時師資培育的情狀，以憲法所謂的基本教育的師資培育為對象，此基本教育等同於國民教育，咸指國民小學的教育而言（林紀東，1982）。師範學校法第 1 條言明：「師範學校，應遵照中華民國教育宗旨及其實施方針，以嚴格之身心訓練，養成小學之健全師資。」而師範學校也得附設幼稚師範科，俾利培養學前幼稚園的師資（本法§2）；因此，本階段的師資培育，以小學階段為主、幼稚園為輔。

至於，學校為師範生安排實習課程，師範學校得附設小學或幼稚園，作為教學實驗的場所（本法§9）。另外，像是教學科目、課程標準及實習規程（本法§7 第 1 項），則均由教育部訂定相關辦法以為規範。而師範生的修業年限因不同的類科而有別，依據本法第 3 條的規定：「師範學校修業年限三年，特別師範科修業年限一年，幼稚師範科修業年限二年或三年。」，修業期間以公費制為主，免徵學費（本法§15）。

（二）確立我國師資培育制度的師範教育法（1979～1993 年）

由於師範學校法的規範未臻完備，實行將近 47 年的歲月已顯困窘，遂於民國 68 年，以舊法為基礎，修訂公布師範教育法茲為替代，是為新的師資培育法，確立師資培育一元化制度，以及中小學教師分途培育的原則，並擴充師範教育的任務，是為師資「計畫性」培育階段，也從此確立我國師資培育制度完整的圖樣（李園會，2001）。

本階段師範生入學接受公費的契約，肄業期間享有學雜費、書籍費、制服費、住宿費、生活津貼、教育實習參觀……等費用全免的優待，畢業後即有接受強制分發實習（一年）及服務的義務（本法§16）；這也是本階段師資培育的特色，以公費制度吸引優秀學生的作法，具有「利貧」的性質與功能。

（三）修正自師範教育法，重視多元化來源的師資培育法（1994～2001 年）

師範教育法自民國 68 年公布實行十幾年來，因為社經環境的變遷，已需通盤檢討師資培育法律規範層面的得失，立法期間爭議不斷，終於民國 83 年修正舊法，完成立法並更名為師資培育法；爾後，又歷經幾次的修正，本階段即於民國 91 年 6 月 20 日師資培育法第 1 條立法目的修正前的第一代師資培育法[1]（李園會，2001，頁 339-402；張芳全，2000）。

自從師資培育法公佈施行以來，打破以往師資培育一元化的政策，除了師範院校之外，一般公、私立大學、科技大學也可以設立教育院、系、所或教育學程來培養師資，各教育階段師資合途培育，提供一般非師範體系的大學欲從事教職的學生，可以修習教育專業課程的管道，大幅異於過去的單一公費制，而採公、自費並行，以自費制為主的趨向。從此，師資培育不再為師範院校所獨佔，「儲備性」的師資培育政策，師資培育量大幅增長，也瓦解過去師大、師院、師專分流培育不同教育階段教師的作法，我國師資培育里程，已由之前的「計畫性」培育，演變為當前的「儲備性」培育作法。

而依本法第 8、9 條條文，新增了教師資格檢定及教育實習的規定，「取得實習教師資格者，應經教育實習一年，成績及格，並經教師資格複檢合格者，取得合格教師資格。」（本法§8 第 1 項），確定了教師資格初檢暨複檢的檢定程序及實習的法源依據。師資培育學生（簡稱師資生）必須經由教育學程的修習，初檢合格獲實習教師資格，隨後赴實習學校參與教育實習一年，實習成績及格與複檢的「審定」程序即能取得教師證書（教師法第二章及已廢止之高級中等以下學校幼稚園教師資格檢定及教育實習辦法第三、四、五章）。另為調

---

[1] 　請參閱法務部全國法規資料庫（http://law.moj.gov.tw），以及立法院法律系統（http://lis.ly.gov.tw/lgcgi/lglaw）。

和教學理論與現場實務之間的鴻溝，師資培育法第 13 條前段特別規定，「師資培育及進修機構得設實習輔導單位，辦理學生及實習教師之實習輔導工作」，師培大學實習輔導單位設置法制化了。

(四)以充裕師資來源為立法目的之第二代師資培育法(2002～至今)

「目的」是所有法律的創造者，多元管道的師資培育政策，投射在師資培育法的立法目的之上，檢驗立法者的製法目的，由師培法第 1 條：「為培育高級中等以下學校及幼稚園師資，充裕教師來源，並增進其專業知能，特制定本法。」而教育法令在我國的法律體系中，歸屬行政法的範疇，師資培育法亦為教育法的一員，為一規範職前師資之養成的特別法。現行師培法於民國 91 年 7 月 24 日公布，共有 26 條條文，再於 94 年 12 月 28 日修正，以體系及法內涵之時序而言，師資培育法所處的法律地位，先於教育人員任用條例及教師法，其主要目的在於培養具教學知能及專業精神，並朝民主、法治之涵泳與生活、品德之陶冶的教師目標邁進（師培法§2）。而本階段培育師資的對象與範圍，涵蓋中、小學及幼稚園的老師（師培法§1），確定了中、小學師資合流培育之法源，但也卻模糊了兩者的界線（湯維玲，2003；吳宗立，2004；謝卓君，2004）。

再者，從以往的「計畫性」培育到「儲備性」培育政策的演變，充裕教師來源及增進專業知能，是新師資培育立法目的之所繫；「計畫性培育」階段，常發生計畫失誤，預估師資養成與實際需求數量不符的情形，導致中、小學教室裡沒有正式合格老師教學或現有教師課務量過重，師資不足的狀況影響教育品質甚鉅。不過，世界各國師資培育法的立法，鮮少以「充裕師資來源」為主要目的，應以培養專業知識、技能與人格特質為師培宗旨；爰此，師培法目標之訂定欠缺適切性（楊深坑，2002；吳清山，2003）；但是，本階段新師資培育法施行以來，確實達到充裕師資的目的，甚至有培育過剩的情形，社會大眾隨民意代表稱其為「流浪教師」，而非教育部所謂的備用教師，

呈現一片自由機制決定師資市場的景象（教育部，2006；謝卓君，2004）。

師資培育法第 8 條規定師資生的修業年限：「修習師資職前教育課程者，含其本學系之修業期限以四年為原則，並另加教育實習課程半年。成績優異者，得依大學法之規定提前畢業。但半年之教育實習課程不得減少。」課程領域包括普通課程、專門課程、教育專業課程及教育實習課程（本法§7 第 2 項），教育專業課程暨教育實習課程，合稱教育學程（本法施行細則§3 第 2 項）。普通課程為學生應修習之共同課程，專門課程是培育教師任教學科、領域專長之專門知能課程，教育專業課程則為培育教師依師資類科所需教育知能之教育學分課程，而教育實習課程乃為培育教師之教學實習、導師（級務）實習、行政實習、研習活動之半年全時教育實習課程（本法施行細則§3 第 1 項），教育實習納入修習師資職前教育課程的必修課程之一（本法§7 第 2 項），為本法修訂所新增。

至此，以下將針對教育實習行政事務、參加實習者事務，以及教育實習輔導事務三個部分的法令規範，藉由法律文本之再脈絡化，予以逐項分析並賦予評價。

三、教育實習行政事務之規範評析

本部將針對所有中央與地方有關教育實習之組織、師資培育大學辦理的各項行政業務之規範評論。

（一）教育實習與師資培育之脫鉤、掛鉤與課程化變革

教育實習制度在於我國師資培育的規範，最早可以從 681106 版的師範教育法第 16 條看出，實習是與師範教育之修業脫鉤，而卻與服務鏈結，分發實習即為正式教職的實質前哨站，實習與服務為一連續性作為（如表 4-2）；甚至 830118 版師資培育法亦然，職前教育與實習仍截然分立，雖各為一部但卻已然相互掛鉤。迄待 910620 版新

師資培育法，才將實習更改意涵為教育實習，視其為師資職前教育課程的一部分，「課程化」含容了教育實習至今。

此外，920513 版師資培育法第 7 條第 1 項稱：「師資培育包括師資職前教育及教師資格檢定」；準此，教育實習乃在資格檢定考試之前。倘使修習過教育實習課程，卻仍無法通過低錄取率的檢定考試，完成整套師資培育的手續，擁有正式教師資格，實無必要平白花費半年的時間全時實習；爰此，修法調整優先順序，在師資生未離校前，若可先行充分準備資格檢定考試，通過後再實習，似乎可以提高通過率，抑或解決實習生時間浪費所導致之教育沈澱成本的問題（賴清標，2003）。

表 3-1　教育實習於師資培育法的規範變革表

法案版本	條號	法條內容
681106A 師範教育法	§16	師範校、院及教育院、系公費生修業期滿成績及格者，由教育部或省（市）主管教育行政機關分發實習及服務。
830118B 師資培育法	§3	師資培育包括師資及其他教育專業人員之職前教育、實習及在職進修。
910620H 師資培育法 （新）	§7 II	師資職前教育課程包括普通課程、專門課程、教育專業課程及教育實習課程。
920513I 師資培育法	§7 I、II	師資培育包括師資職前教育及教師資格檢定。 師資職前教育課程包括普通課程、專門課程、教育專業課程及教育實習課程。

（二）實習行政組織建置於中央主管機關、師培大學與實習機構

師資培育法令賦予成立行政組織，以審議教育實習課程之各相關事項。是以，依據現行師資培育法第 4 條的規定，「中央主管機關應設師資培育審議委員會」，由過去行政命令頒訂設置要點，正式將「師資培育審議委員會」提昇到法律位階，以負責重大師資培育事務的審議工作，該委員會審議的事項涵蓋教育實習課程之修習（本法施行細則§

2)，佔有非常重要的地位（楊深坑，2002；湯維玲，2003；張玉成，2002b）。
另外，各師培大學亦得以成立教育實習相關議題審議小組，作為辦理教
育實習作業的用途；而教育實習機構，為順利推展實習輔導工作，更被
強制成立「實習輔導小組」，以推動實習輔導工作（如表 3-2）。

表 3-2　師資培育之教育實習行政組織表

法案版本	條號	法條內容
900627a 高級中等以下 學校及幼稚園 教師資格檢定 及教育實習辦法	§14	各師資培育機構應邀集教師研習進修機構、教育實習機構及教育實習機構所屬主管教育行政機關，組成實習輔導委員會，規劃實習教師整體輔導計畫，彙報教育部備查後實施。 實習輔導委員會之實習輔導工作，得聯合鄰近區域其他師資培育機構組成區域實習輔導委員會辦理之。
900627a 高級中等以下 學校及幼稚園 教師資格檢定 及教育實習辦法	§15	為協調規劃實習教師之輔導工作，教育部得邀請各實習輔導委員會共同研商之。
920811a 師資培育法 施行細則	§2	師資培育之大學依本法第六條第二項規定合併規劃之中小學校師資類科，其教育專業課程、教育實習課程之修習及教師資格檢定之實施方式與內容，經師資培育審議委員會審議通過後，由中央主管機關定之。
940907 師資培育之 大學辦理 教育實習 作業原則	§4	各師資培育之大學為審議教育實習相關議題，得成立相關小組，其任務由各師資培育之大學自定。 前項相關小組，得置主任委員一人，由校長、副校長或一級主管兼任，幕僚作業由教育實習業務單位負責，委員包括相關行政單位代表、相關院系所主管。必要時得邀請主管機關及教育實習機構代表列席。 前項成員，得視實際需要調整之。
940907 師資培育之 大學辦理 教育實習 作業原則	§18	為順利推展實習輔導工作，教育實習機構應成立實習輔導小組，擬定教育實習機構教育實習輔導計畫，推動相關實習輔導工作。

（三）實習契約簽訂為三角關係互負權義的法律行為

實習契約的訂定，乃師培機構、實習機構與實習學生三角會商，互負權義所立的法律行為，以為全時教育實習辦理的準繩。已廢止之高級中等以下學校及幼稚園教師資格檢定及教育實習辦法，於廢止前之各版，曾將實習契約訂定之必要性、精神、實習機構所能容納實習教師的總額……等事項，規定於條文之中。而現行之師資培育法施行細則，將實習契約的訂定，視為師培大學開設教育實習課程的一部分，教育實習機構由師資培育大學遴選，務必於實習前，三者共同會商簽訂實習契約，將此法律關係妥善完成建構（本法施行細則§10前段）。惟，實務的作法，先由實習生主動尋覓屬意的機構或學校，報准機構或學校所在的地方教育主管機關之審核後，再由師培大學出面與之簽訂實習契約。

表 3-3　實習契約相關事宜規範表

法案版本	條號	法條內容
900627a 高級中等以下 學校及幼稚園 教師資格檢定 及教育實習辦法	§10	師資培育機構應依下列遴選原則，選定教育實習機構，報請教育實習機構所屬之主管教育行政機關同意後，訂定實習契約，辦理教育實習。……
900627a 高級中等以下 學校及幼稚園 教師資格檢定 及教育實習辦法	§11	師資培育機構應與教育實習機構共同會商擬訂實習教師應享之權利及應盡之義務，以為簽訂實習契約之準據。
900627a 高級中等以下 學校及幼稚園 教師資格檢定 及教育實習辦法	§12	教育實習機構提供各科實習教師之名額如下： 一、中等學校：不得超過各該學（類）科編制內合格教師人數。 二、國民小學及幼稚園：不得超過該校（園）編制內合格教師總人數。 三、特殊教育學校（班）或其他教育機構：依前二款

		之規定辦理。
		教育實習機構與二以上師資培育機構訂定實習契約者,其提供實習教師之總名額,不得超過前項之規定。
910827c 高級中等以下 學校及幼稚園 教師資格檢定 及教育實習辦法	§12	教育實習機構提供各科實習教師之名額如下: 一、中等學校:不得超過各該領域專長、學(類)科編制內合格教師人數。 二、國民小學及幼稚園:不得超過該校(園)編制內合格教師總人數。 三、特殊教育學校(班)或其他教育機構:依前二款之規定辦理。 教育實習機構與二以上師資培育機構訂定實習契約者,其提供實習教師之總名額,不得超過前項之規定。
1000104c 師資培育法 施行細則	§10	師資培育之大學應遴選辦理教育實習課程之高級中等以下學校、幼稚園及特殊教育學校(班)(以下簡稱教育實習機構),共同會商簽訂實習契約後,依本法第十六條規定配合辦理全時教育實習。
1000104c 師資培育法 施行細則	§11 I 三	師資培育之大學為實施教育實習課程,應訂定實施規定,其內容包括下列事項: 三、學生實習時每週教學時間、權利義務及實習契約。

(四)實習機構性質隨師培法之變遷而更演

　　早期各師範院校所附屬設立之中、小學及幼稚園,大抵為實驗性質,僅供研究與教學(育)實習之用(830118 版師資培育法§14,如表 3-4),這是提供合格實習場所,最直接的方式(李新鄉,2007)。而真正的「實習」仍以師範生之成績為據,分發各縣市之中、小學校為主,勿需先行擇選實習機構;惟,此時仍缺乏「特殊教育學校(班)」之用詞,可見當時之前特殊教育的弱勢。直至教育部為師培法所授權,訂定 900627 版高級中等以下學校及幼稚園教師資格檢定及教育實習辦法,才有「教育實習機構」之定義與遴選原則,以及特殊教育學校(班)類型之規範(如表 3-4、表 3-5),使可供實習之機構的相關規範更加完整。

表 3-4　教育（學）實習機構表

法案版本	條號	法條內容
681106A 師範教育法	§9	師範大學、師範學院及教育院、系得設立附屬高級中學、國民中、小學及幼稚園；師範專科學校得設立附屬國民小學及幼稚園，以供實驗、研究及教學實習。
710115 師範教育法 施行細則	§19	師範校、院及教育院、系，除得依本法第九條之規定設立附屬高級中學、國民中學、國民小學及幼稚園外，並得視事實需要，洽經所在地區主管教育行政機關同意，指定高級中等學校、國民中學、國民小學及幼稚園為其實驗、研究及教學實習場所。
830118B 師資培育法	§14	師範校院及設有教育院、系、所之大學校院得設附屬或實驗學校及幼稚園，以供教育實習、實驗及研究。
900627a 高級中等以下學校及幼稚園教師資格檢定及教育實習辦法	§2 二	本辦法專用名詞，定義如下： 一、教育實習機構：指經遴選供教育實習之高級中等學校、國民中學、國民小學、幼稚園、特殊教育學校（班）或其他教育機構。……
910620H 師資培育法 （新）	§16	高級中等以下學校、幼稚園及特殊教育學校（班）應配合師資培育之大學辦理全時教育實習。主管機關應督導辦理教育實習相關事宜，並給予必要之經費與協助。
910620H 師資培育法 （新）	§17	師資培育之大學得設立與其培育之師資類科相同之附設實驗學校、幼稚園或特殊教育學校（班），以供教育實習、實驗及研究。
920811a 師資培育法 施行細則	§10	師資培育之大學應遴選辦理教育實習課程之高級中等以下學校、幼稚園及特殊教育學校（班）（以下簡稱教育實習機構），共同會商簽訂實習契約後，依本法第十六條規定配合辦理全時教育實習。
940907 師資培育之大學辦理教育實習作業原則	§3 一	本原則用詞定義如下： （一）教育實習機構：指經師資培育之大學遴選供教育實習之高級中等以下學校及幼稚園、特殊教育學校（班）。

除此，910620新版師資培育法第16條稱：「高級中等以下學校、幼稚園及特殊教育學校（班）應配合師資培育之大學辦理全時教育實習。主管機關應督導辦理教育實習相關事宜，並給予必要之經費與協助。」，亦同時確立中、小學校與幼稚園的實習責任；而主管機關為因應督導辦理教育實習相關之責，承擔給予必要之經費與協助，將使教育實習更有效能（吳清山，2003）。

（五）教育實習機構遴選原則規範漸趨明確

如上所述，教育實習機構的定義及遴選原則，至新一代師資培育法規範參加實習者，自覓實習學校才得以成形。教育實習機構的遴選原則，僅曾於兩個行政命令有所規範，已廢止之高級中等以下學校及幼稚園教師資格檢定及教育實習辦法第10條，籠統提擬3條選定教育實習機構的原則，作為選擇之準據。無論辦學績效良好、

表 3-5　教育實習機構的遴選原則表

法案版本	條號	法條內容
900627a 高級中等以下學校及幼稚園教師資格檢定及教育實習辦法	§10	師資培育機構應依下列遴選原則，選定教育實習機構，報請教育實習機構所屬之主管教育行政機關同意後，訂定實習契約，辦理教育實習。 一、辦學績效良好者。 二、具有足夠合格師資者。 三、師資培育機構易於輔導者。
940907 師資培育之大學辦理教育實習作業原則	§14	主管機關應於每年十月三十一日前提供所屬機構適宜實習及願意提供實習機會之機構名單，上網站公告。 教育實習機構之條件如下： （一）地理位置便於師資培育之大學輔導者。 （二）行政組織健全，軟硬體設施齊備，足以提供充分教育實習環境者。 （三）該校曾獲主管機關校務評鑑評定優良者。 （四）經師資培育之大學主動推薦者。

足夠合格師資和師資培育機構易於輔導，均不若 940907 版師資培育之大學辦理教育實習作業原則，從地理位置便利、行政組織健全、校務評鑑優良，以及師培大學推薦等 4 項條件所列（如表 3-5），來得具體明確，以方便師培機構與參加教育實習課程學生，覓得合適合格的全時實習機構。尤其，取利師培大學的師資、住宿與學習資源，就近實習、就近輔導，才可能有更多的時間挹注於教育實習課程的實施。

（六）從支薪分發實習至付費教育實習課程

囊昔公費制度著實吸引不少清寒而優秀的學子選讀師範體系學校，不但保有極高的教師素質，亦能促進低社經地位的子女向上流動，成為師範教育的任務之一（賴清標，2003；周愚文，2005）。事實上，受領公費的師範生分發實習，雖名為「實習教師」，惟實際已為實習學校獲領全薪的「正式教師」。但隨師培法規範有關實習政策的演變，在國家財政仍可支應之下，實習教師於實習期間，僅可領取一年每月 8,000 元微薄的實習津貼；然而，寥勝於無，是此已足資現今法規範之實習學生所欽羨。因為國家財力拮据，師資培育大學辦理

表 3-6　參加教育實習之費用規範表

法案版本	條號	法條內容
831121 師範校院學生 實習及服務辦法	§14	公立大學教育院系受領公費學生適用本辦法之規定。
900627a 高級中等以下 學校及幼稚園 教師資格檢定 及教育實習辦法	§29	實習教師於教育實習期間得發給實習津貼；其標準由教育部擬訂，報請行政院核定。 實習教師支領之實習津貼，合計以一年為限。
920811a 師資培育法 施行細則	§12	師資培育之大學辦理半年之教育實習課程，得依本法第十八條規定，向學生收取相當於四學分之教育實習輔導費。

半年之教育實習課程，雖然為零學分的教育現場實習課程，惟得依法向學生收取相當於 4 學分之教育實習輔導費，他們不但未能領取津貼，還得繳納 4 個學分費，反而影響修習教育實習課程者之意願。

（七）教育實習的必修性與不得失敗性

實習具有雙重的重要性，包括其必修性與不得失敗性，導致要完成師資養成教育，實習成績規定不能低於通過標準；是以，710115 版師範教育法施行細則第 11 條第 1 項後段稱：「實習成績不及格者，不得畢業。」，至 940907 版師資培育之大學辦理教育實習作業原則第 39、40 條同樣規定，停止教育實習學生與實習成績不及格者，得重新申請教育實習及繳費（如表 3-7）。

表 3-7　實習成績不及格停止教育實習或重新實習之規範表

法案版本	條號	法條內容
710115 師範教育法 施行細則	§11	師範校、院及教育院、系公費生，修業期滿成績及格，合於結業規定者，由各校、院報請教育部或省（市）教育廳（局）分發或轉分發各中、小學實習及服務。實習成績不及格者，不得畢業。 前項學生實習及服務辦法由教育部定之。
831121 師範校院 學生實習 及服務辦法	§10 I	各校院結業學生，須實習期滿成績及格准予畢業，並應留原實習學校履行服務，不予另辦分發服務手續；但各省市教育廳、局及各縣市教育局得視各校師資需要，就各生服務之學校給予調整。
900627a 高級中等以 下學校及幼 稚園教師資 格檢定及教 育實習辦法	§27	實習教師實習一年成績不及格，得自覓師培育機構負責輔導至訂約之教育實習機構參加教育實習；或經原教育實習機構教師評審委員會同意後，重新在原機構參加教育實習。但在原機構重新實習者，以一年為限。

940907 師資培育 之大學辦理 教育實習 作業原則	§39	實習學生請假八小時以一日計算,應請而未請假者,以雙倍計算。請假超過四十個上班日者(娩假超過四十五個上班日者),應停止教育實習且不得申請退費。 前 2 項停止教育實習學生重新參加教育實習者,得自行向師資培育之大學重新申請教育實習及繳費。
940907 師資培育 之大學辦理 教育實習 作業原則	§40	實習學生實習成績不及格者,得重新申請教育實習及繳費。但在原教育實習機構重新實習者,以一次為限。

（八）教育實習機構之教育主管機關協力辦理實習事務

　　教育實習機構之教育主管機關,對於師培之實習事務而言,應為一種協力的性質,提供督導及經費補助（師資培育之大學辦理教育實習作業原則§19）。而現行師資培育法第 16 條亦謂:「高級中等以下學校、幼稚園及特殊教育學校（班）應配合師資培育之大學辦理全時教育實習。主管機關應督導辦理教育實習相關事宜,並給予必要之經費與協助。」,意即說明實習地點為中等以下各教育階段校、園的實務現場,中央與實習機構所在的地方教育主管機關,皆有責任配合提供經費補助及各項行政支援（如表 3-8）。

表 3-8　教育實習機構之主管機關相關規定表

法案版本	條號	法條內容
940907 師資培育之 大學辦理教 育實習作業 原則	§19	主管機關應就下列教育實習有關事項予以督導、協助及經費補助: （一）公告教育實習機構名單。 （二）督導所轄教育實習機構訂定實習計畫。 （三）協助所轄師資培育之大學遴選優良實習輔導教師。 （四）給予所轄教育實習機構必要之經費補助。 （五）安排所屬之國民教育輔導團協助各種形式之教育實習輔導。 （六）派員訪視所轄實習輔導機構辦理教育實習情形。

940907 師資培育 之大學辦理 教育實習 作業原則	§20	教育實習機構對實習學生輔導計畫周延，符合師資培育實習相關規定，輔導績效良好者，主管機關得依前點第六款訪視結果核實給予該機構首長及實習輔導小組相關人員獎勵。
941228L 師資培育法	§15	師資培育之大學應有實習就業輔導單位，辦理教育實習、輔導畢業生就業及地方教育輔導工作。 前項地方教育輔導工作，應結合各級主管機關、教師進修機構及學校或幼稚園共同辦理之。
941228L 師資培育法	§16	高級中等以下學校、幼稚園及特殊教育學校（班）應配合師資培育之大學辦理全時教育實習。主管機關應督導辦理教育實習相關事宜，並給予必要之經費與協助。

四、參加實習者事務之規範評析

本部將聚焦於有關參加教育實習者之相關規範細項，評論其演進之脈絡原委與嗣後實行之利弊得失。

（一）實習資格的取得由檢定制轉變成審查制

早期有關實習（教師）資格的取得並無規定，僅要將各師範院校所規定的必選修學分修畢，即可依據成績之高低，強制接受分發實習。惟 830118 版師資培育法開始，迄至高級中等以下學校及幼稚園教師資格檢定及教育實習辦法之規範，必須能夠滿足各項資格的修業條件，並且修畢師資職前教育課程，才得以通過初檢，取得實習教師資格與證書，俟赴實習機構實習，考核通過才能得取複檢資格。而自新版師資培育法規範開始，「各師資培育之大學應訂定教育實習課程申請與審查實習資格之規定。」（師資培育之大學辦理教育實習作業原則 §8，如表 4-1），實習資格即從「檢定制」轉變成「審查制」；惟，換湯不換藥，並無實質上的巨幅改變。

表 4-1 實習（教師）資格取得的規範表

法案版本	條號	法條內容
830118B 師資培育法	§7	具下列情形之一者，為修畢師資職前教育課程： 一、師範校院大學部畢業者。 二、大學校院教育院、系、所畢業且修畢規定教育學分者。 三、大學校院畢業修滿教育學程者。 四、大學校院或經教育部認可之國外大學校院畢業，修滿教育部規定之教育學分者。 前項人員經教師資格初檢合格者，取得實習教師資格。
860408D 師資培育法	§7	具下列情形之一者，為修畢師資職前教育課程： 一、師範校院大學部畢業且修畢規定教育學分者。 二、大學校院教育院、系、所畢業且修畢規定教育學分者。 三、大學校院畢業修滿教育學程者。 四、大學校院或經教育部認可之國外大學校院畢業，修滿教育部規定之教育學分者。 前項人員經教師資格初檢合格者，取得實習教師資格。
900504E 師資培育法	§18條 之一	中華民國九十年九月三十日前修畢師資職前教育課程，初檢合格取得實習教師證書者，由主管機關另行訂定辦法辦理教師資格複檢。
900627a 高級中等以下學校及幼稚園教師資格檢定及教育實習辦法	§9 I	取得實習教師證書者，應配合其檢定之教育階段別、科（類）別，依下列規定參加教育實習： 一、應屆畢（結）業生：由原畢（結）業師資培育機構負責輔導至訂約之教育實習機構，參加教育實習。但具有兵役義務之畢（結）業生，其未依規定申請核准延期徵集入營者，應俟服役期滿後，由原師資培育機構輔導至教育實習機構，參加教育實習。 二、非應屆畢（結）業生或國外畢業生：應自覓師資培育機構，由該師資培育機構負責輔導至訂約之教育實習機構，參加教育實習。

920811a 師資培育法 施行細則	§4	依本法第八條、第九條第一項至第三項規定修習師資職前教育課程之學生，符合下列情形之一，始得參加半年之教育實習課程： 一、依大學法之規定，取得畢業資格，並修畢普通課程、專門課程及教育專業課程者。 二、取得學士學位之碩、博士班在校生，於修畢普通課程、專門課程及教育專業課程且修畢碩、博士畢業應修學分者。 三、大學畢業後，依本法第九條第三項規定修畢普通課程、專門課程及教育專業課程者。
940907 師資培育之 大學辦理 教育實習 作業原則	§8	各師資培育之大學應訂定教育實習課程申請與審查實習資格之規定。

（二）由實習教師轉變成實習學生身分

如前揭所論，實習資格的取得本由舊法的檢定制轉變成新師培法的審查制，而實習期間的身分，亦從教師轉變成學生的尷尬時期，雖然法律上的身分確立，惟實習生常質疑自己在實習學校的地位，學生應對其稱呼「老師」，還是「大哥哥」、「大姊姊」？爰以，面對實習機構的正式教師與家長之身分和立場的窘境，他們已成為實習機構另一種短期的新弱勢族群（謝紫菱，2005）。

表 4-2　參加教育實習期間的身分轉變表

法案版本	條號	法條內容
831121 師範校院 學生實習 及服務辦法	§7	各校院結業學生實習時間為一學年，分發中等學校實習學生由各校聘為實習教師，按學年一次聘定；分發國民小學實習學生由各主管機關派為實習教師。其薪級標準與核薪手續均比照正式教師辦理。
830118B 師資培育法	§7 II	前項人員經教師資格初檢合格者，取得實習教師資格。

900504E 師資培育法	§18 條之一	中華民國九十年九月三十日前修畢師資職前教育課程，初檢合格取得實習教師證書者，由主管機關另行訂定辦法辦理教師資格複檢。
900627a 高級中等以 下學校及幼 稚園教師資 格檢定及教 育實習辦法	§9 I 前段	取得實習教師證書者，應配合其檢定之教育階段別、科（類）別，依下列規定參加教育實習：……
900627a 高級中等以 下學校及幼 稚園教師資 格檢定及教 育實習辦法	§8 II	初檢合格者，由直轄市政府教育局、縣（市）政府核發實習教師證書。
920811a 師資培育法 施行細則	§11 I 二、三	師資培育之大學為實施教育實習課程，應訂定實施規定，其內容包括下列事項： 二、實習輔導方式、實習指導教師指導實習學生人數、實習輔導教師輔導實習學生人數、實習計畫內容、教育實習事項、實習評量項目與方式及實習時間。 三、學生實習時每週教學時間、權利義務及實習契約。
940907 師資培育 之大學辦理 教育實習 作業原則	§3 四、五	本原則用詞定義如下： （四）實習指導教師：指師資培育之大學教師受聘指導實習學生者。 （五）實習輔導教師：指教育實習機構教師，由教育實習機構向師資培育之大學推薦，輔導實習學生之教師。

（三）從分發實習的強制至自覓實習機構的任意

　　師範教育時代，師範生接受公費待遇，分發實習則為一權利義務履行的強制高權（官派）作為。而新師資培育時期，學生自費修習教育學程，實習學生「得」任意選擇參加實習與否，且必須透過申請的程序，自覓實習學校或幼稚園所，才得以完成實習。

表 4-3 參加（教育）實習的方式表

法案版本	條號	法條內容
710115 師範教育法 施行細則	§11	師範校、院及教育院、系公費生，修業期滿成績及格，合於結業規定者，由各校、院報請教育部或省（市）教育廳（局）分發或轉分發各中、小學實習及服務。實習成績不及格者，不得畢業。 前項學生實習及服務辦法由教育部定之。
831121 師範校院學 生實習及服 務辦法	§4 I 前段	國立師範校院結業學生實習之分發由各校院報請教育部按各省、市中小學校之需要與各結業生志願成績統籌分發，……
831121 師範校院學 生實習及服 務辦法	§7	各校院結業學生實習時間為一學年，分發中等學校實習學生由各校聘為實習教師，按學年一次聘定；分發國民小學實習學生由各主管機關派為實習教師。其薪級標準與核薪手續均比照正式教師辦理。
900627a 高級中等以 下學校及幼 稚園教師資 格檢定及教 育實習辦法	§9 I 前段、 III、IV	取得實習教師證書者，應配合其檢定之教育階段別、科（類）別，依下列規定參加教育實習…… 第一項第一款實習教師應於師資培育機構規定期限內，向教育實習機構報到；屆期不報到且未能提出經師資培育機構認可之正當理由證明者，應於以後年度依同項第二款自覓師資培育機構負責輔導至教育實習機構參加教育實習。 應屆畢（結）業之實習教師，具有正當事由者，得向原畢（結）業師資培育機構申請跨校教育實習，並經原畢（結）業與跨校師資培育機構及其教育實習機構同意；其作業規定，由師資培育機構協商擬訂，報請教育部核定。
920811a 師資培育法 施行細則	§6 III	前二項已修畢普通課程、專門課程及教育專業課程，未參加教育實習課程者，得自行向師資培育之大學申請參加半年教育實習課程，成績及格者，由該師資培育之大學發給修畢師資職前教育證明書。
1000104c 師資培育法 施行細則	§6 III	前二項已修畢普通課程、專門課程及教育專業課程，未參加教育實習課程者，得自行向師資培育之大學申請參加半年教育實習課程，成績及格者，由該師資培育之大學發給修畢師資職前教育證明書。但原師資培育之大學已停招或

		停辦者，得由辦理教育實習課程之師資培育大學會同原師資培育之大學核發修畢師資職前教育證明書。
940907 師資培育之 大學辦理 教育實習 作業原則	§9	非應屆畢結業生申請半年教育實習課程者，應自覓師資培育之大學辦理教育實習課程。

（四）一年實習減半的縮短

　　最被詬病之反專業的師培政策，可以說是一年實習時間的減半轉變，促使實習工作無法落實，而使問題雪上加霜（楊洲松，2003；吳武典，2005）。半年的實習，實習生才就定位，剛適應教育現場的生態環境，惟尚未習得完整的教育專業實務技能，就已要結束實習，學校各種活動的情境脈絡、各式課程模式的瞭解，以及學生個別差異的輔導經驗，均非半年可以多看、多聽所習得的（謝紫菱，2005）。且依教師專業成長的曲線來看，關鍵為初任教師一年之後；前半年意願很高，後半年則呈現下降的趨勢，此時正需要教師進場輔導之時，卻為實習生退場的當口，恐將影響未來隨後而至之教師檢定與甄試的結果（周愚文，2005）。然而，師資生修習實習課程期間的作息，必須是全時的實習，不得為兼職或在外校兼職的情事，對於經濟弱勢的師資生而言，常需斟酌其參加實習課程時的收入來源，甚而分心利用晚間打工，影響實習的學習品質。

　　值得一提的是，持國外教育專業學歷回國者，人數有愈來愈多的傾向（吳清山，2003）；鑑此，910620 版師資培育法第 10 條規定，若經中央主管機關認定，等同修畢師資普通課程、專門課程及教育專業課程者，得向師資培育之大學申請參加半年教育實習，成績及格者，亦能取得由師資培育之大學所發給之修畢師資職前教育證明書（如表 4-4）。

表 4-4　師資（範）生教育實習時程規範演變表

法案版本	條號	法條內容
681106A 師範教育法	§5	師範大學、師範學院及教育院、系為培養中等學校職業學科或其他學科教師，得招收大學畢業生，施予一年之教育專業訓練，另加實習一年。 前項學生實習期滿成績及格者，由學校發給畢業證明書及修習科目學分證明書。
681106A 師範教育法	§11	師範大學、師範學院學生之入學資格，除第五條第一項規定外，依大學法之規定。但亦得招收師範專科學校畢業服務期滿者。 師範大學、師範學院學生修業年限四年，另加實習一年。但依前項但書規定入學者，其修業年限二年，另加實習一年。
681106A 師範教育法	§12 I	師範專科學校分為二年制及五年制：二年制者，修業年限二年；五年制者，修業年限五年；均另加實習一年。
830118B 師資培育法	§8	依前條規定取得實習教師資格者，應經教育實習一年，成績及格，並經教師資格複檢合格者，取得合格教師資格。 教育實習辦法，由教育部定之。
831121 師範校院 學生實習 及服務辦法	§7	各校院結業學生實習時間為一學年，分發中等學校實習學生由各校聘為實習教師，按學年一次聘定；分發國民小學實習學生由各主管機關派為實習教師。其薪級標準與核薪手續均比照正式教師辦理。
900627a 高級中等以 下學校及幼 稚園教師資 格檢定及教 育實習辦法	§13	實習教師應在同一教育實習機構實習一年；實習期間自當年七月起至翌年六月止。 實習教師因重大疾病或不可歸責於己之事由，報經教育部核准者，得不受前項在同一教育實習機構實習及實習起訖年月之限制。

910620H 師資培育法 （新）	§8	修習師資職前教育課程者，含其本學系之修業期限以四年為原則，並另加教育實習課程半年。成績優異者，得依大學法之規定提前畢業。但半年之教育實習課程不得減少。
910620H 師資培育法 （新）	§9 III	師資培育之大學，得視實際需要報請中央主管機關核定後，招收大學畢業生，修習師資職前教育課程至少一年，並另加教育實習課程半年。
910620H 師資培育法 （新）	§10	持國外大學以上學歷者，經中央主管機關認定其已修畢第七條第二項之普通課程、專門課程及教育專業課程者，得向師資培育之大學申請參加半年教育實習，成績及格者，由師資培育之大學發給修畢師資職前教育證明書。 前項認定標準，由中央主管機關定之。
920811a 師資培育法 施行細則	§5	本法第八條、第九條第三項及第十條第一項所定半年教育實習，以每年八月至翌年一月或二月至七月為起訖期間；其日期，由各師資培育之大學定之。
940907 師資培育之 大學辦理 教育實習 作業原則	§5	實習學生實習期間為半年，以每年八月一日起至翌年一月三十一日止，或二月一日起至七月三十一日止。
940907 師資培育之 大學辦理 教育實習 作業原則	§33	實習學生應於規定期限內向實習機構報到。除因重大疾病或不可歸責於己之事由外，應在同一教育實習機構實習半年。

（五）可替代性抵免參加教育實習之新法規範

　　如上所述，實習有其「必修性」，不能免除參加教育實習之規範；惟，若有過去等同之可替代性經驗，才得以免除實習課程的修習。依照新法之規範（如表 4-5），僅有代理代課、相互轉任與二修教育學程者，得以折抵（免）教育實習課程。

表 4-5　免參加資格檢定及參加教育實習規範表

法案版本	條號	法條內容
900627a 高級中等以 下學校及幼 稚園教師資 格檢定及教 育實習辦法	§33 I 前段	下列人員於九十年九月三十日前修畢師資職前教育課程，初檢合格取得實習教師證書後，得以其與初檢合格同一教育階段別、類別、科別，且連續任教二學年之年資，折抵教育實習一年；其服務成績優良經評量達八十分以上者，得以連續任教一學年之年資，折抵教育實習一年……
900627a 高級中等以 下學校及幼 稚園教師資 格檢定及教 育實習辦法	§36	中等學校同一科合格教師，於繼續擔任教職期間相互轉任時，免依本辦法申請資格檢定及參加教育實習。 中等學校合格教師，修畢師資培育機構規劃認定之他科教師專門科目者，得於任教期間檢具合格教師證書、成績單（學分證明書），向服務學校所在地之直轄市政府教育局、縣（市）政府申請加註他科教師資格，免依本辦法申請資格檢定及參加教育實習。
910620H 師資培育法 （新）	§20 II、III	本法修正施行前已修畢師資培育課程者，其教師資格之取得，自本法修正施行之日起六年內，得適用本法修正施行前之規定。但符合中華民國九十年六月二十九日修正生效之高級中等以下學校及幼稚園教師資格檢定及教育實習辦法第三十二條、第三十三條規定者，自本法修正施行之日起二年內，得適用原辦法之規定。 本法修正施行前已修習而尚未修畢師資培育課程者，其教師資格之取得，得依第八條及第十一條規定辦理，或自本法修正施行之日起十年內，得適用本法修正施行前之規定。但符合中華民國九十年六月二十九日修正生效之高級中等以下學校及幼稚園教師資格檢定及教育實習辦法第三十二條、第三十三條規定者，自本法修正施行之日起六年內，得適用原辦法之規定。
910827c 高級中等以 下學校及幼 稚園教師資	§36	中等學校同一科合格教師，於繼續擔任教職期間相互轉任時，免依本辦法申請資格檢定及參加教育實習。 中等學校合格教師，修畢師資培育機構規劃認定之他科、領域專長教師專門科目者，得於任教期間檢具合格教師證

格檢定及教育實習辦法		書、成績單（學分證明書），向服務學校所在地之直轄市政府教育局、縣（市）政府申請加註他科、領域專長教師資格，免依本辦法申請資格檢定及參加教育實習。
910620H 師資培育法 （新）	§21	八十九學年度以前修習大學二年制在職進修專班師資職前教育課程之代理教師，初檢合格取得實習教師證書者，得依中華民國九十年六月二十九日修正生效之高級中等以下學校及幼稚園教師資格檢定及教育實習辦法第三十二條、第三十三條規定，並得自本法修正施行之日起四年內，適用原辦法之規定。
920811a 師資培育法 施行細則	§7	已取得本法第六條中等學校類科合格教師證書並依本法第十一條第三項規定修畢其他任教學科、領域專門課程者，由師資培育之大學發給任教專門課程認定證明書及專門課程學分表。 符合前項所定情形者，得免參加半年之全時教育實習，由師資培育之大學造具名冊，報請中央主管機關發給教師證書。
930423J 師資培育法	§22 II、III	前項合格偏遠或特殊地區修畢規定之教育專業課程者，得報請主管機關換發一般地區教師證書，免參加資格檢定及參加教育實習。 取得合格偏遠或特殊地區教師證書並擔任教職累積五年以上者，不用修習第一項所指稱的教育專業課程，亦得報請主管機關換發一般地區教師證書，免參加資格檢定及參加教育實習。
940527K 師資培育法	§11 III	已取得第六條其中一類科合格教師證書，修畢另一類科師資職前教育課程之普通課程、專門課程及教育專業課程，並取得證明書者，由中央主管機關發給該類科教師證書，免依規定修習教育實習課程及參加教師資格檢定。
941209L 師資培育法	§21	八十九學年度以前修習大學二年制在職進修專班師資職前教育課程之代理教師，初檢合格取得實習教師證書者，得依中華民國九十年六月二十九日修正生效之高級中等以下學校及幼稚園教師資格檢定及教育實習辦法第三十二條、第三十三條規定，並得自本法修正施行之日起四年內，適用原辦法之規定。 依中小學兼任代課及代理教師聘任辦法聘任之代課及代理

| | | 教師，符合下列各款規定者，得免依規定修習教育實習課程，於參加教師資格檢定通過後，由中央主管機關發給該類科教師證書：
一、最近七年內任教一學年以上或每年連續任教三個月以上累計滿一年。前開年資以同一師資類科為限。
二、大學畢業，修畢與前款同一師資類科師資職前教育課程之普通課程、專門課程及教育專業課程，並取得證明書。
三、經服務學校出具具備教學實習、導師（級務）實習、行政實習及研習活動專業知能之證明文件。
前項規定之適用，自本法修正施行之日起至中華民國九十六年七月三十一日止。 |

（六）實習課程之內容事項演變

831121 版師範校院學生實習及服務辦法第 2 條第 1 項第 2 款所稱之「結業後之教學與行政實習」，乃為分發實習的工作項目，同項第 1 款謂：「修業期間之參觀、見習、教學及行政實習」，則為在校期間的實習課內容，規範均較為模糊。而新制較為具體之教育實習課程內容，則以教學實習、導師（級務）實習為主，行政實習及研習活動為輔，給予實習生明確的學習方向；惟，實務上常是順序顛倒，實習生多被實習機構召喚去協助行政工作，愈是行政能力優良者，愈無法從事教學或級務實習。

表 4-6　實習事項規範表

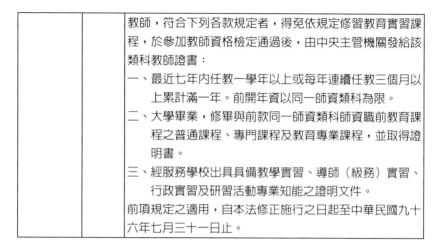

法案版本	條號	法條內容
831121 師範校院 學生實習 及服務辦法	§2	本辦法所稱實習包括左列各項： 一、修業期間之參觀、見習、教學及行政實習。 二、結業後之教學與行政實習。 上列兩項實習內容及實習標準另定之。
900627a 高級中等以 下學校及幼	§18	實習教師之教育實習事項如下： 一、教學實習。 二、導師（級務）實習。

稚園教師資 格檢定及教 育實習辦法		三、行政實習。 四、研習活動。 實習期間以教學實習及導師（級務）實習為主，行政實習 及研習活動為輔。
920811a 師資培育法 施行細則	§3 I 三、四、 II	本法第七條第二項規定用詞定義如下：…… 三、教育專業課程：為培育教師依師資類科所需教育知能 　　之教育學分課程。 四、教育實習課程：為培育教師之教學實習、導師（級務） 　　實習、行政實習、研習活動之半年全時教育實習課程。 前項第三款教育專業課程及第四款教育實習課程，合稱教 育學程。
940907 師資培育之 大學辦理 教育實習 作業原則	§7 一	實習學生實習事項及比重如下： （一）實習學生參與教育實習課程事項包括教學實習、導 　　　師（級務）實習、行政實習、研習活動。以教學實 　　　習及導師（級務）實習為主，行政實省及研習活動 　　　為輔。
940907 師資培育之 大學辦理 教育實習 作業原則	§25	實習學生應全時參與師資培育之大學及教育實習機構規劃 之教學實習、導師（級務）實習、行政實習及研習等活動。

（七）教學實習明確教學時數的規定

　　新制教育實習明確規範實習生的教學時數，以維在實習機構的合理教學時間。以幼稚園的教學實習時數而言，900627 版高級中等以下學校及幼稚園教師資格檢定及教育實習辦法所規定的時數，可能因為幼兒每週的教學活動節數較為模糊不清，因而以一約數之；惟，法律明確性原則的違反，易滋生糾紛，940907 版師資培育之大學辦理教育實習作業原則第 27 條，就明訂第 4 週後才開始進行教學實習，每週至多以 12 小時為原則，俾為教學實習之實施的根據。此外，還有教學領域的規範，甚而強制師培大學訂定教育實習實施規定，依相關法令設定實習學生每週教學時數（如表 4-7）。

表 4-7　教學實習之相關規定表

法案版本	條號	法條內容
900627a 高級中等以下學校及幼稚園教師資格檢定及教育實習辦法	§23	實習教師應在教育實習機構，由實習輔導教師指導下，從事教學實習。 實習教師每週教學實習時間如下： 一、中等學校：不得超過編制內合格專任教師基本授課時數之二分之一。 二、國民小學：不得超過十六節。 三、幼稚園：不得超過教學活動之二分之一。 四、特殊教育學校（班）或其他教育機構：依前三款之規定辦理。 實習教師除前項教學實習時間外，應全程參與教育實習機構之各項教育活動。
920811a 師資培育法施行細則	§11 I 三	師資培育之大學為實施教育實習課程，應訂定實施規定，其內容包括下列事項： 三、學生實習時每週教學時間、權利義務及實習契約。
940907 師資培育之大學辦理教育實習作業原則	§27	實習學生之教學實習，應以循序漸進為原則。開學後第一週至第三週以見習為主，第四週起實習學生每週教學實習時間如下： （一）中等學校：不得超過編制內合格專任教師基本授課時數之二分之一。 （二）國民小學：不得超過十二節。 （三）幼稚園：不得超過十二小時。 （四）特殊教育學校（班）或其他教育機構：依前三款之規定辦理。
940907 師資培育之大學辦理教育實習作業原則	§28	中等學校教學實習涵蓋主修專長之學習領域；國民小學教學實習涵蓋七大學習領域；幼稚園教學實習涵蓋六大課程領域；特殊教育教學實習涵蓋不同學習領域。

（八）符合法令規範的實習計畫擬定

新制實習輔導相關辦法規範詳盡，就連實習計畫的擬定亦為規定的內容。有了實習計畫，實習生就會減少新到職場自我摸索的時間，實習機構也比較不會偏頗行政實習，將實習生當作廉價勞工來使喚（謝紫菱，2005）。爰此，實習計畫的擬定肇始於實習之後，師培機構的指導老師，以及實習機構的輔導老師，均負有輔導實習生訂定實習計畫之責，實習計畫三方意思表示合致，將列檔管理，以作為日後實習輔導及評量之依據（如表4-8）。

表 4-8　實習計畫規定表

法案版本	條號	法條內容
900627a 高級中等以下學校及幼稚園教師資格檢定及教育實習辦法	§17	實習教師應於實習開始後，與師資培育機構之實習指導教師及教育實習機構之實習輔導教師研商訂定實習計畫，其內容包括下列事項： 一、實習重點及目標。 二、主要實習活動及實習方式。 三、預定進度及完成期限。 前項實習計畫，應於教育實習機構開學後一個月內，送由師資培育機構及教育實習機構建檔列管，以作為實習輔導及評量之依據。
940907 師資培育之大學辦理教育實習作業原則	§12一	實習指導教師職責如下： （一）指導實習學生擬訂教育實習計畫。
940907 師資培育之大學辦理教育實習作業原則	§19二	主管機關應就下列教育實習有關事項予以督導、協助及經費補助： （二）督導所轄教育實習機構訂定實習計畫。

940907 師資培育之大學辦理教育實習作業原則	§21一	實習輔導教師職責如下： （一）輔導實習學生擬訂教育實習計畫。
940907 師資培育之大學辦理教育實習作業原則	§26	實習學生應於實習開始一個月內，與實習輔導教師及實習指導教師研商後，擬定實習計畫，包括教育實習機構概況、實習目標、實習活動、預定進度及評量事宜，以作為輔導及評量之依據。

（九）考核勤惰的實習請假規定

940907 版師資培育之大學辦理教育實習作業原則，對於實習生實習期間的勤惰考核，訂定明確的請假假別及其可以准假的日數，以為實習評分的依據之一。

表 4-9　實習期間請假規定表

法案版本	條號	法條內容
940907 師資培育之大學辦理教育實習作業原則	§37	實習學生半年實習期間請假日數如下： （一）事假：三個上班日。 （二）病假：七個上班日（連續二日以上之病假應檢附醫生證明）。 （三）婚假：十個上班日。 （四）娩假：參考教師請假相關規定，依不同情形給假。 （五）流產假：參考教師請假相關規定，依不同情形給假。 （六）喪假：參考教師請假相關規定，依不同情形給假。
940907 師資培育之大學辦理教育實習作業原則	§38	實習學生全勤者，其成績得酌予加分。請假日數超過十個上班日者，其實習成績不得超過八十分；請假日數超過二十個上班日者，其實習成績不得超過七十分。

55

（十）研習與返校座談為實習生的義務

　　雖然所謂的全時實習，以在實習機構現場所從事的教育工作為主要；但是，對於師培大學或實習機構所安排的研習與每月的返校座談，實習生均有公假參與的義務。返校座談其實是一個實習生可以發洩情緒，並與實習指導老師溝通問題，共同協商解決策略的好管道，若能善加利用，將能減少很多實習時的抱怨與不滿（翁家琦，2009）。

表 4-10　參加實習期間實習學生之研習與返校座談規定表

法案版本	條號	法條內容
900627a 高級中等以下學校及幼稚園教師資格檢定及教育實習辦法	§21	實習教師實習期間，應參加教師研習進修機構辦理之研習活動。
900627a 高級中等以下學校及幼稚園教師資格檢定及教育實習辦法	§22	為加強師資培育機構對實習教師之輔導，師資培育機構應規劃實習教師於學期中每月至少一次參加座談或研習。
920811a 師資培育法施行細則	§31 四	本法第七條第二項規定用詞定義如下：…… 四、教育實習課程：為培育教師之教學實習、導師（級務）實習、行政實習、研習活動之半年全時教育實習課程。……
940907 師資培育之大學辦理教育實習作業原則	§10 II	師資培育之大學實習輔導方式如下：…… （二）研習活動：由師資培育之大學，辦理返校座談或研習活動，並以每個月一次為原則。……

940907 師資培育 之大學辦理 教育實習 作業原則	§29	實習學生應參加師資培育之大學及教育實習機構安排之座談或研習；參加座談或研習者給予公假。

（十一）提列實習生不能代理從事的重要事項

實習學生被法令視為不具教師身分的實習機構非編制內人員，因此其能代行的重要任務，需有專任教師在場督導才行，例示的事項有：獨任交通導護、單獨帶學生參加校外活動、代理導師職務等，均為不能獨力代理從事的事項，以免意外發生，而有法律上的侵權問題糾紛。

表 4-11　實習期間不得從事之事項表

法案版本	條號	法條內容
940907 師資培育之 大學辦理 教育實習 作業原則	§32	實習學生之各項實習活動應有專任教師在場指導。 實習學生不得從事下列事項： （一）獨任交通導護。 （二）單獨帶學生參加校外活動。 （三）代理導師職務。 （四）兼任與實習無關之工作。

五、教育實習輔導事務之規範評析

本部將針對有關教育實習之輔導規範細項，分析其演進之脈絡原委與實行後之利弊得失。

（一）提升實習生現場教育知能

940907 版師資培育之大學辦理教育實習作業原則第 2 條，臚列實習輔導的目的，將實習生實習期間所需學習的內容，圈畫出來一個

清晰可辨的外在態樣，含括瞭解教育對象、各種教學技術、班級經營知能、學校行政，甚而是教師職責與角色的體認，均為實習階段應該積極培養的專業知能。

表 5-1　實習輔導目的規範表

法案版本	條號	法條內容
940907 師資培育之 大學辦理 教育實習 作業原則	§2	實習輔導之目的在提升下列知能： （一）瞭解班級教學情境，演練教學知能。 （二）瞭解教育對象，演練班級經營管理知能。 （三）見習並參與學校行政工作，瞭解學校運作。 （四）體認教師職責與角色，培養專業精神。

（二）實習輔導單位設置的得與應

　　法學上法條的用語，「得」為任意，「應」則為強制。830118 版和910517版師資培育法第13條前段皆稱：「師資培育及進修機構『得』設實習輔導單位，辦理學生及實習教師之實習輔導工作」，立法機關認為實習輔導單位可由師培大學選擇設立與否。而其授權教育部訂定的 831121 版師範校院學生實習及服務辦法第 3 條卻謂：「各師範校院（以下簡稱各校院）『應』分別設置專責辦理學生實習、畢業生服務事宜單位」，站在教育主管機關的立場，務期各師培大學一定要能成立實習輔導單位，做好實習輔導的統籌工作。惟，新實習輔導法制，則全一致改觀，強制設置專責的實習輔導單位（如表5-2）。

表 5-2　實習輔導單位設置表

法案版本	條號	法條內容
830118B 師資培育法	§13	師資培育及進修機構得設實習輔導單位，辦理學生及實習教師之實習輔導工作；其組織由教育部定之。
831121 師範校院學生 實習及服務辦法	§3	各師範校院（以下簡稱各校院）應分別設置專責辦理學生實習、畢業生服務事宜單位。其名稱於各校院組織規程中分別明定之。

910517F 師資培育法	§13	師資培育及進修機構得設實習輔導單位，辦理學生及實習教師之實習輔導工作；其組織及員額編制，由教育部定之。
910620H 師資培育法（新）	§15 I	師資培育之大學應有實習就業輔導單位，辦理教育實習、輔導畢業生就業及地方教育輔導工作。
920811a 師資培育法 施行細則	§9 I	本法第十五條第一項所定實習就業輔導單位，應給予畢業生適當輔導，並建立就業資訊、諮詢及畢業生就業資料。
940907 師資培育 之大學辦理教育 實習作業原則	§3 三	本原則用詞定義如下：…… （三）辦理教育實習業務單位：指師資培育之大學負責教育實習業務之單位。

（三）師資培育大學實習輔導方式演變

　　根據比較前後實習輔導方式的條文得知，一般的作法為到校輔導、辦理研習活動、通訊輔導、諮詢輔導，而巡迴輔導與到校輔導相同，而有差別的地方為平時輔導，已鮮有師培機構駐在實習機構提供輔導了。由於實習指導教師的通病，就是輔導過多的實習生，且實習並非就近，實習機構分佈的範圍太大，指導老師疲於奔命，因此亦都便宜行事，草草了事，並未落實辦理實習的各種輔導方式（丁志權，2003）。

表 5-3　辦理實習輔導方式表

法案版本	條號	法條內容
900627a 高級中等以 下學校及幼 稚園教師資 格檢定及教 育實習辦法	§16	教育實習輔導以下列方式辦理： 一、平時輔導：由教育實習機構在該機構給予輔導。 二、研習活動：由直轄市政府教育局、縣（市）政府、師資培育機構、教育實習機構及教師研習進修機構辦理。 三、巡迴輔導：由實習教師所屬師資培育機構，前往教育實習機構予以指導。 四、通訊輔導：由師資培育機構編輯教育實習輔導刊物，定期寄發實習教師參閱。 五、諮詢輔導：由師資培育機構設置專線電話，提供實習諮詢服務。

940907 師資培育之 大學辦理 教育實習 作業原則	§10	師資培育之大學實習輔導方式如下： （一）到校輔導：由師資培育之大學實習指導教師前往教育 　　　實習機構指導。 （二）研習活動：由師資培育之大學，辦理返校座談或研習 　　　活動，並以每個月一次為原則。 （三）通訊輔導：由師資培育之大學編輯教育實習輔導刊 　　　物，寄發實習學生參閱。 （四）諮詢輔導：由師資培育之大學設置專線電話、網路 　　　等，提供實習諮詢服務。

（四）三版同條施行細則規範教育實習內容不變

920811、980826 及 1000104 三版的師資培育法施行細則第 11 條第 1 項，均同一包羅了所有修習教育實習課程的內容大項，不一而足（如表 5-4）。

表 5-4　教育實習內容規範表

法案版本	條號	法條內容
920811a 師資培育法 施行細則	§11 I	師資培育之大學為實施教育實習課程，應訂定實施規定，其內容包括下列事項： 一、師資培育之大學實習指導教師、教育實習機構及其實習輔導教師之遴選原則。 二、實習輔導方式、實習指導教師指導實習學生人數、實習輔導教師輔導實習學生人數、實習計畫內容、教育實習事項、實習評量項目與方式及實習時間。 三、學生實習時每週教學時間、權利義務及實習契約。 四、教育實習成績評量不及格之處理方式。 五、其他實施教育實習課程相關事項。

（五）實習指導教師指導人數減量

實習指導教師的權利與義務，相較前後的規定，先以指導實習教師（生）的人數而言，900627 版高級中等以下學校及幼稚園教師資格檢定及教育實習辦法的規定，「每位以指導二十五名實習教師為

限，並得酌計授課時數一至四小時」；惟，實際每位實習指導教師指導最高 25 位實習教師的負擔過重，師培機構的教師人力常無法負荷，因此實習指導減量，就成為新法修訂的趨勢（賴清標，2003）。爰此，940907 版師資培育之大學辦理教育實習作業原則第 13 條，每人指導實習學生人數減至以 18 人為原則，並得酌計授課時數 1 小時至 3 小時，實質減輕指導教師負擔不少。

另外，實習指導教師的職責於 940907 版師資培育之大學辦理教育實習作業原則第 12 條，除了第 8 條概括條款之外，臚列 7 條實習輔導必行原則，以為實習指導教師之備忘。

表 5-5　實習指導教師之權義規定表

法案版本	條號	法條內容
900627a 高級中等以下學校及幼稚園教師資格檢定及教育實習辦法	§20 I	各師資培育機構擔任實習輔導工作之實習指導教師，每位以指導二十五名實習教師為限，並得酌計授課時數一至四小時。
940907 師資培育之大學辦理教育實習作業原則	§3四	本原則用詞定義如下：…… （四）實習指導教師：指師資培育之大學教師受聘指導實習學生者。
940907 師資培育之大學辦理教育實習作業原則	§12	實習指導教師職責如下： （一）指導實習學生擬訂教育實習計畫。 （二）轉達實習學生之意見予師資培育之大學及教育實習機構。 （三）對每位實習學生進行到校輔導至少一次。 （四）主持或參與實習學生返校座談。 （五）評閱實習學生之作業及報告。 （六）評閱實習學生之教育實習檔案。 （七）評定實習學生之實習成績。 （八）其他有關實習學生之輔導事項。

940907 師資培育 之大學辦理 教育實習 作業原則	§13	各師資培育之大學實習指導教師，每人指導實習學生人數以十八人為原則，並得酌計授課時數一小時至三小時。前往實習機構輔導時，師資培育之大學應酌支給差旅費。 前開酌計授課時數採內含或外加，由各師資培育之大學自定。

（六）具有意願、能力、經驗實習指導教師遴選原則

實習指導教師遴選原則，聚焦在實習指導教師的能力、意願與教學實務經驗三者之上，遴選原則亦將成為師培大學教育實習課程實施規定的內含之一。因此，為節省實習指導的成本，商請經驗豐富的博士班研究生或退休的教師來兼任實習指導教師，亦為節省教育實習指導成本與減輕負擔的不同思維（周愚文，2005）。

表 5-6　實習指導教師遴選原則表

法案版本	條號	法條內容
900627a 高級中等以 下學校及幼 稚園教師資 格檢定及教 育實習辦法	§20 II	實習指導教師由各師資培育機構遴選；其遴選原則如下： 一、有能力指導實習教師者。 二、有意願指導實習教師者。 三、具有在中等學校、國民小學、幼稚園、特殊教育學校（班）或其他教育機構一年以上之教學經驗者。
920811a 師資培育法 施行細則	§11 I 一	師資培育之大學為實施教育實習課程，應訂定實施規定，其內容包括下列事項： 一、師資培育之大學實習指導教師、教育實習機構及其實習輔導教師之遴選原則。
940907 師資培育之 大學辦理 教育實習 作業原則	§11	各師資培育之大學應遴選具有能力且有意願之實習指導教師指導實習學生。 實習指導教師具有在中等學校、國民小學、幼稚園、特殊教育學校（班）或其他教育機構一年以上之教學經驗者，得優先遴選。

（七）師培大學及實習機構共同評定之實習成績

實習學生實習成績的評量，由師資培育大學及教育實習機構，雙方共同評定，各占一半的評分比率。評分細項比例則以教學實習占40%、導師（級務）實習占30%、行政實習則占20%，研習活動僅占10%為原則；惟，實務上常是順序顛倒，實習生多被實習機構召喚去協助行政工作，愈是行政能力優良者，欲能獲得較高的實習成績（周愚文，2005）。

表 5-7　實習成績評定表

法案版本	條號	法條內容
900627a 高級中等以 下學校及幼 稚園教師資 格檢定及教 育實習辦法	§24	實習教師實習成績分為平時評量及學年評量二項，採百分計分法。二項評量成績均達到六十分者，為實習成績及格，並以二項成績之平均數為其實習總成績。 平時評量及學年評量成績，分別依下列比率計算： 一、師資培育機構：占百分之五十。 二、教育實習機構：占百分之五十。
900627a 高級中等以 下學校及幼 稚園教師資 格檢定及教 育實習辦法	§25	平時評量包括下列事項： 一、品德操守。 二、服務態度及敬業精神。 三、表達能力及人際溝通。 四、教學能力及學生輔導知能。 五、研習活動之表現。
900627a 高級中等以 下學校及幼 稚園教師資 格檢定及教 育實習辦法	§26	實習教師實習期間，應撰寫實習心得報告或專題研究報告，由教育實習機構初評後，送交師資培育機構複評。 學年評量由師資培育機構邀集教育實習機構，共同就實習教師所撰寫之實習計畫、實習心得報告或專題研究報告，以口試及試教方式予以評量。
920811a 師資培育法 施行細則	§11 II	教育實習成績之評量，應包括教學演示成績，由師資培育之大學及教育實習機構共同評定，其比率各占百分之五十。

940907 師資培育之 大學辦理 教育實習 作業原則	§7 二	實習學生實習事項及比重如下：…… （二）教學實習以占百分之四十、導師（級務）實習占百分之三十、行政實習占百分之二十、研習活動占百分之十為原則。
940907 師資培育之 大學辦理 教育實習 作業原則	§30	實習學生應於實習期間繳交師資培育之大學規定之實習作業或報告，並於期末整理成個人實習檔案，繳交實習指導教師及實習輔導教師評閱。
940907 師資培育之 大學辦理 教育實習 作業原則	§34	實習學生實習成績評量，由師資培育之大學及教育實習機構共同評定之，採百分法，以六十分為及格。師資培育之大學實習指導教師評量占百分之五十，教育實習機構評量占百分之五十。
940907 師資培育之 大學辦理 教育實習 作業原則	§35	師資培育之大學及教育實習機構對實習學生之評量項目及比例如下： （一）教學實習（含至少一次教學演示）成績占實習總成績百分之四十。 （二）導師（級務）實習成績占實習總成績百分之三十。 （三）行政實習成績占實習總成績百分之二十。 （四）研習活動成績占實習總成績百分之十。
940907 師資培育之 大學辦理 教育實習 作業原則	§38	實習學生全勤者，其成績得酌予加分。請假日數超過十個上班日者，其實習成績不得超過八十分；請假日數超過二十個上班日者，其實習成績不得超過七十分。

（八）實習輔導教師應負不可推託的責義

實習輔導教師的職責規定類似指導教師者，而每一位實習輔導教師，則以輔導一位實習學生為原則，可以每週減授 1 至 2 節課，作為輔導實習生的報酬，俾以提高士氣和輔導效能；而輔導績效良好者，還能獲得師培大學或教育主管機關的獎勵（如表 5-8）。惟，若一對一

的師徒制，輔導老師具有支配性，常將特定的概念帶入雙方的關係中，實習生也會評估輔導內容，策略性的屈服，以適應輔導老師的輔導方式；雙方若有衝突的情形，實習生較為容易反思，而師徒間的關係，將會影響實習生的學習歷程（許玉萍，2010）。

表 5-8　實習輔導教師相關規定表

法案版本	條號	法條內容
940907 師資培育之 大學辦理 教育實習 作業原則	§3 五	本原則用詞定義如下：…… （五）實習輔導教師：指教育實習機構教師，由教育實習機構向師資培育之大學推薦，輔導實習學生之教師。
940907 師資培育之 大學辦理 教育實習 作業原則	§17	每一實習輔導教師以輔導一位實習學生為原則，並得視需要實施團體輔導。
940907 師資培育之 大學辦理 教育實習 作業原則	§21	實習輔導教師職責如下： （一）輔導實習學生擬訂教育實習計畫。 （二）輔導實習學生從事教學實習及導師（級務）實習。 （三）協調提供實習學生行政實習及研習活動。 （四）輔導實習學生心理調適問題。 （五）評閱實習學生之作業或報告。 （六）評量實習學生之教學演示及綜合表現成績。 （七）對實習學生有關之其他協助及輔導。 （八）參與師資培育之大學及主管機關辦理之相關活動。
940907 師資培育之 大學辦理 教育實習 作業原則	§22	教育實習機構得減少實習輔導教師每週授課節數一節至二節。

940907 師資培育之 大學辦理 教育實習 作業原則	§23	師資培育之大學得發給實習輔導教師聘書或感謝狀。
940907 師資培育之 大學辦理 教育實習 作業原則	§24	任實習輔導教師滿半年以上，輔導績效良好，有具體事實者，師資培育之大學及主管機關得依相關規定給予獎勵。

（九）具有意願、能力、經驗實習輔導教師遴選原則

實習輔導教師的遴選原則同指導教師者，亦以實習輔導教師的能力、意願與教學經驗三者之上，遴選原則亦將成為師培大學教育實習課程實施規定的內含之一。惟，部分實習輔導教師並無意願，乃為學校所逼、輔導教師的培訓機制闕如，常不知從何進行輔導，以及教師身兼數職，而感無力輔導……等問題，均為實習輔導教師遴選原則，所無法可約束的條件（翁家琦，2009）。

表 5-9　實習輔導教師的遴選規範表

法案版本	條號	法條內容
900627a 高級中等以 下學校及幼 稚園教師資 格檢定及教 育實習辦法	§19	在教育實習機構擔任實習輔導教師者，應具有合格教師資格。但新增類科或稀少性類科無足夠合格師資可供遴選，專案報請教育部備查者，不在此限。 每一實習輔導教師以輔導一實習教師為原則，並得視需要實施團體輔導。 實習輔導教師由教育實習機構遴選，薦送師資培育機構；其遴選原則如下： 一、有能力輔導實習教師者。 二、有意願輔導實習教師者。 三、具有教學三年以上之經驗者。

940907 師資培育之 大學辦理 教育實習 作業原則	§15	實習輔導教師應具有合格教師資格。但新增類科或稀少性類科無足夠合格師資可供遴選者，不在此限。
940907 師資培育之 大學辦理 教育實習 作業原則	§16	實習輔導教師由教育實習機構遴選，薦送師資培育之大學；實習輔導教師應具備下列條件： （一）有能力輔導實習學生者。 （二）有意願輔導實習學生者。 （三）具有教學三年以上之經驗者。但如有特殊情形，經教育實習機構主動推薦者，不在此限。

六、結論與建議

本部將有關實習之法規分析之後，歸納其評價得失，以為本文之結論如下：

（一）結論

1. 教育實習與師資培育關係，乃從開始之脫鉤、平行掛鉤，至最後的「課程化」融入過程。
2. 分別於中央主管機關教育部、師培大學與實習機構，均有其層級之實習行政組織的設立。
3. 實習前實習契約的簽訂，為師培大學、實習機構與其主管機關三角關係互負權義的法律行為。
4. 由實驗性質的實習機構，更演至專責的中小學、幼稚園及特殊學校（班）。
5. 依就近、健全、優良之教育實習機構遴選原則，漸趨明確。
6. 從支薪實習至付費的教育實習課程演變。
7. 教育實習具有必修性與不得失敗性。
8. 教育實習機構之教育主管機關協力承擔辦理實習事務。

9. 實習資格的取得由檢定制轉變成審查制。

10. 由教師轉變成新弱勢地位之學生實習身分。

11. 從分發實習的強制派任至自覓實習機構的任意挑選。

12. 最被詬病的實習政策為實習時間減半。

13. 參加教育實習之可替代性抵免規定羅列。

14. 從教學、級務到行政之具有主從順序的教育實習事項。

15. 現場實習期間，教學實習教學時數的明確規定。

16. 應符合法令規範的實習計畫擬定。

17. 提列考核勤惰的實習請假時數規定。

18. 研習與返校座談為實習生的義務。

19. 增列實習生不能代理從事事項的重要規定。

20. 實習輔導單位設置之「得」與「應」的不同程度規定。

21. 明確化師資培育大學實習輔導方式。

22. 施行細則同條規範教育實習內容的未變性。

23. 實習指導教師指導人數實質減量。

24. 實習輔導教師應負理論、實務銜接不可推託的責義。

25. 具有意願、能力、經驗實習指導、輔導教師遴選原則。

26. 師培大學及實習機構共同評定之實習成績的內容與比例不變。

（二）建議

基於結論，本文僅舉犖犖大者，提出建議如後：

1. 實習機構遴選應以就近實習、就近輔導為原則

為了落實教育實習的效能，方便實習指導教師能夠在小範圍的區域就近輔導，執行指導業務，以免教授舟車勞累、疲於奔命，尤其是試教輔導期間，更是如此。另外，就近實習，學生可以善用學校的資源，若遇實習上的問題，亦可方便與指導教師協商解決。

2.實習時間適於教師資格檢定考試之後

眾多的師培教師與實習學生,發出實習嗣於資格檢定之後的需求聲音。原因所在,乃師資生可在未離校前,於師培中心教師的指導諮詢之下,準備頗有難度的資格考試,果若通過,再來修習教育實習課程,不但可以減少指導教師所指導實習的人數,並且可以提高通過比率,賦權職場就業的競爭力,更可以減少國家於實習資源挹注的浪費情形。此舉,猶如國家考試之先考試,嗣後分發實習之職前培訓程序一般(賴清標,2003)。

3.應盡速回復受領津貼之一年實習

現行半年的自費教育實習,實習生體驗學習的完整性受到高度的質疑,時間短促、隨後資格考試的準備、打雜式的行政實習,以及經濟弱勢的實習生,必須投入籌措實習時的生活費用問題……等,造成應付、敷衍式的實習。倘若,能夠回復受領津貼的之一年實習時程,參加者心無旁鶩的實習學習效果,應該可以大大提升。

4.尷尬實習學生身分之擅改

實習學生的身分,當其面對機構正式教師與學童家長的尷尬處境,可能只有深處其境的人才能夠體會。既非正式人員的編制,各種教學活動的代理資格受限、如同臨時人力的被召喚使用、與家長溝通時的教育專業權威不足,更讓服務士氣與未來從事教職的意願高度斲傷。是以,改回實習教師身分,甚而給予特定專長領域,形同正式教師執行授課、輔導學生的機會,應能引發對於實習機構的歸屬與認同感,進而投入更多的心力與時間,取得良好教育專業發展的先機(謝紫菱,2005)。

5.建立實習指導教師的遴選與輔導教師的培訓機制

各師培大學的正式教師員額,以至少 5 名為原則,所以指導教師通常是由師培中心的專任教授分配所產生,實習生並無選擇的機會;

若能以退休或具備豐富教育之博士生來加入指導的行列，不但可以減輕負擔，亦可顧及專業的考量（周愚文，2005）。此外，實習機構兼任的輔導老師素質參差不齊，如果能有一個健全的培訓機制，從實習計畫的訂定、教學、級務、行政實習的切入指導，至實習評量的專業知能提升，應該可以改善教師之「實習輔導」專業，更加落實習效果（翁家琦，2009）。

參考文獻

Bereday, G. Z. F.（1964）. Comparative method in education. New York: Holt, Rinehart Winston, Inc.

Bereday, G. Z. F.（1977）.Comparative analysis in education. Prospects, 7（4）, p. 472-487.

Bereday, G. Z. F.（1979）.Early teaching exposure to comparative dimensions in law and education. *Educational Perspectives*, 18（2）, p. 4-8.

Fairclough, N.（1995）.*Critical discourse analysis*. New York: Longman Publishing.

Fairclough, N.（2003）.Analyzing discourse—Textual analysis for social research. New York: Routledge.

McMillan, J. H., & Schumacher, S.（1997）.Research in education(4th eds.). New York: Addison-Wesley Educational Publishers Inc.

丁志權（2003）：第二代「師資培育法」的變革與展望。《教師之友》，43（4），頁 30-36。

王九逵（1999）：多元化社會中的師資培育。載於師資培育發展促進會編：《師資培育法之檢討與修訂》（頁 45-60）。台北市：五南。

李惠宗（2004）：《教育行政法要義。台北市：元照。

李建良、陳愛娥、陳春生、林三欽、林合民、黃啟禎（2005）：《行政法入門》。台北市：元照。

李新鄉（2007）：美國 1990 年以後之師資教育改革。《教育資料集刊》，32，頁 239-256。

李園會（2001）：《台灣師範教育史》。台北市：南天。

巫銘昌（1999）：新制師資培育法在科技大學之實施檢討。載於師資培育發展促進會編：《師資培育法之檢討與修訂》（頁 111-124）。台北市：五南。

吳宗立（2004）：師資培育新藍圖：新制師資培育制度探析。《國教天地》，155，頁 35-40。

吳武典（2005）：我國師資培育的困境與突破。《研習資訊》，22（6），頁 37-46。

吳清山（2003）：師資培育法──過去現在與未來。《教育研究月刊》，105，頁 27-43。

林紀東（1982）：《中華民國憲法逐條釋義》。台北市：三民。

林紀東（1994）：《行政法》。台北市：三民。

周志宏（2003）：《教育法與教育改革》。台北市：高等教育。

周俊良（2007）：我國師資培育的法律基礎研究。樹德科技大學師資培育中心「幼稚園師資培育的理論思索暨教師研究」學術研討會論文。輯於 2007 年黃文樹編之《幼稚教育的理論與實務研究（一）》，頁 195-228。台北市：秀威。

周愚文（2005）：多元化師資培育的實習、檢定與甄選。輯於潘慧玲編之《教育改革：法令、制度與領導》（頁 91-101）」。台北市：心理。

陳木金（1999）：從法律保留與重要本質理論看師資培育法的修訂。載於師資培育發展促進會編：《師資培育法之檢討與修訂》（頁 25-44）。台北市：五南。

陳益興（2005）：人口結構變遷之師資培育政策。《國民教育》，46（2），頁 32-46。

徐筱菁（2002）：學校行政行為與法律保留原則──論行政程序法第三條第三項第六款。《東吳大學法律學報》，14（2），頁 1-26。

張玉成（2002a）：新頒「師資培育法」之評析（上）。《國民教育》，42（6），頁 2-12。

張玉成（2002b）：新頒「師資培育法」之評析（下）。《國民教育》，43（1），頁 2-6。

張芳全（1999）：《教育學程導論》。台北市：元照。

張芳全（2000）：《重要教育法規沿革》。台北市：商鼎文化。

張金淑（2006）：師資培育中心評鑑之分析。《當代教育研究季刊》，14（1），頁 25-54。

翁家琦（2009）：現行教育實習輔導制度問題與因應策略：以國中健康與體育領域為例。《大專體育》，102，頁 38-44。

教育部（2006）：《中華民國 95 年師資培育統計年報》。台北市：作者。

教育部（2007）：《95 年師資培育統計年報》。教育部電子報[on line]。Available: http://epaper.edu.tw/news/960410/960410b.htm。

教育部中等教育司（1997）：《師資培育法規問與答彙編》。台北市：作者。

游美惠（2000）：內容分析、文本分析與論述分析在社會研究的的運用。《調查研究》，8，頁 5-42。

許玉萍（2010）：實習教師之教學與專業發展。《台灣師資培育電子報》，5，頁 1-5。

黃淑苓（1999）：「師資培育法」修正草案之評析。載於師資培育發展促進會編：《師資培育法之檢討與修訂》（頁 1-24）。台北市：五南。

黃政傑（2006）：迅速改善師資培育公費及助學金制度。《師友月刊》，466，頁 27-31。

湯維玲（2003）：「修正師資培育法」的分析與疑義。《社教雙月刊》，114，頁 50-54。

董保城（1997）：德國教育行政法律保留之探討——我國國民教育法修法芻見。輯於《教育法與學術自由》（頁 217-247）」。台北市：月旦。

楊深坑（2002）：從專業理念的新發展論我國師資培育法之修訂。《教育研究月刊》，98，頁 79-89。

楊洲松（2003）：修正「師資培育法」的檢視。《中大社會文化學報》，16，頁 23-40。

蔡清華（1997）：《美國師資培育改革研究》。高雄市：高雄復文。

管歐（1996）：《法學緒論》。台北市：五南。

劉世閔（2006）：批判台灣師資培育市場化所面臨的議題及其競爭力。《教育研究月刊》，141，頁 99-113。

謝卓君（2004）：我國師資培育法之政策文本分析。《教育政策論壇》，7（2），頁 1-28。

謝臥龍編（2004）：《質性研究。台北市：心理。

謝紫菱（2005）：變革與挑戰：新制教育實習輔導制度評析。《學校行政雙月刊》，40，頁 226-238。

賴清標（2003）：師資培育開放十年回顧與前瞻。《師友》，435，頁 8-17。

羅傳賢（2002）：《立法程序與技術》。台北市：五南。

羅綸新（2002）：教育實習理論與實務探討。《教育科學期刊》，1（2），頁 43-59。

從教育實習目標
探討教育實習機構的能為

陳建銘

高雄市前鎮區鎮昌國小校長

一、前言

影響學校教育的成敗，師資是一重要關鍵，師資培育制度之良莠、素質之優劣正是決定教育品質的核心課題。

我國自 68 年 11 月 6 日公布師範教育法，83 年 1 月 18 日公布師資培育法，即將師資培育列入法律層次加以規範，也顯見我國對於師資培育的重視。

在師資培育第七條規定：師資培育包括師資職前教育及教師資格檢定。第一項規定：師資職前教育課程包括普通課程、專門課程、教育專業課程及教育實習課程。是以教育實習乃師資職前教育的課程之一。因此教育實習課程實施之良莠，當然也影響師資培育的品質。

教育實習在引導準教師專業化歷程中是不可缺少的要素，因為教師的工作是一種專業，如同醫師、律師、建築師等職業，其入門實習十分重要。（謝寶梅，2002：2）然而，誠如陳美玉指出實習教師難為，處境尷尬，角色定位不易，這些問題若非實地親身經歷過，實難有較貼切的感受。並且，實習教師專業學習上諸多問題的存在，並非台灣近年師資培育多元化後才發生，而是自有師資培育制度以來即存在的事實；即使是先進國家的教育實習制度，也不可完全避免各種諸如實習教師必須介入他人班級、邊陲角色、非學生非教師等，造成實習教師在角色扮演上

的困擾，並常影響專業學習品質的問題。（李咏吟、陳美玉、甄曉蘭，2003：345）因此到底實習教師或實習學生到教育實習機構實習的成敗關鍵因素為何，時值無人進一步探討。

另外，在行政實務作為中，沒有目標的策略是盲的，沒有策略的目標是空的，唯有明確的目標，才能研擬適切有效的策略。是以教育實習機構對教育實習目標的瞭解，並以之作為實習活動的策略依據，才能提供有效的實習場域。目標具有引導的功能，對教育實習機構而言，如何掌握教育實習的目標，以之作為社略選擇的依據，是筆者想加以探討的。

筆者工作於教育實習機構，本文主要從筆者的工作場域，試圖從教育實習目標的角度，透過現象學的觀點，探討教育實習機構的應有的作為。

二、教育實習目標的探討

鄭世興指出目標與目的有時可以混用，目標就是預定動作的結果，而為決定行為與實行方法的指針，簡單的說，就是人類有意活動的歸趨。（鄭世興，1972：106-107）因此教育實習目標就是教育實習活動的預懸結果。

但實習目標從何而來？實習活動歸趨的依據是什麼，筆者以現象學的觀點進一步思維。從筆者在教育實習機構的現象場域中，可以得知，教育實習目標的訂定一方面是為了解決現實中發生的問題，另一方面則是依據活動本身的理想狀況或者未來趨勢而定。亦即教育實習目標是根據實際問題的解決及實習的理想性及未來性整合而成。易言之，從現象學分析的角度，目標具有理想性、前瞻性及現實性。

若從教育研究對象的分類而言，就是所謂的實相研究及意相研究。林生傳指出，教育研究的對象至少包括兩種研究，一是實相的研究，係對教育實際狀況、事實層面的探討；另一種是教育意相的研究，係對意構或意想之教育的探討。另外也可以從這兩個基本的層面，衍

生出批判的、評價的研究層面，亦即，當我們將教育的意相對照教育實相，就會產生批判的、評價的第三個面向。（林生傳，2003：8-9）

因此，筆者對教育實習目標界定，擬從實相層面及意相層面加以分析，並以之進一步探討教育實習機構的能為。以下分為教育實習目標的法令規範及學者論述的實習課程的理想，這是就理想面而言言；前瞻性目標是就未來實習的趨勢而言；而現實性則就當前實習問題的解決而言。當然現實性及前瞻性最後都將以法令規範而行。

（一）教育實習目標的法令相關規範

依據 94 年 12 月 28 日最近修訂之師資培育法第一條：為培育高級中等以下學校及幼稚園師資，充裕教師來源，並增進其專業知能，特制定本法。此為立法之目的。第二條：師資培育應著重教學知能及專業精神之培養，並加強民主、法治之涵泳與生活、品德之陶冶。此為師資培育之宗旨。這些目的與宗旨是為師資培育的總方向，尚不足具體說明教育實習之目標。

另在師資培育法第十六條規定：高級中等以下學校、幼稚園及特殊教育學校（班）應配合師資培育之大學辦理全時教育實習。主管機關應督導辦理教育實習相關事宜，並給予必要之經費與協助。此規定明訂學校、幼稚園（班）應配合師資之培育而提供教育實習的場域。

而在 100 年 1 月 4 日修訂公布的師資培育法施行細則第 3 條規定「教育實習課程」為：為培育教師之教學實習、導師（級務）實習、行政實習、研習活動之半年全時教育實習課程。及第十一條：師資培育之大學為實施教育實習課程，應訂定實施規定，其內容包括下列事項：

1. 師資培育之大學實習指導教師、教育實習機構及其實習輔導教師之遴選原則。
2. 實習輔導方式、實習指導教師指導實習學生人數、實習輔導教師輔導實習學生人數、育實習計畫內容、教育實習事項、實習評量項目與方式及實習時間。
3. 學生實習時每週教學時間．權利義務及實習契約。

4. 教育實習成績評量不及格之處理方式。

5. 其他實施教育實習課程相關事項。

教育實習成績之評量，應包括教學演示成績，由師資培育之大學及教育實習機構共同評定，其比率各占百分之五十。

其中育實習計畫內容、教育實習事項，應具有展現實習目標的功能，惟未具體說明。

因此，教育部於 94 年 9 月日台中（二）字第 0940122572 號公布之「師資培育之大學辦理教育實習作業原則」，在壹、總則下明訂：「一、教育部為提升師資培育半年教育實習課程之品質，增進實習輔導之效能，特訂定本原則。」說明本原則之制定目的在規範教育實習的目的。「二、實習輔導之目的在提升下列知能：1、瞭解班級教學情境，演練教學知能。2、瞭解教育對象，演練班級經營管理知能。3、見習並參與學校行政工作，瞭解學校運作。4、體認教師職責與角色，培養專業精神。」

在此原則中，另外也規範了教育實習機構之遴選及職責、實習輔導教師職責及獎勵。

從上述的相關法令看來，教育實習主要的目標在實踐方面是「了解、演練、及見習」，內容則為「教學領域、班級經營領域及行政領域」，態度的培養則為「體認教師角色」。因此對教育實習機構，提供實習教師在教學、班級經驗及行政領域的實踐機會，並在過程中體認教師的角色，即為教育實習的目標。

（二）教育實習目標的理想性

從意向面理想性的層面而言，根據國內學者的研究歸納整理如下（黃誼芬，2010：19-20）：

學者專家	時間	實習目標內涵
教育部 1983 頒定《師範院校結業生實習準則》	1983	1. 驗證與統整教育理論與實際，加強專業知能； 2. 培養教育行政能力，充實行政工作經驗； 3. 體認教師責任，培養教師風範； 4. 瞭解教育對象，啟發研究志趣。

郭秋勳、 康龍魁、 王自和、 陳聰文	1995	1. 體認教師責任； 2. 認識教師角色行為； 3. 瞭解中小學教育實況； 4. 瞭解教育對象； 5. 培養教師風範。（有重要次序之分）
郭秋勳	1997	1. 協助學生在實習中證驗理論與領略教師責任； 2. 啓發研究興趣、專業意願，以及重新評估生涯方向（教育實習期間的教育實習具體目標）。
蔡窈靜	2001	1. 驗證與統整教育理論與實際，加強專業知能； 2. 熟練學科科學方法與技巧； 3. 瞭解教育實習環境與內容。 4. 體認教師職責與自我角色； 5. 培養優良品格、發展研究興趣.省思生涯方向。
孔令泰	2003	1. 證驗教育原理、熟練專業知能： 2. 培養教育行政能力、充實行政工作經驗； 3. 體認教師責任、培養教師風範； 4. 瞭解教育對象、啓發研究志趣； 5. 瞭解中小學教育實況、認識教師角色行為； 6. 重新評估生涯方向。
王素芸、 賴光真	2004	1. 驗證及統整 2. 技能磨練與熟練； 3. 情意培養與成長； 4. 補充空缺與不足； 5. 發展自助與獨立。
林純鈴	2007	1. 驗證及統整教育理論與實際； 2. 培養教師專精神與形象； 3. 熟習中學教育現場環境及教育實務； 4. 體認中學教師的職責及其自我角色； 5. 發展研究興趣，重新省視生涯方向。
黃誼芬	2010	1. 重新體認教師角色與定位； 2. 驗證統合教育理論與實務，增進教育專業： 3. 熟練所學領域教材與教法； 4. 瞭解教育對象，啓發研究興趣； 5. 接觸學校行政，瞭解教育行政實際運作； 6. 重新評估與規劃生涯方向與發展。

資料來源：黃誼芬，2010：19-20

　　從師培法第七條第一項規定：師資職前教育課程包括普通課程、專門課程、教育專業課程及教育實習課程。這些課程對師資培育而言應具有必要性，並且彼此間不易取代。所以教育實習課程的功能不易為其他三種課程所取代，這是教育實習的獨特性，也是我們在教育實習機構所應著重的焦點。若從上述幾種對教育實習目標內涵中，根據教育實習課程的獨特性，我們似乎可以得知教育實習目標的內涵較重要者為：驗證統合教育理論與實務；體認教師角色，評估生涯方向；及充實行政經驗。對這些目標的達成，教育實習課程具有不可取代的功能。

　　然就上述教育實習中較重要的目標而言，驗證與統合教育理論與實務，其中的「驗證」與「整合」在邏輯上應已蘊含的實習學生對於教育理論有一定程度的理解，並能依著各種教育理論與實踐間相互驗證，在過程中反思，並形成自己的教育理念。之所以是「一定程度的」理解，乃因為就教育科學理論而言，仍在發展之中，並未臻於真理之理想。但實習學生是否有「一定程度的」對理論的理解，就教育現場而言，似乎仍是一個問題。如此教育實習也就比較停留於實務的瞭解，「驗證」與「整合」比較流於是形式上的理想。

　　因此，教育實習機構如何提供良好的實習情境，供實習教師可以對話、辯證以檢驗裡稐與實踐的關係，便是實習成敗的關鍵因素。

（三）教育實習目標的前瞻性

　　另外從意向面的未來趨勢而言，王秋絨在《批判教育論在我國教育實習制度規劃上的意義》一書指出：1、「批判」意涵可再概念化我國的實習制度；2、「矛盾」、「對立」、「有問題」的情境為批判教學的內涵。因此她提出規劃革新我國實習制度的建議如下（王秋絨，1991b：322-330）：

1.合理建構實習制度的立論依據

　　融合能力本位、批判教育論、人文主義等教育理念，以為規劃教育實習制度之理念基礎，以免實習制度規劃單一化、僵化，失去其自

我發展的革新動力。如能運用不同的教育理念，以為發展教育實習制度之依據，那麼不同的教育理念在制度擬定上的辯證，將使制度規劃具有更合理化的概念架構。

2.建立基於「經驗」的多元化實習方案

教育實習方案隨著師範生或教師的需求，批判反省的內涵包括微觀的教與學的歷程，也要包括鉅觀的政治、倫理、正義之溝通批判。反省的層次包括微觀的教學技術批判層次，也包含了鉅觀的教育實踐理性等層次的批判，以及批判能力、技術、態度。

3.深入研究教師的生活世界

教師的生活世界由於可能產生「矛盾」、「對立」、「有問題」的情境，充滿了影響其教學行為的意義事件，這些事件足引發教師專業反省的媒介，宜深入研究，並納入規劃教育實習方案之主要工作。如此，植基於實務問題的反省，才能真正提昇教師的實踐批判視野，增加其專業實踐能力。

4.培育師範生或教師覺察問題的能力

以質或量的研究深入探討教與學的問題，並對覺察到的問題加以探究、反省、批判。唯有使師範生或教師樂於注意問題的存在，並勇於面對，才有能增加自我的批判能力及批判意識。

5.提昇教育實習制度規劃的層次

教育實習制度並非技術性的修正改革工作，而是具有自我革新辯證的批判對話歷程。教育實習制度之規劃，可植基於實踐理性的動態辯證觀，予以規劃並時時以人性化的價值為導引，永續不斷的革新。此外負責革新的人宜自我批判與革新，避免革新工作的僵化、形式化，造成換湯不換藥的謬誤。也就是制度的規劃，宜具有整體性，包括制度理念的研究革新、制度結構的調整及制度規範的實施設計。

6.建立足以統合教育理論與實務的實習制度

除了師資養成教育有結構性的實務經驗外,我國宜積極規劃導入階段的實習,以及終生生涯的實務反省措施。如此可使實習生免除「現實震撼」的壓力,也可協助教師終其一生都保有強烈的批判心靈。從專業提昇的觀點,訂定有助於批判反省的實習措施,其具體可行者如下:(1)發展多元彈性的實習方式;(2)建立反省性的督導制度;(3)合理調整督導者的角色;(4)合法化實習生的地位;(5)尊重教師建構實際知識的權力;(6)研究發展開展專業能力的評量方式;(7)營造批判的專業文化,協助教師專業自主性的辯證發展;(8)實習方案宜與其他師資培育課程配合。

7.繼續研究「批判教育論」的哲學基礎

一方面從哲學假定的批判,發現其缺失,另一方面從其立論的限制,了解其運用的範圍及條件,於實習制度規劃上正確地運用批判教育論的神髓。

8.培育優良的實習督導

建立督導培育制度──實習督導宜依方案需求,設計專業化的培育方案,以培育足以統合教育理論與實務的督導人員。

9.促進實習制度規劃者的自我批判

為了避免實習制度規劃落入某些意識型態的支配,規劃者在規劃實習制度的過程,宜養成自我批判及批判規劃行動的態度。

楊深坑(2000:21-38)在〈新世紀師資培育之前瞻〉一文中提出二十一世紀師資培育所面臨的新挑戰,包括:

1.後現代主義之挑戰

後現代主義的興起,現代主義所依賴的理性已不足以信賴,感覺經驗是唯一的真實,知識的永恆結構面臨瓦解,沒有所謂的永恆不變

的知識效準,沒有所謂的知識權威。知識權威就後現代主義而言世一種權力的宰制必須加以解構,因此後現代的師資培育必須使實習教師能夠有更多機會參與解構,在解構過程中,與學生共同參與知識文化的再建構。(同上,29-30)

2.後福特主義管理模式的衝擊

主要說明社會消費型態的改變,使得過去福特主義的生產方式,諸如規格化的科學管理,大規模生產廉價商品,無法滿足社會需求,代之而起的是後福特主義的多樣化、個性化的高品質商品與服務漸為人所需。影響所及,使得課程設計、學校與教室的經營必須重新檢討。「小而巧」、「小而美」成為新的教育口號,小班小校、迷你課程設計等勢必衝擊未來師資培育。未來教師勢須間聚焦學、輔導、課程設計、教室與學校經營管理等多元知能。(同上,30-31)

3.新多元主義的激盪

隨著新世紀的來臨,西方理性中心的人性關面臨挑戰。各種各類的認知方式均有其自為完足的有效性,知識的效準以 Lyotard 的觀點而言,取決於其是否能夠實際的實行(performativity)。既然沒有知識論上的共同穩固基礎,文化上也因而沒有主流與非主流之分,各種族群的聲音均有其合法化的地位。質言之,面向二十一世紀的多元主義,不僅是異見的(heterodoxous),更是「異質的」多元主義(heterogenous pluralism)。在這種眾聲喧嘩、百花齊放的新時代裡,師資培育如何融匯眾流,開展新局,更是未來嚴肅之考驗。(同上,31)

4.新科技的影響

現代科技發展的特色,根據 N. Postman 的分析,已經從「工具使用」(tool using)的文化,過渡到「技術控制」(technocracies)文化,

而現在已經到了全球連結成一體的「科技城」（technopoly）文化。在這個全球化的「科技城」中，所有文化形式均臣服於技術科技。這種全球連結成一體的科技社會發展，H. Aibrecht 稱之為資訊時代（informationszeitalter），其特徵在於資訊技術的重要性凌駕傳統的材料與能源技術。而資訊科技的發展，使的遠距會議、虛擬實境等逐漸運用於教育過程，也使得人類的認知過程與知識形式產生革命性的變化。知識必須數量化處理，否則即被淘汰。知識的生產也在於能夠銷售或消費，才能再進一步的刺激生產。正如 J. F. Lyotard 所云，「知識的目標在於交換」，知識也就沒有普效性原則可言。「效用邏輯」（logic of performativity）和「商品邏輯」（logic of mechantile）主導知識與社會文化的發展。（同上，31-32）

隨著資訊科技的發展，效用邏輯和商品邏輯的宰制，也逐漸發展出網路空間文化，使所有事情似乎變得可能，也因此顛覆了傳統習俗價值，將網路科技、熱切以求之夢想以及傳統真理結合，而開展各種可能。網路空間成為一種新的疆界，充滿無限可能的信息與文化和價值的認同，並使得既定的文化價值面臨崩解。（同上，32）

新科技的發展固然使得教學獲得有利的輔助工具，但其所滋生的認知過程的改變、知識性質的逆轉、虛擬的認同以及價值規範的顛覆也是未來師資培育所應面對的嚴肅課題。（同上，33）

5.政治與經濟新形勢矛盾之回應

面向二十一世紀全球政治經濟開展了既合作又競爭的緊張矛盾關係。一九八〇年代以降，隨著冷戰時代之結束，世界性的政治結構產生急遽的變化。一九八九年柏林圍牆倒塌，兩德統一。隨之而來的是東歐各國的自由化與前蘇聯的解體。這些變遷卻使東歐陷入了種族與宗教衝突，過去民族國家（nationstate）的理論與實際面臨前所未有的挑戰。在經濟上，歐洲共同體合作越來越密切，一九九三年單一市場成立，過去的民族國家，漸為超越國

家之上的經濟合作體所取代，民族與國家認同也成為未來師資培育之嚴肅課題。因此，由於冷戰結束，各國之間互相移民變得容易，也因而產生了移民文化和既有的當地文化之間的衝突與統合問題。例如台灣、美、加、澳洲、紐西蘭各國也都有統一與紛歧，主流文化和各族群或移民者文化之間的衝突與統合問題有待解決。由於各國的教育改革無不強調未來一個世紀在國際的經濟競爭力，競爭又合作的緊張關係也是二十一世紀師資培育所宜面對的課題。（同上，33-34）

6.地球村理念之衝擊

隨著政、經情勢的轉變，資訊技術的發展，一種「地球村」（global village）的理念已經逐漸形成。政治、經濟、文化與教育上都慢慢消除國家與區域的界線，任何教育措施也應從全球性觀點來考量。聯合國教科文組織（UNESCO，1996：51）在其《學習：內在的財富》報告書中即指出，世界性的相互倚賴和全球化是當代生活的主要動力，這種動力已經產生作用，且將為二十一世紀留下深刻的印痕。教育在提供所有人民得以獲得知識的機會，更應承擔幫助人民瞭解世界與他人的普遍任務。面對全球化的這種任務，師資培育也宜妥為因應，以開展新局。（同上，34）

楊深坑認為，面對前述挑戰，師資培育雖有反專業化的趨勢，無法培育足以承擔主導二十一世紀社會變遷的教師。因此，未來的師資培育須是一種新專業主義之重建。教師作為促進社會變遷，促進瞭解與容忍的角色在二十一世紀變得更具關鍵性的重要。未來政、經、文化、科技、價值觀、心理態度等全球性變遷使得教師在型塑二十一世紀心靈與性格的角色越來越重。（同上，35）

因此楊深坑從目的、學程規劃、制度設計、方法運用及進修體制等論述新專業主義重建之道。包括：

1.目的——培育務實而具高遠識見的專業工作者。

2.學程規劃——學習型組織的學程規劃。

3.制度層面——建立師資培育機構、學校、社區密切合作的制度。

4.方法層面——善用新科技改善教學避免其缺失。

5.新教師之晉用——多元而彈性之知能與態度。

6.進修體制——教師應是終身學習者。（同上，35-37）

其中，與實習制度較有關連者應是，如何培育「務實」而具高遠識見的專業工作者及建立師資培育機構、學校、社區密切合作的制度。這是未來實習制度的趨勢層面。

陳美玉也從後現代及建構主義的觀點論述實習制度的應為。她指出教育實習格外適合作為理論與實踐相互驗證、轉換，發展實踐反省理性的時機。實習教師能站在兼融理論與現場經驗的立場上，省思及論辯教育理論的深層意涵，以及建構一種具有較高情境理解與詮釋力的專業實踐理論。她特別稱之為「實踐智慧型的師資」（陳美玉，2003：4，11）

從上述前瞻性的角度而言，後現代社會的來臨，思維方式的轉變，對真理或知識觀點的顛覆，在在顯示，教育實習的目標並不在純知識的獲得，而是在實踐中累積解決問題的智慧，養成多元對話、思辨整合、問題解決的實踐態度，這應是未來教育實習所應著重的。若教育實習機構能對教育實習未來趨勢有所掌握，當然洞燭機先，預作準備，對實習制度當然可收事半功倍之效。

（四）教育實習目標的現實性

黃誼芬(2010：39)將近年內國內有關實習工作困擾整理一摘要如下：

學者專家	時間	實習工作困擾類別
曾靖淇	2009	實習生與實習教師共同困擾：在學生面前威嚴不足、學校行政實習未妥善安排、被分配非分內工作、研習活動多未符合需要、人際關係。
江秝玫	2007	「師傅對制度的了解度」與「實習困擾」達顯著相關。

蔡碧璉	2004	1. 身分轉換：對自己的身分定位不明確，既非學生，更非合格教師； 2. 認知差距：理想現實間不盡相符，產生無所適從感； 3. 工作負擔：由於能力或經驗不夠，所負擔的責任比想像中或能夠掌握的還多； 4. 與重要他人的調適； 5. 覺得孤獨無助，無法蒐集到所需資訊； 6. 短暫的一年，互信與支援信賴基礎不足。
陳惠君	2003	1. 由高而低依序為班級經營、教學、學校行政與運作、工作負擔、個人生涯、人際關係。 2. 教育實習辦法與理念缺乏有效宣導與落實，造成執行落差。 3. 實習學校實習輔導小組設立與否為影響實習教師工作困擾要素之一。
劉金松	2001	在教學與班級經營方面，若與實習輔導教師做法不一致時，對學生、實習教師、與實習輔導教師均造成困擾。
尹淑萍	2000	認為實習工作最大困擾為實習者定位不明。

資料來源：整理自黃誼芬，2010：39-40。

　　由上述資料顯示，在實務中的問題，大體上與教育實習目標較有關者是，「教育實習辦法與理念缺乏有效宣導與落實，造成執行落差」、「實習者定位不明」、「師傅對制度的了解程度影響實習」、「學校行政實習未妥善安排、被分配非分內工作、研習活動多未符合需要」等等，這些問題似乎與實習目標無關。但深入思考，其實可能的緣由是教育實習機構對實習目標未具有清晰的概念所致。

　　另外，王秋絨（1991a：279）研究也指出，我國目前已被提出來的教學實習檢討意見，可能只反映意見者的個體感受、經驗，並非真正的困難，如要成為改革參照，宜進一步檢證這些意見後面的假定是否合理。經由這種過程，發現諸多意見較能合理反映我國教學實習實施困難者有：

1. 教學目標不明確，宜再溝通批判其是否合理；
2. 實習之前沒有理論測試，影響教育實習實施效果；
3. 教授督導品質不夠；
4. 建議合作學校能否解決教學實習督導問題有待商榷。

李咏吟、陳美玉、甄曉蘭（2003：345-351）則指出實習教師專業學習與發展的困境有四：

1. 師資生階段的實習教師未能充分理解教學實習的重要性；
2. 實習學校未能配合提供有利實習教師的專業發展環境；
3. 實習教師無法順利地將大學所學得的理論轉換為實際教學所需的能力；
4. 教育實習制度不完善所衍生的問題。

總結上述有關實相的研究中，教育實習機構未能掌握教育實習目標以致於無法督導實習的品質、無法提供良好的實習情境、教學輔導教師與實習教師緊張的關係、實習教師的定位不明、太多繁雜的行政實習佔據了實習時間等等。這些問題在在顯示如何使教育實習目標明確化，並使教育實習機構有所覺知，應是教育實習成敗與否的關鍵因素。

三、教育實習機構的能為

從上述對教育實習目標的探討，透過規範面、理想性、前瞻性及實務性的分析，當前的教育實習除了提供演練的機會外，應使實習教師在實踐中解決問題，以獲取實踐智慧，並透過反思批判、對話辯證、多元思維，方能符應未來的師資培育趨勢。因此，以下就教育實習的主要場域，就上述探討結果，提出教育實習機構的能為。

（一）實習機構領導者必須體認教育實習的目標及其背景，塑造知性的學校氣氛

李咏吟、陳美玉、甄曉蘭（2003：348）指出，雖然我國中等以下學校大多屬公立學校，但是各校的教學品質及整體學校風氣與文化，甚至是校長的治校理念與行事風格確有極大的不同。有的學校教師兼專業發展氣氛濃厚，實習教師自然能在此種環境中獲得最佳的學習機會；有的學校則校風散漫、凝聚力低，權力鬥爭不斷，實習教師處於此種環境下，不免要斲傷其在教師專業上的理想與生涯發展的願景，並且帶給實習教師不健全的專業社會化經驗。

從教育實習機構角度看來，校長如能體認教育實習目標係提供實習教師驗證、批判、反思、實踐的場域，自然要盡力營造學校積極正向的氣氛，才能提供一個良好優質的實習情境。

（二）教育實習機構宜多與師資培育溝通聯繫，瞭解當前的實習趨勢，俾利於提供符應趨勢的實習情境

當前社會環境變遷快速，面對後現代社會的來臨，快速而有效的掌握時代脈動與前瞻性的資訊，亦是教育實習機構之應為。而對於當前教育實習的趨勢掌握，最佳的方法，莫過於多與師資培育機構多聯繫、請教，而後落實於實習情境。最好能定期舉辦實習教師、實習輔導教師、實習指導教授三者間的協調會。（許喆函，2009：173）

以後現代知識論為例，一元、永恆的知識已被挑戰，多元、動態、實踐、解構又建構的知識觀隱然成形，實習機構應配合提供更多的開放對話情境，包括行政人員、學校教師、甚至社區人士及家長，才能有效幫助實習目標的落實。

（三）教育實習機構宜慎選實習輔導教師，並組成團隊學習，提供實習教師驗證的機會

　　教育實習課程之不可為其他師資培育課程所替代，端賴實習提供實踐的機會。然一般教師亦有實踐的機會，為何又需要半年的實習？緣由在於實習的實踐過程，有勝乎實習教師之專家在旁引導，提供建議。此即目前所稱的實習指導教授及實習輔導教師。就教育實習機構而言，如何慎選有經驗、意願、及能力者擔任實習輔導教師，亦是實習成敗的一大關鍵。其中實習輔導教師能力部分，宜透過學校提供各種增能的機會，開闊輔導教師之心胸及掌握教育實習目標，此亦是學校所能為。

（四）教育實習機構宜妥善規劃教育實習方案，落實執行

　　前述實習困擾的因素之一係實習機構未能規劃完善的實習方案或未能落實。致使實習教師負擔過重的行政工作，壓縮教學與班級經營實踐的機會。對教育實習機構而言，凡事豫則立，不豫則廢。若能透過參與過程，有效發展實習方案，落實執行，假以時日，必然展現教育實習的功能。

四、結語

　　理想與實際的落差就是在現實中對「應為」與「所為」的省思，對實習教師是如此，對於教育實習機構亦是如此。本文以現象學觀點從教育實習目標的觀點，探討教育實習機構的能為，在態度上亦是對教育實習機構的反思。教育實習機構愈能覺察本身所具有不可替代性，愈能彰顯實習機構的重要性，也愈能發揮本身所具有的功能。

參考書目

王秋絨（1987）。《教師專業社會化理論在教育實習設計上的蘊義》。台北：師大書苑。

王秋絨（19911）。《教師專業社會化理論在教育實習設計上的蘊義》。台北：師大書苑。

王秋絨（1991b）。《批判教育論在我國教育實習制度規劃上的意義》。台北：師大書苑。

王素芸、賴光真（2004）。教育實習的概念分析——論我國教育實習制度及其改革。《國立編譯館館刊，32（1），48-59。

尹淑萍（2000）。《師資培育制度下科學實習教師實習個案研究》。國立台灣師範大學化學研究所碩士論文。未出版，台北市。

李咏吟、陳美玉、甄曉蘭（2003）。《新教學實習手冊》。台北：心理出版社。

孔令泰（2003）。《中等學校實習教師教育實習輔導策略之研究》。國立台灣師範大學教育研究所碩士論文，未出版，台北市。

江秌玟（2007）。《影響實習教師實習困擾之相關因素研究——以九十四學年度半年制實習教師為例》。國立中央大學學習與教學研究所碩士論文，桃園縣，未出版。

林生傳（2003）。《教育研究法——全方位的統整與分析》。台北：心理。

林純鈴（2007）。《新舊實習制度中對中學體育實習教師專業成長之研究》。國立台灣師範大學體育學系在職進修碩士班碩士論文，未出版，台北市。

郭秋勳、康龍魁、王自和、陳聰文（1995）。《我國師資培育——大學階段與教師資格檢定初檢及格後之教育實習目標、功能、定位與實習內容之比較研究》。教育部委託研究專案報告。高雄市：國立高雄師範大學。

郭秋勳（1997）。教育實習目標、功能的探索與啟示。《教育研究資訊》，5（3），29-46。

陳惠君（2002）。《高雄縣市國民中學實習教師工作困擾與輔導需求之研究》。國立高雄師範大學教育學系碩士論文，未出版，高雄市。

許喆函（2009）。國民小學實習教師工作困擾與因應策略之研究》。國立嘉義大學國民教育研所碩士論文，未出版，嘉義市。

黃誼芬（2010）。《我國師範大學學生新制教育實習成效之研究》。國立高雄師範大學教育學系碩士論文，未出版，高雄市。

曾靖淇（2009）。《實習教師與實習生專業成長與實習困擾之研究》。屏東教育大學教育行政研究所碩士論文，未出版，屏東市。

蔡碧璉（2004）。建構實習教師進行優質學習歷程影響因素之研究。《教育與心理研究》，27（2），283-305。

楊深坑（2000）。新世紀師資培育之前瞻。載於中國教育學會主編，《跨世紀教育的回顧與前瞻》。台北：揚智文化。

蔡窈靜（2001）。《國民小學教育實習課程現況之調查》。國立台中師範學院國民教育所碩士論文，未出版，台中市。

鄭世興（1972）。教育目的。載於田培林主編，《教育學新論》。台北：文景出版社。

謝寶梅（2002）。教育實習的基本認識。載於賴清標主編，《教育實習》。台北：五南。

劉金松（2001）。《高雄市國民中學實習教師工作困擾及其因應策略之研究》。國立高雄師範大學教育學系碩士論文，未出版，高雄市。

幼保系實習指導教師的角色扮演

潘世尊

弘光科技大學幼兒保育系副教授兼系主任

趙蕙鈴

弘光科技大學幼兒保育系助理教授

廖瑞琳

弘光科技大學幼兒保育系講師

一、前言

　　實習，對實務能力之取得甚為重要，各師資培育機構因而相當重視，教育研究者也時常針對實習相關議題加以探究。而由於「實習學生」（或「實習教師」）乃實習課程之主角，許多研究者因而以他們的實習經驗、感受或表現為探究焦點。另也有研究者以實習機構中的「實習輔導老師」為研究對象，因他們和實習學生之生活作息及實習成效密切相關（Yılmaza, Tadanb, & Ouzc, 2009）。

　　除了上述，大學中的「實習指導教師」也是實習課程「鐵三角」（實習學生、輔導老師與指導教師）中的一環，且有研究指出實習學生遇到問題時，可能尋求指導教師而非輔導老師的協助（賴春金，2001）、或感到前者比後者更能幫助他們得到專業上的成長（Albasheer, Khasawneh, Nabah, & Hailat, 2008）。Fernandez 與 Erbilgin（2009）的研究更顯示實習學生教學後的檢討會談，輔導老師偏重學生表現的評估，指導教師則較能引導他們從實作經驗進行反思和學習。然而，實習指導教師究竟應如何扮演其角色，過去卻較少被具體描述（陳嘉彌，1997）。柯志恩（2002）的研究也發現實習指導教師確有充實輔導知能之需要。不過，國內至今仍只有少數研究以實習指導教師之角色扮演

為研究對象（如余毓琦、楊志宏，2009；陳綠漪、盧宜汶、黃雲思、餘毓琦，2007），且它們多未針對實習學生可能面臨的挑戰與需求及其輔導與協助策略加以探究。從「建構主義」（constructivism）（郭實渝，2008）的角度來看，當教師對學習者的學習困境有較為深入的瞭解，教學方式方能較為適當與有效。因此，本文擬以實習指導教師之角色扮演為研究焦點，且將實習學生所面臨之問題與困擾納入考量。

參考 Carr 與 Kemmis（1986）之論述，教育實務工作者宜對本身的實務活動加以反思，以發現可能的問題與改善方向。另依 Elliott（1987）之見解，研究者可就實務工作者的實務活動及潛隱於其中之原因和理由加以探究，以發展具參考價值之實踐原則與策略。綜合這兩項論點，除參考相關文獻，筆者還擬以本身所任教幼保系實習指導教師之指導活動與想法為研究對象，以發現可強化及學習之處，進而提供自我與同事及其他相關系科實習指導教師參考。

二、文獻探討

師資培育機構之實習指導教師應扮演何種角色？又實習學生可能面臨何種困境與需求？

（一）實習指導教師的角色扮演

綜合學者見解（陳嘉彌，1997；陳綠漪等人，2007；Caires & Almeida, 2007; Enz, Freeman, & Wallin, 1996; Rorrison, 2010），實習指導教師可能扮演管理、諮詢、教學、分析、回饋、評估及支持之角色。管理者的角色扮演，涉及實習歷程的規劃、協調與推動（含針對實習輔導老師提供必要引導或與之溝通）。諮詢者的角色扮演，旨在針對實習學生的問題提供建議。教學者的角色扮演，則在透過團體、小組或個別教學等方式，協助實習學生發展專業知能。分析者的角色扮演，著重實習學生的表現之瞭解與分析。回饋者的角色扮演，目的在藉由面談、書信或其他可能方式，針對實習學生的表現提供回饋意

見。評估者的角色扮演，重點在對實習學生的實習歷程和表現加以評鑑。支持者的角色，則在提供實習學生情感層面之支撐與回饋。

實習指導教師在扮演這幾種角色的過程中若能參考如下兩點，應可進一步提昇實習指導成效：

第一，實踐智慧與實務知識之取得，實作後的反思不可或缺（Aristotle, 2000），惟有效的反思方法與一般人慣有的思考模式不同（Argyris & Schön, 1974），實習指導教師因而宜加以引導。Husu、Toom 與 Patrikainen（2008）等人也強調「引導式反省」（guided reflection）的重要。在具體施行上，依 Carr 與 Kemmis（1986）之論述，實務工作者的實務活動受其腦海中的「理論」所支配與決定。若實務工作者的實務活動有問題，意謂其腦海中的理論可能值得商榷、或與實際情況之特性有所差距。因此，實習指導教師宜引導學生在反思時，除須分析外在實務情境之情況（如兒童家庭背景與家長期待），還可透過「為什麼這樣做、這樣說或這樣想」之問題試著釐清自我或他人腦海中的理論（含自我或他人的想法與行動之原因和理由）。而由於個體腦海中的理論可能受其週遭實務傳統及過往經驗所影響，實習指導教師因而可引導學生透過這兩個部份的分析之協助，以釐清自我或他人腦海中的理論之可能內涵（潘世尊，2005）。

除了上述，參考 Carr 與 Kemmis（1986）之論述及「雙路徑」（double-loop）學習之概念（Argyris & Schön, 1974），實習指導教師宜引導學生從自我或他人的實務活動切入進行反思、且先針對潛隱於其中之教育價值與目的加以分析、批判與重構；否則，他們經由反思所擬定之行動方案，將有較高的可能仍受不合理性之教育價值與目的所支配。再者，實習指導教師也可引導實習學生參考相關文獻或與他人進行討論。因這兩項措施除可協助他們更加瞭解實際情況，還能促使他們察覺本身沒有意識到的盲點與問題解決方案。不過，每一實務情境可能具特殊性，實習指導教師因而宜引導學生以批判的態度分析外在文獻與他人見解可參考及不適用之處（潘世尊，2005）（綜合上述要點，實習指導教師也可參表 1 內涵，引導實習學生撰寫省思日誌）。

表 1　實習省思日誌格式參考

項目	備註	內容
■ 實務活動（實作／觀察經驗）描述		
■ 釐清 －實務情境之情況為何？ －自我／他人之實務活動，希冀實現何種教育價值與目的？原因與理由為何？	● 可透過「為什麼」類型之問題自問自答或詢問他人。 ● 可考慮自我／他人的經驗背景及週遭之實務傳統。	
■ 反省／檢討與重構 －自我／他人之實務活動及其希冀實現之教育價值與目的，有何值得保留與學習之處？有何問題及可如何改善？為什麼？ －未來之實務活動可如何進行？	● 可與同學、實習輔導老師或相關人員討論，且可參考相關文獻（但以批判的態度面對）。	

資料來源：筆者自編。

　　第二，實習指導教師可能因實習機構分散之緣故而不像輔導老師般，可隨時給予實習學生回饋和指導。針對此點，林凱胤、楊子瑩與王國華（2009）曾運用網路「部落格」引導實習學生撰寫反思日誌，且藉由迴響或推薦文章的方式和他們互動。結果，有98%的實習學生認為指導教師的回應有助於專業成長。近年來，也有大學運用線上即時互動軟體輔導實習學生（羅志偉，2010）。參考這兩點，實習指導教師可運用網路資訊科技，以彌補無法和實習學生隨時互動之不足。

（二）實習學生的問題與需求

　　就兒童教保專業人員之培育而言，課程（教保活動）設計、教學（教保活動）實施及班級經營與行為輔導能力的學習為核心，惟大學課堂上的學習成果並無法直接轉化為適當、有效的實務活動，許多研究者也指出它們乃實習學生常感困擾之問題（余毓琦、楊志宏，2009；林一鳳，2003；鄭采惠，2006；賴春金，2001；Hang & Singh, 2007）。

　　這些問題的產生，除可能起於實習學生先前所學專業知能不足及缺乏實作經驗，還可能源於實習學生角色定位之混淆。邱憶惠（2006）就指出許多實習學生被實習機構視為人力資源，因而無法於教學及班級經得到良好學習成效。Rajuan、Beijaard 與 Verloop（2007）也強調實習輔導老師和實習學生對實習的看法之差異，是構成有效學習脈絡的一種阻礙。雖然，實習機構各項事務之處理也是實務工作的一環，惟基本教保實務知能的學習仍然最為重要。另張民杰（2008）指出實習學生有時會面臨兒童將他們視為大哥哥或大姐姐而非教師，因而影響班級經營及行為輔導成效之問題。兒童之所以會這樣，有時是因為實習學生本身在「大哥哥或大姐姐」與「教師」這兩種角色之間擺盪與混淆。

　　除了上述，實際教保情境是由兒童、教師、行政人員及家長所構成，實務活動之進行因而涉及複雜的人際互動。透過與這些人員的互動，實習學生的專業知能可能獲得提昇（陳國泰，2008）。然而，實習學生由於對實務情境之特性缺乏瞭解、且多尚未具備較為圓融的社會互動技巧，因而常面臨人際互動與人際關係之困擾（陳易芬，2008；余毓琦、楊志宏，2009；鄭采惠，2006），如不知如何回應他人之話語與期待、或感到被排擠與打壓，因而影響其實習成效。

三、實務探究之方法與歷程

　　除上文所述，實習指導教師還可針對哪些事項及運用何種方式輔導與協助實習學生？又本系實習學生所感知之問題與困擾為何？在他們心中，實習指導教師之輔導與協助是否足夠與適當？若答案為「否」，爾後可如何進行？

（一）資料蒐集

　　為回答上述問題，筆者蒐集如下資料：

1.實習學生的認知、感受與建議

首先,筆者參考文獻探討結果編製問卷,以瞭解 98 學年結束實習學生在實習過程中,所感知之問題與困擾及他們對實習指導教師的輔導與協助之評估和建議。本系學生集中實習時間為大四第一學期(為時 6 週)。問卷調查的實施於 98 學年第二學期進行,以全體大四已完成集中實習之學生為對象——含甲、乙兩班,計 112 名,問卷內涵概要如表 2,計回收有效問卷 97 份,佔 80.61%(於嬰幼兒托育、幼兒園、國小課後托育及特殊兒童教保機構實習之學生,分別為 12、55、17 與 13 人),同意至不同意等選項,分別採計 5、4、3、2、1 分。

表 2　問卷內涵概要

實習學生問題與困擾			實習學生評估與建議
我曾面臨之問題與困擾:	1. 課程設計或教保活動規劃	□是 □否	實習指導教師之輔導與協助足夠及適當(勾選「是」者,方才填寫):
	2. 教學或教保活動實施		□同意　□有點同意
	3. 班級經營或兒童行為輔導		□沒意見□有點不同意
	4. 被過度要求協助處理雜務,因而嚴重影響教保活動學習		□不同意
	5. 被兒童定位為大姐姐而非教師		我的建議:
	6. 有時將自己定位為大姐姐、有時又定位為教師		
	7. 人際互動與人際關係		
■ 我對實習指導教師之輔導與協助,還有如下建議:			

其次,筆者針對本系 14 名專任教師所指導實習學生,各選取一名實習成績較優者進行訪談,因他們可能較用心參與實習而較瞭解教師之指導歷程。至於訪談問題導引,筆者納入本系實習指導教師主要用以輔導與協助學生之「行前座談」、「返校座談」及「實地訪視」三項活動,以瞭解他們的指導概況:

(1) 行前座談、返校座談、實地訪視，實習指導教師主要針對哪些事項／運用何種方式進行引導與協助？

(2) 實習期間，你或與你在同機構實習的同學是否面臨哪些問題與困擾？實習指導教師如何輔導與協助？

(3) 實習指導教師的指導方式與內容，哪些部份值得其他教師參考？哪些部份可再改善或加強？為什麼？

2.實習指導教師的想法

實習指導教師之角色扮演，須考量實習學生所感知之問題與困擾。因此，筆者將學生於表 3 各題項勾選結果平均分數在 4 以下（即未達「有點同意」程度）之題項找出（參表 3），然後融入訪談問題之中。

表 3　學生於問卷勾選結果

題號	勾選「是」人數／百分比	勾選「是」學生評估結果		平均數未達 4 題項
		平均數	標準差	
1	50/52%	4.3	1.31	-
2	58/60%	4.27	1.32	-
3	59/61%	4.47	1.18	-
4	15/15%	3.66	1.63	✓
5	25/26%	3.80	1.80	✓
6	30/31%	3.66	1.68	✓
7	15/15%	3.60	1.76	✓

訪談的實施，於 98 學年第二學期完成，問題導引及教師背景如表 4 所示：

表 4　教師背景與問題導引

代號	HC	CS	PA	ZH	CH	KH	WZ	WM	SM	TY	LY	WS	LS	LZ
兒童教保機構實務經驗（專職）年資	12	--	10	--	--	--	--	12	--	2	--	2	--	--

實習指導 年資	2	15	7	9	16	4	14	16	3	14	14	16	14	16
在行前座談、返校座談、實地訪視時，您的指導內容（重點）與方式為何？為什麼？ 針對實習學生可能面臨之問題與困擾（如表3所列），您如何輔導與協助？為什麼？ 除了上述，您還透過哪些措施促進實習的順利進行及提昇學生教保知能？為什麼？														

3.他校教師之觀點

他山之石、或可攻錯。Carr 與 Kemmis（1986）則曾提醒處於相同實務情境之個體，可能受到相同實務傳統所制約而無法發現本身實務活動的問題所在。因此，筆者於 98 學年第二學期，還邀請三名實務經驗豐富之外校教師（任教系所最近一次教育部評鑑皆獲一等）參與座談，以使探究結果更能適切回應實習學生之問題與困擾。過程中，筆者除透過表 5 之問題導引請參與者發表意見，還藉由表 2、3、4 之提供以協助他們思考、統整和發言。

表 5　參與者背景與座談問題導引

代號	單位	實習指導年資	兒童教保機構實務經驗（專職）年資
SU	T科大幼保系	12	8
YU	C科大幼保系	5	12
FE	A大學幼教系	5	10
貴系實習學生曾反應哪些問題與困擾？您或貴系如何輔導與協助？為什麼？ 您或貴系主要透過哪些措施，以提昇學生專業知能及使實習順利進行？為什麼？ （參考資料：表2、3、4）			

（二）資料分析與反思

筆者分「實習指導活動可學習之處」及「學生感知問題之輔導與協助」兩個向度進行資料處理。前者，筆者又分別從行前座談、返校座談及實地訪視三個部份將資料分類，然後歸納出本系實習指導教師之指導焦點與方式，並針對可學習之處加以彙整與析論。後者，筆者則就學生對教師的輔導與協助適當程度之評估未達「有點同意」（即平均數未達 4）之項目，進行資料的分類與彙整，並針對實習指導教師可運用之輔導與協助措施加以探討。

（三）研究信效度的提昇

在本研究，筆者儘量詳述研究歷程及詳實引用參與研究者（如受訪者）的話語，以滿足可信度的要求。至於內在效度，筆者除運用多重途徑蒐集資料，以儘量做到「三角校正」及避免探究結果受到自我及系上教師之經驗背景所限，還參考「參與研究者檢核」（member check）的概念（Lincoln & Guba, 1985），將初步分析結果提交全系教師檢視，並參考他們的意見進行修正。而這樣做，也有助於信度的提昇（本研究各項資料及其代碼如表6）。另在外在效度上，反省性的自我探究，期待研究結果能對他人之實務工作產生啟發或引導之作用（陳惠邦，1998）。針對此點，筆者將儘量深入描述自我於研究過程中所從事之探究活動及針對各項議題所進行之分析思考，且儘量少用不易理解之術語，以免減弱本文內容的可讀性。

表6　資料項目與代碼

項目	資料代碼	備註
1. 實習學生問卷調查	SQ-問卷編號（如 A01 表甲班第 1 份問卷）+實習機構類型代號（開放式建議部份）	• K 指幼兒園，I、A、S 指托嬰、課後托育及特殊兒童教保機構。
2. 實習學生訪談	SI-學生代號+實習機構類型代號	
3. 實習指導教師訪談	TI-教師代號+學生實習機構類型代號	• 教師與學生代號皆以英文字母表示。
4. 校外教師座談	OD-教師代號	

三、研究結果

以下，分就「實習指導活動可學習之處」及「學生感知問題之輔導與協助」兩個向度，呈現研究結果：

（一）實習指導活動可學習之處

筆者所任教幼保系於學生展開實習之前會先辦理工作坊，再由實習指導教師各自召開行前座談。為增進實習指導成效，實習學生每週必須回校半天參與返校座談。另實習指導教師除須批改學生所寫「省思日誌」，還須進行實地訪視。

1.行前座談

實習展開前，實習學生的心理可能充滿焦慮與不安，行前座談之進行因而有其價值與必要。依教師訪談結果，本系 14 名教師於行前座談之指導可說呈現「多元關照」之特質，具體內涵可如表 7 示：

表 7　行前座談指導內涵

向度	內容	提及人數	備註	角色類型 M	C	T	S
實習情境注意事項	1. 國內教保環境特性	3				●	
	2. 實習機構概況	5	含實習機構要求說明。		●	●	
	3. 實習機構聯繫拜訪要領	4			●	●	
	4. 履歷與自傳撰寫要領	3			●	●	
	5. 實習時之舉止態度	11	含提醒學生要積極、有禮貌及服裝儀容要適當。			●	
	6. 實習時之責任與倫理	4	含提醒學生份內應學習事項及避免逾越自我之權限。		●	●	
	7. 實習期間學習重點及應避免出現錯誤	7	含實習計畫內涵之提示。	●	●	●	
	8. 實習期間作業	1	含作業項目與撰寫要領。	●	●	●	
	9. 職場瞭解與職涯評估	2	含提醒學生評估自我是否適合實習職場。			●	
心理建設	10.焦慮心理安撫	1	如提醒學生實習表現不完美，乃正常現象。			●	●

專業知能	11.實務知能重點	2	含實務操作要領重點提示與複習	•	•
	12.可參考理論文獻	4	含準備供學生參閱之書籍與文獻。	•	•
■ 實習指導教師扮演管理（M）、諮詢（C）、教學（T）與支持（S）之角色。					

　　分析表 8，實習學生應表現之舉止態度，被大多數教師（11/14，佔 78.57%）所強調。會這樣，一個可能的原因是它除可讓實習輔導老師願意用心指導，還攸關系與校之聲譽。一名教師就用「既使在實習機構只有你一個人，可是人家就會把你的表現當作都是 HK（本校校名）學生的表現」（TI-PTA）之話語，激發學生的榮譽感及勉勵他們展現良好學習態度。除此之外，表 8 之內涵還有如下兩點值得提出：

　　第一，本系有教師會先拜訪、聯繫實習機構相關人員，以瞭解他們的想法與期待，然後於行前座談向學生說明。一名教師就指出他會「事先拜訪實習機構，瞭解他們要注意的事項，在行前座談先叮嚀」（TI-ZHA）。另一名也指出他會「事先跟機構的主管或老師打聲招呼，然後也瞭解他們每一年度對實習生的一些期待，再把這樣的想法讓學生先知道」（TI-HCS）。透過這種方式，可讓學生對實習機構有更多瞭解，進而讓他們做好應有準備及「降低比較焦慮的那個情況」（TI-ZHA）。

　　第二，教師於行前座談之口頭指導，學生未必能全然掌握。因此，有教師會將「要交代的事情寫給學生」（TI-TYK）或「把以前的講義再濃縮成一個教戰守則」（TI-LYI）。一名學生也指出「在行前的部份，老師找我們開了兩次會，給我們一張他自己先擬定好的，要我們知道應該注意的事項」（SI-WCK）。延伸此一方式，實習指導教師也可將學生拜訪實習機構時應觀察與瞭解之事項製成表格，一名教師就指出他會配合教科書中的「學習單或作業、還有就是學習環境的檢核表，讓他們帶去觀察或者是去做訪談」（TI-KHK）。這些方式，同樣可協助學生更加瞭解實習機構及做好應有準備。

除了上述，為協助實習學生順利進入實習機構，本系有教師會親自帶領學生登門拜訪。一名教師就指出「之前的拜訪，會帶他們去」（TI-WZK）。另一名更指出他帶學生拜訪實習機構的過程中，會「交給他們負責的主管、老師來說明」（TI-ZHA）。而其功效就如一名學生所指出：「可讓我們對那環境比較不會陌生」（SI-CYK）。然而，教師若欲強化學生獨立自主人格特質與人際互動能力之培養，則或可先斟酌學生需求與機構特性，於必要時再行運用。

2.返校座談

學生於實習期間，可能感受許多委曲及面臨許多問題，返校座談因而為實習指導教師提供學生心理與專業支持之最佳場域。綜合教師訪談結果，本系教師於返校座談之指導內涵，可如表8示：

表8　返校座談指導內涵

內容	提及人數	備註	M	C	T	A	E	F	S
1. 學生實習經驗分享及問題解決引導	14	－學生感受支持與安撫。				●		●	●
		－學生收穫分享與討論。			●	●	●	●	●
		－問題研討與指導（含學生感知及教師發現之問題）。			●	●	●	●	
2. 學習進程與方向提示	3	含針對實務領域重要範疇或學生學習上的問題進行提示。	●						

- 實習指導教師扮演管理（M）、諮詢（C）、教學（T）、分析（A）、評估（E）、回饋（F）及支持（S）之角色。

（1）問題討論與解決之引導

從表9可知，返校座談的重心之一在問題討論與解決之引導。這個部份的實施，有如下幾點值得提出：

第一，實務工作者在討論過程中，若能對自我或他人腦海中的理論加以釐清與理解，將可使後續之反省批判更為深入（潘世尊，2005）。

與此相應，有教師會透過「為什麼」類型之問題，引導學生先思考他人或自我的行動與想法之原因和理由，再進一步探究可能的問題與解決方案。一名教師就指出他會引導學生「我們去想一下，『為什麼』（輔導老師）要這樣子處理，有沒有其他比較好的方法」（TI-TYK）。另一名也指出「在返校座談的時候，我看到那一些點的時候，我會問他你『為什麼』是這麼看，那你有沒有些不同的想法？」（TI-HCS）

第二，處於同一實務情境的實務工作者之思考與行動，可能受到相同實務傳統所制約而存在相似之問題。與具不同經驗背景之實務工作者協同探究，是避免此種情況發生的一種可能途徑（Carr & Kemmis, 1986）。一名教師也指出「當（他指導的）兩個園所是一個模式差異很大的時候」，他會「讓兩邊去談它們理念做法上的差異，所造成在孩子身上學習或發展或行為上的差異」（TI-CSK）。另一名則指出他會讓學生「分析比較不同實習機構課程規劃的優缺點」（TI-PTA）。此外，有教師會引導學生針對同儕之思考與行動提出自我之分析和見解，如「他今天遇到這種情況，如果是你，你怎麼想或是你會怎麼看」（TI-HCS）。透過這些方式，實習學生之知識與視野可得到擴充，且可避免被實習機構之實務傳統所限。

第三，文獻，也是實務工作者突破自我視野之重要媒介。然而，Hang 與 Singh（2007）曾指出實習學生常感到自我之教學實務和他們先前所修習課程沒有銜接，因而無法對實習情境中的學習者之行為有效加以輔導。因應此點，實習指導教師可引導學生運用他們先前於課堂所學習之理論，分析自我的實務活動與觀察經驗，且試著據以開展或許可行與有效之行動方案。一名教師就指出他會在返校座談時引導學生「看看有什麼理論可以解釋兒童的表現與行為，什麼理論可以支持（輔導）老師的做法」或「從以前學過的理論來看，（輔導）老師的做法有什麼優缺點」（TI-PTA）。然而，課堂中的理論未必能全盤移植到任一實務情境，實習指導教師因而宜引導學生以批判的態度加以面對。一名教師就指出當實習學生回答他的想法是「根據理論」時，會進一步質問「為什麼理論是對的」、「你覺得可行性如何？」（TI-WSK）

第四，推演 Argyris 與 Schön（1974）之論述，問題解決方案若由學習者所發展與提出，將較有可能成為他們腦海中的「理論」而被具體實踐，惟實習學生未必都能如此。因此，實習指導教師若察覺他們無法提出適當問題解決方案，則可提供自我之想法供其參考。多位受訪學生也因實習指導教師能提供具「對症下藥」功效之建議而表示肯定，如「老師他是針對問題，然後對症下藥，所以我覺得這點還蠻厲害的」（SI-WYK）、「我覺得就是他的一些對於小朋友的指導策略，我覺得很有用」（SI-CGA）。

綜合上述，針對問題討論與解決之引導，本系實習指導教師可能的做法可如表 9 示：

表 9　問題討論與解決之引導

引導進程	引導活動	
引導學生先掌握本身或他人的思考與行動之內涵及其緣由，再發現可能的問題及提出解決方案。	● 引導學生： － 運用「為什麼」類型之問題。 － 分析比較不同實習機構或輔導老師做法之影響。 － 針對同儕之問題與想法提出自我的分析與見解。 ● 提供自我之見解供學生參考。	運用文獻（含先前課堂所學理論）進行分析與討論。

（2）學習焦點與主題之提示

實習機構與輔導老師的周延計畫和引導，與實習學生之教學滿意情形具顯著正相關（鄧怡勳、蔡碧蓮，2004），惟實習輔導老師可能未曾接受系統培訓而不知如何輔導實習學生（保心怡，2010；孫志麟，2006）。因此，實習指導教師除了可依學生所面臨問題提示後續學習方向，還可試著引導他們針對實務領域不同範疇進行觀察或練習，以協助他們在有限的實習時間得到較為系統與完整之學習。一名教師就強調「主題的設定」非常重要，因它能提醒學生針對「一些不同的點去做現場的觀察、瞭解跟省思」（TI-CHK）。另一名也指出他除了會引

導學生「學習實習輔導老師的教學跟帶班」，還會「每個禮拜指定一個主題，讓學生去做觀察、學習和反思，完了就配合返校座談去做討論」（TI-PTA）。而這也意謂教師可能於返校座談，引導學生針對他所指定學習主題之問題進行討論（參圖1）。

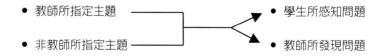

圖1　實習指導教師引導學生討論之問題

3.實地訪視

　　一名學生在問卷建議實習指導教師「可以多多去園所看我們」（SQ-B26A）。實地訪視，可發揮何種功能？歸納教師訪談結果，它的工作項目可如表10示：

表10　實地訪視工作項目

內容	提及人數	備註	角色類型						
			M	C	T	A	E	F	S
1.實際狀況瞭解	12	含實習機構特質與要求及實習學生表現之瞭解。				●	●		
2.意見分享溝通	2	含系與實習指導教師本身及學生期待之傳達和溝通。	●						
3.關係建立強化	1	如親自感謝、拜託實習機構主管支持與協助。	●						
4.教保活動檢討	2	含邀請實習機構主管及輔導老師參加檢討會議。	●	●	●	●	●	●	●
5.學生關懷支持	1								●
■ 實習指導教師扮演管理（M）、諮詢（C）、教學（T）、分析（A）、評估（E）、回饋（F）及支持（S）之角色。									

　　分析表 10，「實習機構特質與要求」及「實習學生表現」的瞭解，乃教師實地訪視之核心工作項目。前者，可做為教師提醒學生應注意事項之依據，如一名教師指出他會和實習輔導老師「談一下他們園所的要求，然後讓學生有大概的心理準備」（TI-SMK）。後者，則可做為協助學生改善實習與專業表現之基礎。一名教師就表示透過實地訪視，他在返校座談時「有東西跟他們討論，否則我覺得會天馬行空，不知道他們的問題在哪裡，或者是他們講的時候，我沒辦法掌握它那個情境」（TI-TYK）。而除了「對話」，實習指導教師也可能透過「實地觀察」之方式瞭解學生的表現及他們所陳述之情況與問題，如一名教師指出「學生他在返校座談有談到一些碰到的問題，那我們去那邊看是真的還假的」（TI-WSK）、另一名也指出學生在返校座談時提到「他覺得在互動上面臨到困難，那我去的時候，我就是觀察他跟孩子怎麼互動」（TI-ZHA）。

　　實習指導教師在瞭解學生的表現、問題與機構概況後，除可能利用返校座談輔導學生，也可能於實習機構進行必要溝通或召開檢討會議。一名教師就指出他會邀請實習機構主管參與學生之試教及「一起討論剛才試教的優缺點」、「借重他們的專業來彌補自己比較不足的地方」（TI-ZHA）。除了上述，一名教師指出他於實地訪視時，一定會「拜訪他們的主管」，除「傳達一些系上期待」，還會「拜託、感謝他們指導我們實習的學生，來強化跟他們的合作關係」（TI-PTA）。這種做法，可說符應華人重視人情與關係（潘世尊，2005）之文化傳統。

4.小結

　　行前座談、返校座談與實地訪視，乃實習指導教師用以輔導與協助學生的重要管道，惟教師之間關注的焦點可能不同。參考不同教師之做法，可讓實習指導活動較為全面與完整。

　　綜合言之：首先，實習指導教師可參表 7 之內涵實施行前座談，以及可於事前聯繫或拜訪實習機構以瞭解它們的要求與期待、且可將擬提醒學生之事項製成書面資料或表格，以能引導他們做出更為適當

之準備。另若實習機構性質特殊或學生確有需求,也可帶領實習學生登門拜訪。其次,實習指導教師可參考表8、表9與圖1之內涵實施返校座談,以使其發揮較大功效。至於實地訪視,則可利用實地觀察或和實習機構主管及輔導老師對話之方式,針對表 10 之工作項目進行必要活動。

(二)學生感知問題之輔導與協助

　　Caires 與 Almeida(2007)的研究結果指出實習學生在實習之初,較重視實習指導教師於工作態度、參考文獻與實務工作方向之提示,後期則強調他們應能對課程與教學提供有效引導,且能提供情感上的支持。依問卷調查結果,本系學生於實習過程中,最常面臨的正是教保專業上的問題(表2問題 1、2、3),惟他們對實習指導教師的輔導與協助大致表示肯定(參表3)。雖然如此,表3 也顯示有四項問題與困擾,學生對實習指導教師的輔導與協助是否足夠與適當之評估,平均數未達 4(即未達「有點同意」之程度)。另訪談時,有教師表示實習學生也可能面臨被過度要求「獨當一面」之困擾(TI-ZHA)。歸納這些問題,可分為實習學生「角色定位與扮演」及「人際互動與關係」兩個層面。它們的解決涉及「他人想法與行動之改變」而不像專業知能的引導般單純,因而較不容易得到令學生充份滿意之結果。

1.學生角色定位與扮演之輔導與協助

　　這個部份的問題,含實習學生被過度要求協助處理雜務或獨當一面(皆具被過度剝削或利用之性質),以及被兒童視為大姐姐而非教師三項。

(1)過度處理雜務 vs.教保專業學習

　　針對實習學生面臨實習機構主管或輔導老師過度要求協助處理雜務之問題,除如薛梨真與朱潤康(2007)所建議慎選實習機構,實習指導教師還可如何輔導與協助?

a.介入時機

本系一名教師曾因學生被一直找去做海報而拜訪實習機構主管，且直接向他說明「我們的學生來這裡是希望看到老師怎麼教學，因為那對他們來講是最難去取得的經驗」。而經過此一溝通，該機構也真的「減少叫他們去做」（TI-ZLA）。

詳加分析，該教師可說是以真誠的態度與方式積極維護學生的學習權，且為道德良心與勇氣之展現，因本系對各實習機構並沒有任何約束力。不過，也有一名教師指出「這是一個兩難問題」，因他擔心這種方式可能會讓實習機構「覺得我們提供你們實習的機會，你們還這樣抱怨東抱怨西的」，因而「對我們產生不好的觀感和態度，甚至可能會影響到以後提供給我們學生實習或聘用我們學生的機會」（TI-PTA）。一名外校教師也指出「我會去考慮到你去講之後所產生的後遺症，不然到時候人家會覺得你這個學校這樣子，以後都不要讓你來了」（OD-YU）。另一名更擔憂「我去講以後，他把這個不滿的壓力又回到學生身上」（OD-FE）。這幾名教師的觀點與顧慮，可說帶有「顧全大局」（即保全實習機構所提供的服務與價值）之意味。不過，就如本系一名教師所指出，「如果完全都沒有處理，那學生的學習可能會有問題」（TI-PTA）。

針對此點，一名教師指出他是否介入之標準為「學生做這些工作的時間，會嚴重影響到他去做教保專業的學習」（TI-PTA）。一名外校教師也說明若會「影響教保專業」或「可能會有很多負面的傷害」，則他就會主動介入（OD-SU）。分析這兩名教師之主張，可說試圖在「顧全大局」及「維護學生學習權益」之間取得平衡。因此，若情況還不致於嚴重影響教保專業的學習，他們會試圖安撫學生，並向他們說明兒童教保機構之運作確實有此需要。如其中一名就指出「我會告訴學生在維持一個和氣一點的人際關係底下，有時候吃苦當作吃補，你也要去承擔某一些園所在運作上，他有這一些現實的要求」（OD-SU）。

　　若依這兩名教師之想法，實習學生仍能經歷一定程度之觀摩或實作練習，且可儘量避免負面效應的產生，因而值得參考。至於如何才算「會嚴重影響學生教保專業的學習」，實習指導教師或可共同商議實習學生每週協助處理雜務之上限，以供彼此衡量是否介入之參考。

b.介入方式

　　若實習指導教師真有介入之必要，則除了採行直接與明確的溝通方式，還可考慮是否運用較為委婉之「溜入」（easing-in）的溝通策略（Argyris, Putnam, & Smith, 1985），即透過問題或間接的方式讓他人意識到自己想說但不方便明說的話，以避免引發當事人之負面情緒反應而產生反效果。對於重視人情與面子之華人而言，這可說是一項重要的溝通方式（潘世尊，2005）。一名外校教師也指出他會「用比較間接的方式」：首先，他會透過實習機構之經常拜訪，傳遞自己會常來瞭解學生實習狀況之訊息。如他就說「我會多去幾次，去拜訪他們園所長，但沒有跟他們明講，只是帶著園所長像那個校長在巡堂一樣，用這種方式去暗示說我常來喔！」其次，他會運用暗示性的探詢，如「向園長講說，聽說最近哪邊（指其他實習機構）發生什麼事，那我們學生怎麼安排啊？」因他認為若把事情講開，容易導致沒有轉圜的空間，「含蓄的講，其實大家都聽得懂」（OD-YU）。

　　進一步分析，各實習機構主管或輔導老師基於人力資源運用的考量，難免會想利用實習學生協助處理教保專業以外之若干事務。況且，就如一名外校教師所說，實習機構「只拿到我們一張聘函而已，沒有領取任何費用」（OD-YU）。不過，過度利用實習學生於雜務的處理，也可能讓機構的名譽受損及不利於往後之評鑑（因大學中的實習指導教師可能擔任評鑑委員）。一名外校教師更指出實習學生可提供人力上的支援，「我今天不跟你簽約，其實你也吃虧」（OD-SU）。而這就是為什麼運用「溜入」的溝通方式可能產生效果的一個可能原因。當然，這樣的方式未必有效，實習指導教師因而宜視實習機構主管與輔導老師之特質、情況嚴重程度及自我和他們之間的關係，然後選用合適的行動方案。

c.預防性措施

除了上述,實習指導教師也可採用「預防性」的做法:

第一,於學生展開實習之前,明確向實習機構主管及輔導師說明教保活動的學習應為實習之重心,且拜託他們幫忙。一名學生就建議實習指導教師「與實習機構主管事先溝通協助處理雜務,比例不要過大」(SQ-B02K)。一名教師也指出在學生實習之前,就已向實習機構「充分傳達學生必須要觀察個案」;否則,「他可能就沒有辦法在我們的一個討論會上提出一些問題」。經此過程,實習機構「即使要(學生)做美工活動,其實都會考慮一下」(TI-LZS)。

第二,讓實習輔導老師參與實習計畫的訂定及執行情況之檢核。實習計畫,可做為實習機構輔導實習學生之依循。因應此點,實習指導教師可透過表格的設計讓實習輔導老師參與實習計畫的確認、修改及執行情形之管控(如請實習學生每週一次自評學習進度達成率,再請輔導老師檢核及提供調整建議)。透過這種方式,除可提醒實習輔導老師關注實習學生是否進行必要之學習活動,還可暗示他們實習指導教師也會因而瞭解實習學生之學習情況。

第三,邀請實習機構主管及輔導老師參與實習輔導事項之研討。一名外校教師就指出邀請實習輔導老師參與座談之效果不錯,「因他們會比較知道說,我們希望帶班老師給學生什麼樣的協助」(OD-SU)。而這樣做,也可回應蘊藏於許多實習學生心中——實習指導教師宜視需要引導實習機構輔導老師之期待(Enz, Freeman, & Wallin, 1996)。

(2) 過度獨當一面 vs.漸進與引導下的參與

除被過度要求協助處理雜務,實習學生也可能面臨被過度要求獨當一面之問題。一名教師就指出某一實習學生的輔導老師是新進教師,「很多工作就丟給他,因為他要配合園內很多受訓的活動」,也就是「變成說他要獨當一面,因而對他來講是一個困擾」(TI-ZLA)。

　　參考「情境認知」（situated cognition）理論（Brown, Collins, & Duguid, 1989），實習應是一種「漸近參與核心教保活動」之學習歷程，且應在輔導老師的引導下進行。況且，讓缺乏實務經驗且還在學習當中的實習學生過度獨當一面，也有可能產生教保專業倫理上的問題及讓他們承受過大風險與壓力，實習指導教師之適時介入因而有其必要。不過，一名外校教師也指出此類問題「又是另外一個很敏感的問題，我們要不要介入？」（OD-FE）另一名也擔憂教師的介入有可能讓實習學生「反而陷入一個不好的危機當中」（OD-YU）。面對此種情況，實習指導教師同樣可衡量實習機構主管與輔導老師之特質、問題的嚴重性及自我和他們的關係，再決定採用「溜入」或「直接」之溝通方式或兼用二者。另實習指導教師也可採行「預防性措施」：具體列明可讓實習學生單獨從事項目之份量和實施進程及不宜讓他們單獨從事之活動（如「單獨跟娃娃車」），然後於實習展開前，利用口頭或書面的方式向實習機構主管及輔導老師參做必要說明和請託。另這個部份的資料，也可做為實習指導教師決定是否介入之參考依據。

（3）大姐姐 vs.「教保工作者」角色的學習

　　Pellegrino（2010）指出中學中的實習教師若將自己定位為學生的朋友，常會不利有效學習環境之發展。與此相應，當實習學生被兒童視為大姐姐而非教師時，也常會在帶班及行為輔導方面感到困難。因依 J. Piaget 與 L. Kohlberg 之道德認知發展理論，處於「他律期」之兒童會以外在具權威成人之標準進行道德判斷（張春興，2007）。大姐姐這個角色與兒童處於「平輩」的關係，較無法對他們產生約束與規範之作用。一名教師也指出「小朋友有時候會因為認定他是大姐姐，他們會比較不在乎大姐姐對他們的要求，也就是說小朋友基本上來說比較容易欺善怕惡」（TI-CSK）（於嬰幼兒托育機構實習之學生較不會臨此項問題，只有 1 名勾選「是」）。

　　誠然，實習學生會於班級經營及兒童行為輔導感到困擾，未必全然因為如此。一名教師就指出「階層的問題當然可能有的，但是我覺得另外一個重點其實是關係的建立，因為孩子跟你不熟，所以為什麼會聽你的？」（TI-CHK）另它也可能因為實習學生缺乏足夠專業知能（鄭采惠，2006）。一名教師就針對實習學生此項困擾強調「他還要懂得課室管理，他的技巧要很快的成熟」（TI-LZS）。然而，兒童將實習學生視為大姐姐而非教師，也是一種可能的影響因素。而兒童之所以如此，可能受到下列因素影響：

　　第一，實習學生沒有釐清自我應扮演之角色──學習當一名稱職的教保工作者而非大姐姐。會這樣，首先，可能因實習指導教師未加以提醒。問卷調查就顯示有 30 名學生（約佔 31%）表示自我曾在大姐姐與教師這兩種角色之間混淆，且他們對教師的指導與協助是否足夠與適當之評估，平均數只有 3.66（參表 3）。其次，實習學生可能由於在實習之初並不需要實際帶班或輔導兒童之行為，再加上他們「夾在老師和兒童之間」而可能試圖透過和兒童「維持一個良好的關係來確保自我的價值感」（OD-FE），因而未深思一名教保工作者究竟應透過何種方式與態度來和兒童互動。另實習學生也可能沒有意識到大姐姐這個角色對處於他律期之兒童而言，可能較不具規範及約束他們的行為之權威。而當實習學生忽略這些事項，就容易如一名外校教師所指出──「老師很嚴的時候，他扮演白臉」，但是「當他上場要教學的時候，很多問題就出來，他回來就會說，班級已經很難控制了」（OD-FE）。

　　第二，實習輔導老師未引導兒童視實習學生為「老師」，且指導實習學生的方式與態度讓兒童察覺實習學生只是和他們處於類似位階之大姐姐。前者，如一名教師指出實習輔導老師有時「會事先跟孩子說有實習的姐姐要來，他們都講實習姐姐」（TI-WSK）。後者，如一名教師指出實習輔導老師如果「在小朋友面前大聲斥責他，小朋友一定就看在眼裡，這個人是地位不一樣的」（TI-ZHA）。

　　綜合上述，實習指導教師首先可提醒實習學生應學習之角色及應展現之態度和行為。外校一名教師就向學生強調「『生』跟『師』的線絕對不可以模糊掉」、「不要自己自認為是大姊姊」、「不要認為現在的教育告訴你愛的教育要親切，結果親到跟學生打成一片，不能沒大沒小」；否則，「當學生習慣你這樣的模式之後，你其實很難回頭再來做一個關係的認定」（OD-YU）。張民杰（2008）也建議實習學生「要以想成為的正式老師來看待自己」，而不要只做「討人喜歡的大哥哥、大姐姐」。

　　再者，實習指導教師可引導實習學生觀察、請教輔導老師的做法與想法，再反思及修正自我之態度和行為表現。一名教師就針對「班級老師講，孩子會聽，可是他講，孩子不一定會理他」之情況，建議學生「你去看老師怎麼帶，然後去問老師為什麼這麼帶」，並且「跟老師多討論，然後學老師的一些招式或方式，然後自己不斷的去嘗試，去做省思」（TI-HCS）。

　　除了上述，實習指導教師也可透過實地拜訪或座談研討等方式，商請輔導老師教導兒童稱呼並視實習學生為老師，且於兒童未在場之場合，再對實習學生進行必要輔導和提示。兩名學生就分別建議實習指導教師「可以和各班老師確立定位」（SQ-B26A）及商請實習輔導老師「請小朋友統一叫老師」（SQ-B05K）。一名教師則指出可建議實習輔導老師「如果萬一他（實習學生）做得不好，請不要在孩子面前大聲斥責」（TI-ZHA）。實務上，許多輔導老師也察覺當冠上「實習」兩個字，象徵實習學生所擁有的是不完整的權威，因而會明確授權他們可處理之事項及可運用之獎懲方式（洪志成，1998）。因應此點，實習指導教師還可商請輔導老師視實習學生之表現，逐步明確授權他們可獨自處理之事務及可運用之班級經營策略。不過，實習輔導老師未必會認同這些想法，且兒童也可能如一名教師所說：「他知道這個老師就是來來去去，可能待的時間也不久，所以當然會比較不尊重，會把他當成像大姐姐這樣」（TI-WZK）。因此，實習指導教師最重要的仍在引導學生掌握自我應學習扮演之角色，且透過觀摩、請教與反思等方式修正自我的角色扮演。

1.學生人際互動與關係之輔導與協助

實習學生若面臨人際互動與關係之問題，可如何輔導與協助？

（1）問題產生因素

鄭采惠（2006）的研究指出實習學生於人際關係及互動之困擾，主要起於他們和輔導老師之間的溝通和互動。本系實習學生會面臨人際互動上的困擾，可能起於不同實習輔導老師之指示不一而無所適從。一名教師就指出「譬如說兩個老師，一個就說你今天負責什麼東西，那另外一個老師就會說你今天應該負責什麼」，導致「他們就可能不知道要怎麼辦，到底要聽誰的？」（TI-WZK）至於人際關係上的困擾，可能因實習學生的言語或行動冒犯輔導老師，一名學生就建議學妹「不要冒犯到老師」（SI-CZK）。除學習態度不佳（如常遲到）及無法滿足不同輔導老師之要求，實習學生還可能因下列因素而冒犯他們：

第一，意見表達失當。如一名教師指出有名學生「滿有自信，他覺得他是以誠待人，但是園所可能會覺得他比較不知道要修飾」（TI-LSI）。另一名則指出學生的反省日誌「他就是看到什麼就寫什麼」，但園所長或主任看過後「會去找帶班老師談，帶班老師就會跟那個學生講說，以後你的作業要先讓我看過，才能去給主任或園所長看」（TI-KHK）。

第二，忽略待人處事應有之禮貌。如一名教師指出「他要試教，然後要邀請主管或是邀請其他老師來參加」，但是「我們現在的學生會認為理所當然，我明天要做什麼，我到時再講就好了」（TI-HCS）。

第三，行為表現超過輔導老師的授權或與其教保模式不一。如一名教師指出曾有實習學生在排解兒童的衝突後，輔導老師告訴他「以後有這一種問題你不要去參與，他自己會解決，所以有的時候，我們同學會覺得很尷尬」（TI-WMK）。外校一名教師也指出某實習學生的帶班方式較吸引兒童而導致「帶班老師吃醋、吃味，於是就開始排擠這個實習同學」（OD-SU）。

歸根究底，這三項原因又與實習學生的行為表現違反華人文化所強調的「人情」（己所不欲，勿施於人）、「面子」（勿損及他人面子）與「上下關係」（發言行事要合乎自我的身份地位）（潘世尊，2005）有關。

（2）輔導與協助措施

實習學生常期待指導教師能關注他們和輔導老師之間的關係，並針對可能的衝突進行溝通和協調（Enz, Freeman, & Wallin, 1996）。當學生面臨人際互動與關係之困擾時，實習指導教師除商請輔導老師「給學生多一些指導跟包容」（TI-WMK），還可採行如下措施：

第一，引導實習學生自我反思與修正。從 Aristotle（2000）的實踐哲學來看，良好人際互動能力之取得，仰賴豐富的人際互動經驗及持續的自我反思與修正，實習指導教師因而可引導學生反思自我的人際互動歷程，以察覺可能的問題所在及改善方向。一名教師就建議學生「你要去瞭解的是說，為什麼人家要這樣子去看你，為什麼人家不會這樣去對待別人？」而由於學生可能看不到自我的盲點，實習指導教師因而同樣可引導他們互相討論或探詢相關他人之想法與建議。

第二，提示實習學生華人文化及適當的應對進退之道，且引導位在兒童教保行業底層的他們（缺乏經驗且未正式入行），抱持「初學者」的態度謙虛且審慎的表達自我之想法，以避免因發言「不符自我的身份地位」而產生困擾。一名教師也指出他會提醒學生「不要大嘴巴」——「人家只是問一，你給人家講到三，我覺得那是不太對的」（TI-TYK）。

再者，若實習學生感到實習輔導老師的教保模式不當，一方面可引導他們「引以為戒」（TI-PTA）；另一方面，則可如一名教師所說，建議學生「先評估主任或園所長看到的時候如果反應不是很好，你就跟我講就可以」（TI-KHK）。否則，可能會讓當事人產生「失去面子」之威脅感。況且，實習學生也有可能因本身專業知能

與經驗不足而判斷失當，實習指導教師因而也可引導他們透過「請教」的方式瞭解實際情況，而非不明究裡的逕下判斷。一名教師就指出他曾提醒學生請教輔導老師「為什麼要這樣處裡」，因為「可能他背後有他自己長期跟這孩子互動的一些東西，是你沒看見的」（TI-WSK）。

第三，提醒實習學生注意應有的禮貌及在「被授權」的範圍之內，積極主動學習和練習。若實習學生之行為表現有禮貌，則較不會引起他人反感。一名教師就提醒學生「有一些主管他會比較需要人家尊重，嘴巴要甜一點」（TI-HCS）。另實習學生若能展現積極主動之學習態度，將較容易受到輔導老師肯定與包容（黃智焄，2009）。一名教師也指出他會提醒學生當實習輔導老師說「沒問題、沒關係，我來做的時候，你要主動，因為他不好意思叫你」（TI-WSK）。然而，實習輔導老師也可能因實習學生尚在學習當中而不敢放手讓他們從事若干事務。一名教師也提醒學生「有一些事情的處理如果不是那麼確定，不要自作主張，因為是面對真實的孩子」（TI-CHK）。因應此點，實習指導教師可提醒學生瞭解自我被授權之範圍及輔導老師所認可之教保方式。一名教師就建議學生「要去詢問老師，如果說小朋友將來有問題，我應該怎麼做」因若「先經過那個老師的同意或者授權再去做，比較不會引起老師他的不滿」（TI-WMK）。

第四，引導實習學生練習運用實踐智慧解決「不同輔導教師提出不同指示」之問題。一名教師指出這種情況「有時候很難處理」，因它可能起於「人跟人不合的情況」（TI-WZK）。對此問題，實習指導教師可引導學生練習透過審慎的思考與判斷選擇或可符合不同實習輔導老師要求之行動，再就實施情況加以調整。當然，要做到這樣並非易事。實習指導教師因而可能必須「安撫學生的心理」（TI-WZK）或「安撫他們所遭受的不平」（TI-HCS），且視情況透過多元管道介入與協助。

四、結論與建議

實習，乃強化學生實務知能之重要途徑。然而，實習指導教師可如何輔導與協助實習學生之問題，卻較少被國內教育研究者所關注。有鑑於此，筆者首先透過文獻探討的途徑指出實習指導教師可能必須扮演管理、諮詢、教學、分析、評估、回饋及支持之多重角色，且建議實習指導教師可引導學生運用適當的反思方法省思自我的實務活動與觀察結果，以及善用網路資訊媒介以強化對實習學生之適時輔導和協助。

除了上述，筆者還藉由實務探究之途徑，分析實習指導教師可如何實施行前座談、返校座談及實地訪視等活動，且進一步針對實習學生所面臨角色地位與扮演及人際互動與關係之問題，闡明實習指導教師可如何予以輔導和協助。而由於這兩個部份的探究是以實習指導教師之實務活動為基礎，且涉及實習指導活動的不同面向（行前座談、返校座談、實地訪視）及實習學生可能面臨之問題與困擾，因而具一定程度之參考價值。

綜合言之，本文對實習指導教師的角色扮演提出涵蓋不同實務面向之建議與框架。雖然如此，筆者仍要提醒有志於強化本身的實務活動之實習指導教師在參看本文探究歷程與結果的過程中，宜如Aristotle（2000）的實踐哲學所指出，將自我所身處實務情境中的各種影響因素納入考量。因每一實務情境之特性及不同實務情境下的實習學生所感知之問題，可能不盡相同。而這也意謂有志於此之研究者，未來可針對不同實務情境下的實習學生所感知之問題與困擾及實習指導教師可扮演之角色，再加以探究。

參考文獻

余毓琦、楊志宏（2009）。實習輔導與指導老師對幼兒保育實習課程看法之研究。《正修學報》，22，297-319。

林一鳳（2003）。《幼稚園實習教師教學困擾及其因應之個案研究》。國立臺北師範學院課程與教學研究所碩士論文，臺北市。

林凱胤、楊子瑩、王國華（2009）。以部落格作為實習指導教授與實習教師溝通平臺之初探。《科學教育研究與發展季刊》，52，1-20。

邱憶惠（2006）。幼教實習教師實習經驗之研究。《台南科大學報：人文管理類》，25，335-356。

保心怡（2010）。幼稚園教師實習輔導經驗及專業成長需求探究。《明新學報》，36（2），203-225。

洪志成（1998）。從實習教師眼中來看新制輔導教師的專業支持。《教育研究資訊》，6（4），100-121。

柯志恩（2002）。師資培育機構實習指導教師專業自尊之探究。《台中師院學報》，16，73-99。

孫志麟（2006）。行動的呼喚：實習輔導教師的培育。《國立臺北教育大學學報：教育類》，19（2），83-109。

張民杰（2008）。實習老師不是真正的老師？--從案例分析實習生的班級經營策略。《中等教育》，59（3），104-113。

張春興（2007）。《教育心理學－三化取向的理論與實踐（重修二版）》。臺北市：東華。

陳易芬（2008）。國小實習教師之實習經驗與對師資培育課程之建議。《教育理論與實踐》，18，1-37。

陳國泰（2008）。國小實習學生的人際互動歷程對其學科教學知識發展的影響之個案研究：以數學科為例。《彰化師大教育學報》，12，47-76。

陳惠邦（1998）。《教育行動研究》。臺北市：師大書苑。

陳嘉彌（1997）。教育實習指導教師角色定位之初探。輯於中華民國師範教育學會主編：《教學專業與師資培育》（頁209-226）。臺北市：師大書苑。

陳綠漪、盧宜汶、黃雲思、餘毓琦（2007）。大學校院實習指導教師對幼兒保育實習制度的認知與省思之研究。輯於正修科技大學幼兒保育系主編：《社會變遷下的幼兒教育與照顧學術研討會論文集》（頁168-179），高雄市：正修科大幼保系。

郭實渝（2008）。教學建構主義的哲學基礎。《臺東大學教育學報》，19（2），119-142。

黃智焄（2009）。《幼稚園實習輔導教師與實習生師徒關係之研究》。國立臺北教育大學幼兒與家庭教育學系碩士班碩士論文，臺北市。

潘世尊（2005）。《教育行動研究--理論、實踐與反省》。臺北市：心理。

鄭采惠（2006）。《新制實習制度下幼稚園實習教師實習現況及困擾之個案研究》。國立屏東教育大學教育行政研究所碩士論文，屏東縣。

鄧怡勳、蔡碧蓮（2004）。教學實習中的專業學習。《教育學報》，32（2），61-86。

賴春金（2001）。嬰幼兒教保實習問題與解決途徑之研究——以國立臺北護理學院嬰幼兒保育系實習生為例。《醫護科技學刊》，3（2），149-165。

薛梨真、朱潤康（2007）。半年全時實習問題探究。《教育研究與發展期刊》，3（1）， 209-237。

羅志偉（2010）。《網路化教育實習輔導系統發展》。臺北市立教育大學數學資訊教育教學碩士學位班碩士論文，未出版，臺北市。

Albasheer, A., Khasawneh, S., Nabah, A., & Hailat, S.（2008）. Perceptions of student teachers towards the effectiveness of co-operating teachers, school principals and university supervisors participating in the teacher education program in Jordan. *International Journal of Lifelong Education, 27*（6）, 693-705.

Aristotle（2000）. *Nicomachean ethics.* Translated and edited by R. Crisp. New York: Cambridge University Press.

Argyris, C., & Schön, D. A.（1974）. *Theory in practice: Increasing professional effectiveness.* San Francisco: Jossey Bass Publishers.

Argyris, C., Putnam, R., & Smith, D. M.（1985）. *Action science: Concepts, methods, and skills for research and intervention.* San Francisco: Jossey-Bass Publishers.

Brown, J. D., Collins, A., & Duguid, P.（1989）. Situated cognition and the culture of learning. *Educational Research, 18*（1）, 32-42.

Caires, S., & Almeida, L. S.（2007）. Positive aspects of the teacher training supervision: The student teachers' perspective. *European Journal of Psychology of Education, XXII*（4）, 515-528.

Caires, S., & Almeida, L. S., & Martins, C.（2010）. The socioemotional experiences of student teachers during practicum: A case of reality shock？ *The Journal of Educational Research, 103,* 17–27.

Carr, W., & Kemmis, S.（1986）. *Becoming critical: Education, knowledge, and action research.* London: Falmer.

Elliott, J.（1987）. Educational theory, practical philosophy and action research. *British Journal of Educational Studies, XXXV*（2）, 149-169.

Enz, B. J., Freeman, D. J., & Wallin, M.B.（1996）. Roles and responsibilities of the student teacher supervisor: Matches and mismatches in perception. In D. J. Mclntyre & D. M. Byrd（Eds.）, *Preparing tomorrow's teachers: The field experience（Teacher Education Yearbook IV）*（pp. 131-150）. California: Corwin Press.

Fernandez, M. L., & Erbilgin, E.（2009）. Examining the supervision of mathematics student teachers through analysis of conference communications. *Educational Studies in Mathematics, 72*（1）, 93-110.

Han, J., & Singh, M.（2007）. Getting world English speaking student teachers to the top of the class: Making hope for ethno-cultural diversity in teacher education robust. *Asia-Pacific Journal of Teacher Education,* 35（3）, 291–309.

Husu, J., Toom, A., & Patrikainen, S.（2008）. Guided reflection as a means to demonstrate and develop student teachers' reflective competencies. *Reflective Practice, 9*（1）, 37-51.

Lincoln, Y. S., & Guba, E. G.（1985）. *Naturalistic inquiry.* London: Sage.

Pellegrino, A. M.（2010）. Pre-service teachers and classroom authority. *American Secondary Education 38*（3）, 62-78.

Rajuan, M., Beijaard, D., & Verloop, N.（2007）The Role of the Cooperating Teacher: Bridging the Gap between the Expectations of Cooperating Teachers and Student Teachers. Mentoring & Tutoring: Partnership in Learning, 15（3）, 223–242.

Rorrison, D.（2010）. Assessment of the practicum in teacher education: Advocating for the student teacher and questioning the gatekeepers. *Educational Studies, 36*（5）, 505-519.

Yılmaz, K., Tasdan, M., & Oquz, E.（2009）. Supervision beliefs of primary school supervisors in Turkey. *Educational Studies, 35*（1）, 9-20.

實習生實習過程面對的挑戰與適應問題之探究和反思

張雅晴

新竹市私立天福幼稚園實習教師、國立新竹教育大學幼兒教育碩士

李鴻章

台灣首府大學幼兒教育學系副教授兼系主任

一、緒論

　　因為對幼兒的喜愛，大學選擇了「幼兒教育學系」。就學期間，曾經到過不同的幼兒園所參觀、訪問與見習，看著台前的老師面對一群懵懂的孩子們，教學是如此的自然、有趣，孩子們是多麼投入老師的教學活動，好生羨慕。當我剛踏入教育實習階段，也期待著自己能如那些教師們，每天能被孩子的歡笑聲圍繞，教學氛圍能如此信手拈來。

　　這樣的期望卻在大五實習體驗有著不同的變化，這樣的感覺就如同林生傳（1993）所提及的，沒有真正擔任教學之前的師範生對教書常存有天真且不切實際的期望，這樣的期望有如一個不切實際的樂觀主義者。我的輔導老師是一位年資尚淺的合格幼教師，也與我一樣要面對這個陌生的環境以及新進的孩子，但園方在面臨人力吃緊的狀況下，並無再徵派一位老師的計畫，我身處的班級僅一位正式老師與一位實習老師，兩人一起面對 18 位新進孩子，不管是班級經營、教學設計或者是班上特殊孩子的行為處理等，對實習生而言，都是極大的挑戰與負荷，也使我在實習過程的前三個月，有萌生放棄的念頭。這種感覺就像許喆函（2009）以國小實習教師為對象的研究結果顯示，教學面對的問題是所有實習工作中最困擾的項目一樣，很容易讓實習生產生挫折。然而高

強華（1996）認為，教育實習是教師專業生涯發展中的重要階段，這樣的經驗不只有助於幫助未來教師認清學校生活的真相，更有助於發展教育專業有關的知能、意願和熱忱。不知道是因為身為七年級的實習生，如當下統稱的「草莓族」那樣不堪壓力？還是這即是實習過程必經的路程？因著自己實習的經驗以及與指導教授的對話，想與大家探究這半年的實習，所面臨的挑戰與適應問題，並提出適當的解決方向。

二、實習過程所面臨的挑戰

王素芸與賴光真（2004）認為實習的目標包含了認知的驗證、技能的磨練、情意的培養、獨立的培養與補足自己能力所不足的地方，這樣的過程是充滿艱辛的。因為實習過程中實習教師所面臨的大小挑戰非常多元，這些挑戰在實習過程中大致可分為期初、期中與期末三階段，每個階段所面臨的挑戰與難題都考驗著自己處理事情的智慧，也許即使當下解決了，但日後也會重複發生。雖是如此，本文的書寫次序仍依據實習過程三個階段來做探討：

（一）期初：新生、新環境與新老師彼此的磨合

1.初入園所就讀幼兒的適應問題

實習生剛到一所幼稚園實習，首當其衝遇到的挑戰即是**新生初入園就讀時的混亂**。有的孩子會出現分離焦慮的問題，而早上上學、午餐與午睡則是幼兒分離焦慮最常出現的時間。每個早上必須想盡各種方式安撫分離焦慮的孩子，還要引導全班幼兒適應幼稚園的生活與規範；中午午睡時間，也要放下手邊的工作與犧牲休息的時間，陪伴因想念媽媽哭泣的孩子；有的孩子則是因好奇與活潑的個性，常被教室外的其他景物吸引而私自跑到戶外遊戲場遊玩；或在平常教學時在教室玩起角落玩具，干擾老師上課的氣氛，遇到這樣的狀況實習生當下常不知道該運用什麼方式，來引導孩子加入團體活動。

2.協助幼兒飲食問題的適應

幫助孩子在飲食的適應，對實習生而言也是很大的挑戰。班上剛入園的新生，幾乎一半的孩子有偏食的現象，每當午餐時間，部分孩子會將一半以上的菜挑出來放旁邊；有些幼兒則是一邊看著碗內不愛吃的菜色，一邊掉眼淚。如何幫助他們適應園內的飲食，提起勇氣嘗試各類食物對實習生而言也是種挑戰。

3.特殊幼兒的輔導也是令人頭痛的問題

面對特殊行為的孩子，該用何種方式幫助他們融入班級，是需要智慧的。與孩子相處一段時間後，漸漸會發現班上有些幼兒的行為異於他人，這些孩子在事情的專注上較短暫。上課的時候，孩子會走到教師面前拿走他們想要的物品或圖片，怎麼規勸都沒有效果，而且常會有無法控自己衝動的情緒或行為，也常做出令人不舒服的後果，如伸手打人，或衝撞他人。像這些特殊的行為常使得教師教學無法順利進行，或造成其他幼兒的傷害。面對這樣特別的孩子，要採用什麼方式使他們不干擾老師上課氣氛、不被他們衝動與攻擊的行為所激怒，並幫助這些孩子融入班級，使同學接受他們的存在，也是一件困難的事情。

4.缺乏獨自處理班級事物與幼兒問題之經驗

新生剛入學，輔導老師忙於與家長互動與溝通，許多時間都需要由實習生代為照顧孩子，但班級經營經驗不多的實習生，**沒有輔導老師在旁協助，獨自帶領孩子進行活動，是實習生實習之初所面臨的極大挑戰。**幼兒初入園所，輔導老師常在課程進行中接到家長的打來關心孩子就學狀況的電話，在非課程進行時間如午睡時間或下午放學時段，也是輔導老師與家長溝通的重要時刻。當輔導老師不在時，整個班級僅剩實習生一人獨自處理孩子的秩序以及常規要求，在與孩子不熟悉的狀況下，常會因突發狀況而手忙腳亂。例如，期初遇到腸病毒臨時停課的經驗來說，輔導老師需要臨時通知家長停課事宜，下午時

間就只有實習生一人在教室處理幼兒點心、上課與收拾玩具等事，常常發生的狀況是幼兒不想吃點心而出言不遜、有的孩子因爭奪物品、爭取名次而大哭大鬧，實習生常會被這樣突然的混亂場面亂了方寸，因而使有些實習生在班級經營上失去信心。這樣的情境符合了 Ransdell 與 Maxwell（2006）所提及的，典型的實習教師在從事第一次教學體驗時都是充滿焦慮、雜亂無章的。

（二）期中：課程設計與教學技巧的掌握

度過初入園所面臨新生入學的混亂階段後，期中是進入教學的實戰體驗階段。園方對實習生教學試教的安排，會因為實習學生對班級的熟悉度而逐漸加重比例，教學內容也從簡單的律動活動或是角落時間，到整月份的課程教案與設計。

1.教學時間的掌握與班級經營的技巧還有待加強

剛開始設計簡單的學習活動時，常因**未注意教學時間的掌握，影響幼兒在班級的秩序，無形中也點滴流失自己對他們的耐心**，這樣的情況尤其是在說故事時間或者帶幼兒團體討論的時候。因為沒有思考孩子們平均的專注時間，當選擇的故事內容或是團體討論時間超過二十分鐘時，孩子專心度達到極限，便會出現與隔壁幼兒說話的情形而影響到班及秩序；或是因為幼兒輪流上廁所而干擾上課氣氛，有時自己的心情也會大受影響。此外，教學時間沒有掌控得宜，影響後續活動的進行，無形中也壓縮孩子下午吃點心的時間，以致於他們在收拾書包準備放學時的場面常常是混亂不堪，甚至影響自己對孩子們在學習與生活自理上的包容和耐心。

2.教學內容與活動連結還有待強化

隨著實習生在教學次數越來越頻繁時，便會面臨到**教案設計不知如何與性別平等教育、品格教育或節慶活動等主題內容相結合的難題**。而教學過程中，**高估幼兒的認知能力**，帶入過多、過重、過繁雜

的概念，或者是操作性過高的活動，常造成幼兒在學習上受到挫折，**降低他們的自信心。譬如某個禮拜三設計晨間大挑戰**，是請孩子用黏土搓出「病」這個字，但卻忽略這個字筆劃過多，而超出他們的能力，使得當天多數的幼兒無法完成挑戰，有些孩子更因搓不出這個字而嚎啕大哭。

（三）期末：孩子學習成果的展現

這個學期的期末，各班級都會舉行「高峰活動」，活動目的除了讓家長看到孩子們在學校的學習成果外，也是加深親子感情的一項活動，如何在兩個小時內展現孩子這學期的學習成果，事前的規劃與當天的活動安排對實習生而言是一大考驗，也是實習生可能會遇到的挑戰。

例如，實習生與輔導老師討論，想要配合主題《大家合作來演戲》中，挑選合適的劇本為《最棒的禮物》，這個故事編排不管是故事內容或是歌詞設計都很貼近孩子的生活。但是在排演過程中，因劇本過長，不管是主要角色或是配角的台詞都非常的多，孩子要記住台詞，又要記得接話的順序是有困難的！我們也試著將劇本簡單化，孩子們也努力的反覆練習，不過要孩子在學期末展演時表演這齣戲劇，簡直是個不可能的任務，於是我們決定將分批拍攝戲劇內容，剪集成「影片」，以電影形式呈現。

在拍攝的過程中，也面臨許多困難。一來孩子對於演戲，在情緒上非常興奮，所以在練習的過程中他們常會出現失控的場面。另外，戲劇演出的內容台詞過多，孩子必須一邊聽從老師的台詞，一邊重述或是聽完老師的指示做動作，因此影片內容就必須消音，原本我們也嘗試將孩子個別錄製台詞，但是台詞與動作非常不吻合，退而求其次，另外再找人看著演出動作配音。從熟悉故事內容，到最後的影片錄製與後製，以及活動當天的節目設計，事前的準備過程是如此的繁瑣與複雜，也耗盡實習生與輔導老師的體力與精力。

三、實習過程中自我調適的方式

　　想要成為一位優秀的幼教教師，除了完備的職前教育外，透過教學實務的教育實習的能力培養，以將職前教育所學的相關知識，應用在教學實務的情境當中，再經由實務經驗與過程，進行反思是可以修正自身教學方式、加強教學能力並進而提升學生的學習成效（黃琴扉、劉嘉茹，2006）。因此，面對實習過程中所面臨的挑戰，實習生一定要有適當的調適方式，才能順利完成此階段所遭遇的困境。

（一）凡事以正向心態面對，每次的要求是累積教學經驗的熟悉

　　李坤崇、歐慧敏（1996）即認為，當個體面對內外在情境或問題時，為避免產生困擾與焦慮，可以藉由認知的改變，直接面對問題採取正向的思維和行動是可行的策略。實習教師對於園所而言，是他們最佳的人力資源。就拿目前實習生所實習的園所來說，它是一間私立幼稚園，暑假仍有幼兒來上學，因而在暑假期間，園內每一週都會設計兩個營隊為主要課程活動，每位實習生都需準備一個禮拜、每次一小時的活動課程。

　　才剛進入一個陌生的環境的實習生，園方提出這樣的要求，對於沒有太多教學經驗的實習生而言是一種挑戰。起初心中難免會有怨言，但想到自己最初的選擇，是希望自己在實習過程中能全方位學習。改變了負面的心態後，實習生會發現自己在設計營隊活動更能投入其中，並藉由一個禮拜簡單的活動教學，讓實習生初步了解園內孩子的狀況、用什麼方式管理孩子的秩序、在每次的教學過程中修正自己的方式，調整課程內容的難易度等，這些都有助於實習生在開學時能更有效率的與孩子互動。

　　其次，新生入學前一個禮拜，實習生也會與輔導老師一起整理教室環境，在時間倉促的情況下，整個禮拜都加班到晚上七點多才回家。看似勞累的事情，會讓實習生學習到其他實習老師未能觸碰到的

層面;如事前預先規劃,才有效率在短暫的時間內將教室佈置完成;對於教室動線的規劃也能注意動、靜角落的分開;在教具的擺放上,在每個教具櫃上貼上教具相片,以建立新生能收拾教具的習慣;甚至在積木角的教具櫃上,貼上單位積木的擺放位置圖,以方便孩子擺放對的位置;圖書的選用也會依照活動進行的內容,不斷的更換圖畫書,增加孩子在圖書角看書的興趣。另外,幼兒園內也常視情況需要實習生協助資源行政工作,譬如每學期園內老師們會依據設定的品格教育主題,演出一齣戲給全園的孩子們欣賞。原本,園長體諒本班的學生狀況而無須參與演出,但因園內有位老師請假一個月,而其他人必須分配時間支援,所以在演出人手不夠下,被臨時通知演出戲中的「流浪漢」、「士兵」與「麻雀」三個小角色。雖然被臨時通知演出,也只有短短的半小時排演時間,但我很認真的將劇本看仔細,回家重複練習台詞,並思考配合台詞的動作,希望能增加戲劇的生動性。當天孩子們熱情的回應與其他老師們的讚賞,便是對我最大的鼓勵,使我更有勇氣與自信面對挑戰,這些都是自己的心態轉為正面思考時的意外收穫呢!

(二)每個人都是獨特自我,善用自己優勢會讓實習過程更能得心應手

實習過程中的教學觀摩,是每個實習教師會遇到的重要活動,由於有其他老師對我的鼓勵,所以我決定以最擅長的「說故事」與「肢體律動」,配合主題內容,進行這次的教學觀摩。事前,不斷的練習與熟記故事內容,在緊張或特別的地方以「誇張」的口吻,配合圖畫吸引孩子的注意,最後以歌謠律動做為教學的結束。最後,輔導老師與指導教授都給予實習生很大的鼓勵,也經由這次的教學觀摩促使自己更了解本身教學的優勢。

另外,期末幼兒們的學習呈現,與輔導老師討論後,為配合幼兒們到影像博物館,以及結合之前在研究所時期,整理資料與製作期末回顧影片所累積的能力,決定以「電影」手法呈現。從期初到期末「大

家來演戲」的主題走向做一個概括的介紹,過程中我們為孩子做了些許鷹架作用,在認知、情意與技能方面孩子們又學到了什麼,接著將孩子這兩個多禮拜排演《最棒的禮物》的每一幕內容剪輯成一個完整的戲劇,配上他人的聲音,完成孩子的戲劇演出,當天家長們的反應都很熱烈,自己也覺得很開心,更是發現本身擁有的優勢面。

(三)老師的言行無形中影響孩子觀點,因而每日反省是有必要的

根據班杜拉的社會學習論,提到人是個會模仿的動物,而幼兒一切的學習,都是基於模仿開始,也因為如此,身為教師的我們言行舉止更顯得影響深遠與重要。幼兒的學習力很強,行為的產生除了自發性之外,另一個就是藉由模仿開始,我們的一句話,或是外在環境等都會帶給幼兒影響。除了盡量設計、提供豐富的環境,刺激幼兒的思考與創意的能外,自己的言語也要適切中肯。有時候可能因為自己一句話就會傷害他們幼小的心靈,或者會被幼兒無意義的學習模仿。

譬如某天的體能課,班上的幼兒不滿另一個同學站到他的位子,便用手推人甚至用腳踢人,體能老師撞見後當著全體幼兒的面對她說:「你這樣做是非常沒有教養的行為」,這樣的方式當下很成功的阻止孩子的爭吵,但也影響這個女孩的用字遣詞。在某天的下午,孩子們排隊上廁所時,剛好這個女孩排在第一個,有個孩子因為尿急插隊,就進去上廁所,這個女孩大聲的說:「某某某,你插隊。」當這孩子低聲的道歉,但這女孩仍生氣的說:「你剛剛沒有問過我可不可以就進去(廁所),你這樣很沒有教養」,這種不好的言詞,趕緊過去向這個女孩說明,可以用溫柔的話語告訴對方『請你下次記得排隊』,而不是罵她沒有教養。」她回應說:「可是她就是沒有教養啊。」最後在我們互相溝通中,這孩子也勉強的點點頭,答應下次會用適當的言語提醒對方。

這次事件,讓實習生更加注意自己的言語與行為,希望幼兒們能有一個好的示範模仿,每天我都會用肢體擁抱孩子,也會以「寶貝」或是「親愛的」取代「小孩」的尊稱,常告訴他們:「老師很愛大家,

因為綿羊班的每一個人在老師心中都是寶貝喔！」此外，我們也希望班上的孩子不分小團體，彼此是相愛的，所以我會常向孩子強調「綿羊班大家都是好朋友」的觀點。這樣的觀點無形影響了他們，在某天放學時間，班上的孩子們要到廣場集合點名時，勇勇（男生，化名）突然問另一位佳佳（女生，化名）說：「佳佳，你愛我嗎？」佳佳一抹微笑的說：「愛啊，我們綿羊班全部的人都是好朋友，大家都很相愛啊！」聽到孩子這樣的回應，心中暗自竊喜著：「哈，每天持續不間斷的愛他們，是會內化到他們心中的。」

　　此外，基於教師言行會影響孩子的概念上，**每日的反省是自己重要的功課，也是提升教師專業成長方式之一**。Schon（1983）就認為，當實習教師有能力勝任教學，希望能從理論與實作中來檢驗自己的理念和觀點，若能經由反思以了解自己能力，也能督促自身的成長。於此，即使每日的實習工作再忙，實習生仍要記錄自己的教學內容以及自我省思，因為唯有時時的做記錄，透過靜心的回想一天所做的事情，反省與改進自己的教學方式或是對孩子的態度，進而提升教師的專業成長。這些透過教學日誌的反省，有助於實習生面對越是凌亂的狀況，越要沉住氣。這樣的反省的確會讓實習生做了一些改變，尤其在面對幼兒的言行時，實習生有必要站在比孩子更高的位置看事情，就不容易被孩子言語傷害，也不會因自己的心情浮躁而對孩子失去耐心。

（四）教育方法無他，愛與關懷而已

　　對於班上特殊幼兒，我們會在班級經營中強化這些孩子表現優良之處，每天也會擁抱的方式鼓勵他們。當這些孩子出現奇特行為時，除非孩子當天情緒不穩，或是做出嚴重傷害他人的事情，我們不會特別將他們隔離，而是讓他在同儕互動中，以溫柔的口氣示範如何與他人相處的正確方式與說話態度，並不斷的灌輸其他幼兒：「他們需要多一點時間練習，就如同我們不喜歡吃某種東西一樣，也是需要多一點時間練習，當我們看到他們做了不正確的事情，我們可以用嘴巴溫柔的提醒他，若他用手碰我們，我們也要用嘴巴告訴他我們的感受。」當老師按納與包

容這些特別的孩子，並灌輸其他孩子愛人觀念，班上的幼兒也會對這些特殊孩子產生包容，無形中的確增加了孩子對這些特殊幼兒的接受度。

其次，實習生不但是孩子的指引者、遊玩的玩伴，也是他們在學校的另一個母親，不管是什麼樣的身份，只要秉持著「愛他們的心陪伴與關懷」，以及「溫和而堅定的態度」規範孩子各項行為，孩子是能體會得到老師對他們的愛，並遵守各項的規範。因為期初對孩子們採取**「愛的陪伴與關懷」**的策略，與他們建立良好的師生關係的確是有效的。如班上有位挫折容忍力較低的小男生，遇到他人不小心的碰觸，就會以「哭泣」表達自己的情緒。在學期初，輔導老師需要帶領孩子進行活動，所以這個孩子就必須由實習生來陪伴；另一個小女生則是在適應上需要較久的時間，這段適應期，只要這個孩子需要老師協助，也是要由實習生來陪伴。然而他們因為有十足的安全感，所以到現在為止都非常喜歡上學，而且他們也感受到老師的關懷，也會熱情的表現自己對老師的愛。譬如這位小男生「每天」早上看到實習生，就會非常大聲的說：「老師，我好愛你喔！」而這位小女生在放年假前一天，居然告訴我：「老師，（放這個多天假）我會很想你！」

此外，期初與班上孩子們建立愛的關係後，期中開始的常規要求，幼兒也不會認為實習生很「兇」而害怕、遠離。例如我們希望幼兒在教室的音量有所控制，因為孩子們平日在角落玩樂的音量過大聲，隔壁班的老師頻頻過來反應，於是我們決定要改變孩子吵鬧的行為，也是為了保護彼此的耳朵，我們會以「放音樂」做一個音量的依據，孩子的聲音不能超過音樂，當他們的聲音超過音樂時，我們便會打斷孩子的活動，在重複打斷活動的過程中，若有的孩子仍是無法遵守規定，我們便會請他暫停活動，坐在旁邊學習「安靜」；到了期末，他們逐漸可以控制在角落的音量，也能彼此提醒要小聲進行遊戲。

（五）運用有趣的教學方式進行常規的建立

用活潑的方式建立生活常規的確能提升幼兒遵守規則與做事的意願。如班上有幾位吃飯速度較慢的孩子，實習生便想了一個方式，

就是讓他們以實際想像的方式來進行，譬如這樣的話語「我要看看你的嘴巴有沒有比大金剛還大」、「你是垃圾車喔，現在垃圾一包一包要送進去囉！」或是「喔！你是魔術師，我要看看你的魔術有沒有很厲害，可以把食物變不見。」透過想像力，讓無趣的吃飯變得有趣活潑，他們在吃飯速度上的確變快許多。

同樣的，面對偏食的孩子，實習生會採用**同理心與逐步要求的方式**進行。如有的孩子不喜歡吃番茄，我會告訴這個孩子說：「我知道你不喜歡吃番茄，你看大家的番茄都很大一顆，你自己選一個」，以自己挑選的方式讓他慢慢接受這個食物，或是告訴這個孩子，煮飯阿姨的辛苦，使用**動之以情的方式**，然後講述有關「勇氣」或是以「食物」為主題的相關繪本，並透過同儕鼓勵的力量，強化孩子吃的意願。以這些方式每天不放棄的堅持孩子們「即使不喜歡吃的食物，也要吃一點」的觀念，到現在班上幾位偏食的孩子，對食物的接受度越來越高了。

到了學期尾聲，班上其他的孩子每天都會來擁抱輔導老師與我，或是在家裡做卡片送給我們，孩子的回饋使我更加認同「溫柔而堅定的界線，使孩子在愛裡不覺恐懼」的觀點，也因為孩子直接表達對老師的愛，對一個剛進入教育實習階段的我來說真是莫大的鼓勵與支持。

（六）他人的經驗是最佳範例，觀摩與詢問是豐富自己教學內容的機會

揣摩輔導老師的教學方式，以及詢問老師的意見，會使實習生在各方面的學習產生有效率的進步。就像許喆函（2009）的研究結果顯示，實習教師不管是心態的調整或者尋求外在的協助，大都會採取積極主動或請求協助的方式來因應一樣。例如在教學設計上，這可能是實習生在實習過程中遇到很大的瓶頸所在。所以在設計教案前，一定要先確定自己的教學目標。當心中確定目標後，教案內容就要以這些目標為中心，教學內容才不會失去方向。另外，教學設計除了配合當周主題外，也可以參考每所幼稚園每個月例行的主題活動或配合活動，或是當月的特別活動，這些都可成為實習生設計教案的方向，並

提醒自己可以參考園內為孩子設計的發展檢核項目，做為課程的目標。這樣的建議的確可以實習生對於教案的設計有重新的概念與方向，並且透過不斷的練習，就可以逐漸掌握教學的重點。

在教學過程中，時間的掌握也是實習生要學習的地方，不管是說故事，或是團體討論時間若超過 15 分鐘以上，孩子們便會失去耐心，實習生有必要學習新的方法，例如跟孩子**玩小遊戲**，像「請你跟我這樣做」的遊戲，或是帶孩子**跳律動**，確實可以讓他們又將焦點轉移到老師身上，也可使實習生在帶活動的能力上更進一步。此外，在活動進行中，也可以引導他們在圖畫紙畫下設計圖，這樣他們在創作作品就有一個參考的依據。而畫設計圖的過程，也可以幫助他們思考自己需要什麼材料創作，以避免浪費資源的情形發生。開始製作勞作前，也要仔細說明創作的內容、製作步驟以及注意事項，事前的說明不但可以讓孩子們更了解如何做之外，身為老師的我們，在帶領孩子活動時，孩子的表現會更有系統與秩序。另外，透過「**誇張**」的口吻描述活動內容，以及**講述孩子聽得懂的語言（也有必要帶入精確的字詞與概念）**，除了可以提升孩子們參與的興趣外，也能充實他們在認知的發展。

在班級經營上，也可以利用安靜音樂、念童謠、或是在孩子名牌旁畫可愛的圖片等，這些措施都可以幫助與提醒孩子，加快他們做事的速度，也能保護自己的喉嚨不再過度使用。

在親師互動上，**細心觀察與記錄孩子的各項發展**，是親師溝通的必備武器。與家長互動可能是實習生害怕接觸的事，有必要請輔導教師協助幫助你克服這方面的惶恐。實習生有必要利用課餘時間與輔導教師分享和家長溝通狀況，並掌握兩個技巧：一是同理家長的心情，二是留意孩子在學校的表現，主動關心孩子在家裡的狀況，如孩子請病假，主動關心孩子的身體狀況，並將孩子平日的表現具體作為與家長談話的內容，偶爾也要**適時的向家長介紹孩子發展相關的訊息**，使他們更了解幼教老師是專業的教育人員，而非僅有「保育」的觀念作用。輔導教師對實習生的建議與鼓勵，都有助於讓實習生跨出疆域、更有勇氣面對家長而不感覺恐懼。

　　而**園內教師討論或會議**，也幫助各班老師與實習老師相互成長的機會。透過這些會議交流教學心得與資源共享，藉由大家腦力激盪下，發展不錯的教學點子，尤其是對初任教師或實習生而言幫助頗大。誠如許德田與張英傑（2004）以個案研究的方式針對兩位實習教師的研究結果發現，教學成長團體是可以增進實習教師教學成效的。在期初時，實習生可能對於班上孩子的生活自理，以及常規的建立有些心有餘而力不足的感受，這樣的教師討論或會議，分享彼此對事情的作法真的是一種不錯的方式。譬如可以將孩子平常表現有待改善的部分拍照，透過團體討論時間一起討論相片內容；或是準備實際的圖片，提醒孩子在班級中有哪些責任，使實習生有方向幫助班上的孩子盡早適應學校生活規範。

　　這種互相討論或教學成長會議，對實習生的幫助是多元的。有時候，園長的建議也是可以參考的方向。至於**觀摩他班老師的實際教學**，也是幫助實習生設計主題活動的方式之一。譬如實習過程中某班全體師生演出《阿松爺爺的柿子樹》這齣戲。在演出前，他們製作了宣傳海報張貼在園內，並且利用空閒時間，到各班宣傳即將上演的戲劇，為了統計要觀賞戲劇演出的人數，以利門票的製作，他們還發起看戲回覆表。另外，為了增加孩子們對金錢的概念，他們在演戲的前一天，還邀請大家到指定的地方購票與劃位，該班老師們給予孩子的引導，不僅在演戲方面給予教學，也將鷹架擴及到數學、常識等領域，這樣的觀摩會讓實習生貨的許多幫助。

四、結論

　　在幼稚園實習的階段，的確會磨練實習學生各方面的發展，不管是與家長的溝通、課程設計、或是與孩子的相處，所以，一開始實習生的心態是很重要。實習過程的確會耗盡實習生體力與時間，但這些挑戰都是促使自己未來能成為一位稱職的幼教老師而做的準備，有了這樣正向的心態，實習遇到的挑戰也會化成自己成長的動力。

　　其次，仔細的觀察每位輔導老師面對各項問題處理的方式，不斷的揣摩與找機會練習，從「模仿」逐漸晉升成自己面對挑戰的調適與處理問題的方式，在觀察老師教學當中，也會讓實習生發現「身教」的重要，「身教」不僅是自己對孩子，輔導老師的身教無形也是影響著每位實習生。實習生就如同學前的幼兒般，面對許多事仍是懵懂無知，很慶幸自己在實習過程中遇到一位做事態度與說話內容都是正向的輔導老師，促使自己不容易被孩子的言行影響，能以耐心與愛心來包容與處理在幼稚園發生的各樣問題。

　　此外，維繫我在實習過程不被一連串的挑戰擊倒，仍保有對幼教的熱誠，乃是家長在親師聯絡簿中的鼓勵，或是平日接觸時的關心，以及孩子每日的肢體擁抱與貼心的話語——「老師，我愛你」，是使我繼續投入幼教職場的動力來源，也使我相信孩子被要求卻不會害怕老師的威嚴，因為「溫柔而堅定的界線，使孩子在愛裡不覺恐懼」。

參考文獻

王素芸、賴光真（2004）。教育實習的概念分析——論我國教育實習制度及其改革。《國立編譯館館刊》，1，48-59。

李坤崇、歐慧敏（1996）。青少年因應策略量表之編製報告。《測驗年刊》，43，241-262。

林生傳（1993）。實習教師的困擾問題與輔導之研究。《教育學刊》，10，31-103。

高強華（1996）。《師資培育問題研究》。台北：師大書苑。

許喆函（2009）。《國民小學實習教師工作困擾與因應策略之研究》。國立嘉義大學國民教育研究所碩士論文，未出版。

許德田、張英傑（2004）。兩位國小實習教師數學專業發展之研究。《國立台北師範學院學報》，17（1），25-56。

黃琴扉、劉嘉茹（2006）。中學化學科實習教師教學困境之探討。載於中華民國科學教育協會主辦：《第 22 屆科學教育學術研討會論文集》。民國95 年 11 月 5-16 日。台北：中華民國科學教育協會。

Ransdell, M. & Maxwell, S. A.（2006）.Initiating elementary teacher candidates: A structured design approach. *Professional Educator, 28*（1），1-11.

Schon, D. A.（1983）.*The reflective practitioners: How professionals think in action*. New York: Basic Books.

科技大學幼教實習生的實習困擾
——以嘉南藥理科技大學 94 學年度 到 98 學年度幼教實習生為例

許美華

嘉南藥理科技大學應用外語系助理教授

一、前言

　　國內師資培育制度自民國 83 年起，開放一般大學可以在其學校特殊科系之基礎上，培育國內各教育階段所需之師資，這些非教育體系直接培育的師資，其所需要接受的職前訓練包括了系所專門課程與教育專業課程，然後經過一年的實習，再經初檢、複檢，取得在國內各級學校的任教資格。這樣的師資培育制度之改進，目的在於增加多元、合適的師資，以補足當時各專業科目所缺乏的合格師資，並且考慮到新手老師在正式掌握教室教學之前，須經過一段時間的見習、觀摩與試教，以確實具有一定程度的教學能力，所以正式將教育實習納入師資培育制度的改革之中。這樣的改革本來是個相當好的想法與政策，但是在實際執行上，卻因為經費補助（實習生每個月有 8000 元的津貼）、實習生身分不明（實習生是學生還是老師），以及實習結束即可取得教師證（實習完就能成為老師）的問題，而使得教育實習的功效大打折扣。

　　在考慮到這些師資培育的問題後，我國教育部在民國 91 年進行師資培育法的修訂，將教育實習納入師資培育課程的教育專業課程中，因為是課程的關係，每月的實習津貼不再發給，實習生也需要繳

交學分費，但是卻將原先為期一年的教育實習改為半年。除此之外，此次修訂亦明定參與實習者的身分為「實習學生」，用以突顯欲取得教師資格者，必須以學生的身份，在實習教育機構現場中，接受教育與學習的養成歷程。另外，為強調合格師資的有效性，此次修訂增加了實習完畢的職前教師須通過教師檢定考試，方能成為正式教師的規定，這使得國內師資培育制度產生了相當大的質上面的變化，並讓實習生在實習時期面對更多、更艱鉅的挑戰，包括了實習時間不足以讓實習生具備該有的教學能力；試教時常有教學困擾出現；實習生所具有的學生輔導及班級經營能力薄弱；實習學校對實習工作的認知不同，導致實習生工作負擔大；實習生無法確實掌握其與實習輔導老師、其他老師、家長及學生之間的人際關係等（鄭采惠，2006；蔡宜綾，2007）。

事實上，教育實習是教育理論與實踐融合的階段，其基本的功能是讓經過大學師資培育課程的學生，在修完課後進行完整的一年或半年的實習，學習將專業的理論在實際的教學情境中，予以配合、運用、反思與實踐。因此，教育實習扮演著理論與實際並俱的角色，讓實習生能在實習過程中，將所學、所知與教育現場的工作做有效的融合，並在教學的現場驗證所學的教育理論，串連理論與實踐的力量，以養成教師所需的知能（教育部，1999a；教育部，1999b）。而此時的學習經驗也將影響職前教師未來的教學實踐，因為如果實習生所面對的實習困擾，對其產生了能力與情緒上的重大影響，將使得實習生有了教學困難，進而產生無力感或是倦怠感，未來這些實習生的就業意願、教學能力及投入教學的熱誠都會受到影響，所以，成功的教育實習對於職前教師有相當大的重要性與鼓勵作用，而要有成功的教育實習，首要之務是找出實習生的實習困擾，並幫助實習生及時的予以解決，才能確實達成教育實習的功能，而找出實習生的實習困擾，便是本文所關心的重點。

在本文中，研究者以自己指導過的 82 位科技大學之幼教實習生為對象，以他們在實習過程中所撰寫的實習週誌（每人皆有 18 份實

習週誌）及其所反應的問題（用電話或 e-mail 來加以反應、溝通）為資料來源，從中去歸納出科技大學幼教實習生的實習困擾。但是需要先說明的是研究者自 94 學年度開始，帶領嘉南藥理科技大學師資培育中心的幼教實習生，進行教育實習的工作，這些實習生是新制半年實習的學生，所以下文中討論的重點會是半年實習中實習生容易遇到的問題。此外，本文所討論的幼教實習生，多是本校嬰幼兒保育系的學生，因為他們是科技大學學生的關係，所以他們所接受的教育訓練有異於一般教育大學或師範院校，再加上本校嬰幼兒保育系的培育目標有異於其他學校，因此，本校幼教實習生的特性及其所面對的實習問題，也有異於其他學校的幼教實習生。最後，本校幼教學程於民國96 年決定停招，最後一屆幼教實習生的實習是在 98 學年度上學期，所以本文討論的範圍，是 94 學年度到 98 學年度研究者所指導的本校師資培育中心之幼教實習生。由上可知，本文之結論並無法推論至其他學制或其他學校之幼教實習生的實習困擾，雖說如此，本文之價值亦在於能夠增加學界對於幼教實習生實習困擾的了解。

二、幼稚園教育實習的相關文獻

　　以下，研究者將探討本文幼稚園教育實習相關的文獻，以了解幼教實習生所面對的教育實習現況。

（一）幼稚園教學實習的內容

　　依據「高級中等以下學校及幼稚園教師資格檢定及實習辦法」第十八條的規定，實習生之教育實習事項主要有教學實習、導師（級務）實習、行政實習、研習活動等四大項，且實習期間以教學實習與導師（級務）實習為主，行政實習、研習活動為輔。而教育實習的內容主要包含課程編制、教材編選、教學活動、師生互動、班級經營、教學評量以及親職教育等七大項目，以下分述其內容與重點。

1.課程編制

幼稚園的課程規劃以主題及學生生活為設計重點，並無一定的進程或內容，實習生在課程編制方面的實習，包含了評估幼稚園的生態與目標、了解幼兒能力與需求、與實習輔導教師商討教學的目標與重點、教學活動的規劃及進行、決定課程的架構、內容、實施原則，並構思評量的方法等。

2.教材編選

幼稚園教師在教學上擁有較大的自主權，在教材編選上有較大的揮灑空間，相對的，也伴隨較大的責任與挑戰。故幼教實習生在實習時，須學會評估幼稚園教學的目標，考量幼稚園的實際生態，兼顧幼兒身心發展，考量幼兒以往的學習經驗與現有之能力，適當的組織教學內容，規劃合宜的學習活動，重視教材本身橫向連結與縱向規劃，提供幼兒適合的學習教材。

3.教學活動

幼稚園的教學型態活潑多樣，幼教實習生在實習時，須學習依據幼兒的發展與教學內容的需要，安排各種教學活動，選擇合適的地點與教學型態，從知識化、趣味化、順序化、適性化等角度，輔以適當的教學情境來引導幼兒學習。

4.師生互動

師生互動在幼稚園的教學中，具有影響教學成效的關鍵角色，首先，師生間必須建立足夠的安全感與信任，再者，教師應給予幼兒充分的探索空間與時間，且用心聆聽幼兒的所思、所想，並體察幼兒身心的變化。故實習生也必須思考自己在師生互動的過程中所扮演的角色，學習作為幼兒學習與成長的協助者、引導者與學習夥伴，並學習輔導學生行為與學習的各項技巧。

5.課室管理

課室管理牽涉到幼教老師相當多的能力，包括規則制定、及時反應、學會忽視等，所以是種相當需要時間培養的能力，而幼教老師即使在課堂上學過相關理論，落實到實際情境中仍相當困難。故當實習生實際面對幼兒及紛擾的教學情境，可以透過觀摩實習輔導教師的教學，學習如何與幼兒對話，並運用觀察、紀錄等技巧，來瞭解幼兒的特質與想法，嘗試自己擬定解決方案，從師生互動中反省、學習與成長。

6.教學評量

評量不僅可以瞭解幼兒的學習狀況，更可反應教學情形，做為改進教學的依據。至於評量的方式，包括了觀察紀錄、照相、錄音、錄影等方式，而實習生在實習過程中，要學習各種評量方法與實施方式；學會針對不同的評量項目，選用適切的評量方法；學習如何正確的看待與解釋評量結果，更重要的是知道如何運用學習評量來改善教學。

7.親職教育

依據幼稚園課程標準，幼兒教育以生活教育為主，而且幼稚園的教學活動應銜接幼兒的生活經驗，因此與幼兒的父母合作就相當地重要。所以，幼教實習生必須在實習過程中，學習透過家庭訪問、親師座談、舉辦親職活動等方式，來與家長建立積極的溝通方式與管道。

因為實習生的實習內容主要包含這七大項，各項目必須熟悉的內容頗多，故實習生需將實習時間及重心放在這些事情上，但是因為新制實習只有半年，實習生需在相當短的時間內熟悉這些事務，顯得有些慌亂，也常會忽略其中的某些部分，若再加上實習生的人格特質（例如被動、內向、沒有自信等）影響（蔡宜綾，2007），那麼許多實習生要面對的實習困擾並不在少數。

（二）幼稚園實習生的實習歷程

根據教育部民國 88 年所出版之「國民小學暨幼稚園實習教師手冊」，將幼稚園實習生一年的實習進程，分為七月初至開學前的準備期、開學至十月底、十一月至寒假結束、下學期開始至 6 月 30 日等四個階段，並訂有明確的實習內容。在改成半年的新制實習後，許多學校的師資培育中心在其「實習教師手冊」中，也簡單的將實習生的實習歷程，分成四個階段，且其實習內容與一年制的實習並無太大不同，舉例來說，本校師資培育中心就將實習生半年的實習進程，分成導入階段（寒、暑假期間）、觀摩見習階段（開學後至第三週之前）、觀摩及實地試教階段（第三週至第七週前）以及綜合實習階段（第七週後至實習結束），而這幾個階段的實習內容詳列如表一。

表一　幼稚園實習生之實習階段與內容表

實習階段	時間安排	教育實習內容與活動	
		教學及導師實習	行政實習及研習活動
導入階段	暑假期間或寒假期間	1. 認識教育實習機構的辦學方針、辦學特色、法令規章、作息時間行事曆、學校文化、學生文化和社區文化。 2. 認識實習輔導小組成員及輔導教師。 3. 認識實習科別（目）之教育目標、課程架構及教學內涵等。 4. 瞭解該縣市教育狀況、學校創校歷史及發展情形。 5. 研擬未來半年的實習計劃，並於期限內將計畫交予實習指導教授。 6. 熟練校內各項教學設備使用方法。	1. 參加各師資培育機構或教師研習進修機構所辦理的研習。 2. 參加各縣市政府所辦理的新進教師研習及其他研習活動。 3. 瞭解實習學校行政組織及熟悉各科處室之地理位置。 4. 觀摩各處室如何擬定學期工作計劃和行事曆。 5. 列席參加學期前之校內相關會議和教學研究會。

		7. 研擬將任教科目之教學計劃或教學單元設計，並準備教材、教具。	
觀摩見習階段	開學後至第三週之前	1. 觀摩輔導教師任教班級科目之教學，觀摩其教學技巧、教學方法、師生溝通方式、班級經營措施、作業設計和評量方式等。 2. 協助輔導教師批閱學生作業。 3. 擔任輔導教師之教學助理。 4. 觀摩輔導教師的班級導師工作。例如，班週會之主持與規劃，學生分組與座位安排，學生綜合資料之填寫，學生自律組織的產生與訓練，親師溝通的方法，學雜費用之代收，偶突發事件之處理等。 5. 定期撰寫及繳交實習心得。	1. 列席參加校務會議、各處室會議、行政會議等。 2. 分配擔任某處、室的行政助理，協助辦理某項行政工作。 3. 見習輔導教師的導護工作。 4. 偕同輔導教師參加各科教學研究會、學科會議。 5. 參加校內、外教師進修活動。 6. 觀摩校內所舉辦的學藝、體育、生活教育等競賽活動或社團活動。 7. 認識訓育輔導工作，如閱讀校內訓輔工作計劃等文件、資料。
觀摩及實地試教階段	第三週至第七週前	1. 繼續觀摩輔導教師的導師實務工作，但在輔導教師可以充分掌握的情況下，得實習部分班級導師工作。 2. 繼續觀摩輔導教師或其他教師之教學。 3. 在輔導教師的現場指導下，得安排每週2-4節的實地試教實習，以逐步培養實習教師的教學經驗。 4. 定期撰寫及繳交實習週誌。	1. 繼續列席參加各項行政會報、教學研究會和學年會議。 2. 繼續擔任某處室的行政助理。 3. 在輔導教師在場指導下，擔任導護工作。 4. 適度參與準備或指導校內各項學生競賽活動或社團活動。 5. 參加校內、外進修活動。 6. 參加實習輔導小組會議。
綜合實習階段	第七週後至實習結束	1. 在輔導教師指導下，擔任每週6-8節的教學工作。 2. 在輔導教師指導下擔任實習教師，處理級務，從事導師實務工作。	1. 繼續擔任新處室的行政助理工作。 2. 安排擔任導護工作，但仍須有其他合格教師在場指導。 3. 繼續列席參加各項行政會

		3. 偕同輔導教師參與本學期的家庭訪問或親師座談活動。 4. 繼續利用空餘時間觀摩其他班級或其他科教師的教學活動。 5. 期末做一次校內教學觀摩演示教學,教學後回答問題,作為總結評量的主要依據。 6. 撰寫心得報告或省思報告,同樣列為總結評量之重要資料。	報、教學研究會、學科會議和校內、外進修活動。 4. 負責規劃某項學藝競賽活動。 5. 參與指導某項學生社團活動、課外活動或分組活動。 6. 參加每月一次的輔導小組會議,檢討得失。每月的小組會議亦可安排輔導教師或校內其他優秀教師作專題報告。

從表一中可以知道,實習生在這半年的實習中,需要不斷的、重複的學習與練習一些未來作為老師必備的教學技巧、輔導技能與相關知能,也需了解現在學生的特質與能力,才能在未來真正成為一個對學生有幫助、遊刃有餘的幼教師。而不同的實習階段,會因為時間長短、人際關係、實習重點的不同,使得實習生需要面對不同的實習困擾,舉例來說,實習初期因為輔導老師、班級學生與實習生間的認識不足,實習困擾多來自於人際關係不良,故實習生在不同的實習階段中,需要面對不同的實習困擾。

(三)國內幼教實習生實習困擾之相關研究

國內有關於幼教實習生實習困擾的研究,大多時間久遠或是實習制度不同,而不是那麼適切的可以用來解釋新制幼教實習生的實習困擾,但因相關研究的數量並不多,所以研究者根據本文的目的,盡力從相關研究中,整理、歸納出幼教實習生可能遇到的實習困擾,以作為本文資料分析的基礎。

1. 王莉玲(1992)針對花蓮師院幼師科八十年的應屆畢業生 45人,根據實習的階段,探討實習教師於集中實習期間所遭遇的困難,結果發現:

   (1) 試教之前,實習教師最困擾的事情有常規的訓練技巧、教案的編寫、教具的製作、教學的技巧、如何與幼兒溝通、對幼兒的了解等。

(2) 試教期間,實習教師最感困擾的事項為秩序的控制、活動的銜接、引起動機、與原班教師不易達成共識及不能控制外來的干擾等。

(3) 整體來說,在集中實習期間,實習教師的挫折來源為實習生教學及輔導技巧欠佳(以課室管理技巧為最)、幼兒不合作、幼兒學習興趣不高、實習生本身無法達成自己的要求,因而造成心理困擾、實習生間溝通不良,無法合作,以及與現實環境、家長及輔導教師之要求不合。

2. 劉慈惠(1993)針對八所師院七十九學年度幼師科應屆畢結業生 147 人,以問卷來調查他們在集中實習期間所遭遇到的困難,結果發現:

(1) 試教之前,實習教師最到困擾的事情是學生秩序的控制、教案的編寫、帶領活動的技巧及對幼兒的了解。

(2) 造成試教期間有教學困擾的因素,依序為幼兒的常規與秩序、實習教師不能控制外來的干擾、教室空間不足及與原班教師之溝通、共識不足。

(3) 實習期間,實習教師的挫折來源為教室管理問題、幼兒的反應、活動的設計及帶領、與原班教師之溝通、與其他實習生的搭配不理想及自信心不足等因素。

3. 鄭立俐(1998)以一位大四幼稚園實習教師為對象,探討實習教師在實習期間所面臨的教學困擾,研究結果顯示,實習教師在實習期間有以下的問題:

(1) 角色定位的問題:實習教師對幼兒而言,究竟是大姊姊或是老師?對家長、輔導教師、師院教授而言,實習教師究竟是一位學生或是老師?

(2) 專業知能不足的問題:實習教師不暸解幼兒的興趣、能力與個別差異,因此,實習教師在教案編寫、引導技巧、時間控制、常規管理、幼兒行為輔導等方面都感到困擾。

(3) 實習幼稚園限制的問題：實習教師安排的課程與教學內容，必須配合園方政策，沒有充分自主權，而且幼稚園與國小之間的協調不夠，園方的指令傳達也不清楚。

4. 鄭采惠（2006）利用非參與觀察法、訪談法和文件分析等質性研究法，來探討一位幼稚園實習教師在新制半年教育實習期間所遭遇到的實習困擾，結果發現：

(1) 新制半年與舊制一年實習制度下的實習教師，其所遭遇到實習困擾並無太大的差異。

(2) 實習教師所面臨的實習困擾，包括人際關係（與實習輔導教師的溝通與互動）、各項教學技巧、學生行為輔導、個人發展（準備考試的壓力、生活經濟與心理壓力）、實習學校（行政實習未妥善規劃）、師資培育機構（未給予適當輔導與協助）。

(3) 實習生遭遇到實習困擾的原因，主要來自於實習教師本身（專業幼教知能之養成與訓練不足）、實習輔導教師輔導方面（輔導知能與策略運用不當）、實習學校方面（不了解新制實習制度的要求）、師資培育大學方面（輔導配套措施流於形式化）。

5. 蔡宜綾（2007）以觀察、訪談、文件蒐集、研究者撰寫省思札記等方法，來蒐集新制實習下三位幼稚園實習教師的實習工作內容，並分析實習教師在其實習期間所遭遇到的實習困擾與其因應策略。研究結果發現：

(1) 新制（半年）幼稚園實習教師的實習困擾，與舊制（一年）幼稚園實習教師相比較，發現其中的差異不大，教學知能不足仍是所有實習教師共同遭遇之問題。

(2) 新制上學期與下學期幼稚園實習教師的實習困擾差異不大，影響實習困擾的原因為實習教師的人格特質、師資培育的過程、實習目標及輔導老師的輔導方式，選擇上學期或下學期實習則與實習困擾無太大的關係。

(3) 新制幼稚園實習教師遭遇實習困擾所採取的因應策略，與舊制幼稚園實習教師相比較，發現其中的差異不大，都是採取尋求支持、設法改變、自我調適三種策略。

從上述國內學者對於幼教實習生在實習階段面臨到的實習困擾之相關研究中，可以發現幼教實習生，不論是在舊制的一年實習中或是在新制的半年實習中，其所面臨到的實習困擾主要有以下幾項（鄭采惠，2006）：

1. 人際關係方面：主要對象有實習輔導教師、家長、學生、學校行政及其他人員。
2. 教學方面：主要包括實習生本身的教學技巧（含教材教法的運用、教案編寫、教學活動的設計等）、班級經營及常規管理、教學準備（含設備的使用、教學資源的蒐集及教具製作等）以及學生的能力與表現等。
3. 學生的行為輔導。
4. 個人教育專業知能不足、缺乏自信。
5. 實習工作負擔（含教學及行政）、實習學校之輔導制度（如輔導老師的遴選）不健全。

三、科技大學幼教實習生的實習困擾——以嘉南藥理科技大學 94 學年度到 98 學年度幼教實習生為例

接下來，研究者按照文獻探討中所發現二個討論實習生實習困擾的指標，分別是：

1. 不同的實習階段有不同的實習困擾：根據實習進程，實習生的實習可以分成四個階段，在實習初期，實習生有許多人際關係的課題要克服，例如與輔導老師不熟、理念不合、和學生尚未建立信賴與尊重的關係等；實習中、後期，實習生的困擾多是教學與級務處理的困難，例如教案編寫不好、格式不對、誤判學生程度、上課秩序不佳等等。除此之外，研究者在帶領實習生的過程中發

現，實習困擾其實從實習生開始選擇實習學校時就已經存在了，因為學生實習學校的選擇，常會影響他們的實習過程與結果，故實習前的實習困擾也應該納入本文的討論之中。

2. 不同的實習工作內容產生不同的實習問題：在半年實習中，因為實習時間不多，實習生與輔導老師多將心力放置於教室之中，從事教學設計、級務管理、課堂教學、班級經營等能力的培養，所以實習生的實習困擾也多來自於教學實習（教學技巧、學生學習狀況、個別差異的適應等）與導師實習（班級經營、常規管理、學生行為輔導等）。此外，實習生在實習過程中人際關係的建立、維持，包括與實習老師、班級學生、家長、其他實習生、其他老師等，也是實習生實習困擾的來源之一。

來分析自己所帶的 82 位實習生在實習過程中所撰寫的實習週誌及其所提出的實習問題，根據本校師資培育中心的規定，每位實習生在半年實習的過程中，最少須撰寫 18 週的實習週誌，交予實習指導老師批閱，除此之外，研究者所指導的實習生亦會使用電話及 e-mail，跟研究者反應、溝通他們所面對的實習困擾，而這些資料都是本文分析的範圍。資料整理、分析的結果發現，在半年的實習過程中，這一群科技大學的幼教實習生面對了以下的實習困擾。

表二　實習指導學生之實習困擾統計表

時間	實習內容	實習困擾	次數
實習前		經濟壓力（離家遠、近）	30
		生涯發展與工作壓力（公立好或私立好）	34
寒、暑假期間	行政實習	支援國小許多行政工作：公文建檔、整理評鑑資料、學校海報製作……	7
		開學前一直很忙、很累：打掃校園或教室、上學期成果整理、整理新生資料、搬教室、布置教室、整理新教材……	16

第一個月	教學實習	園所及老師的教育理念跟我學的不一樣：手寫作業多、使用坊間教材、不可安慰學生、由園長安排課程、中大班學生不分，做一樣的工作、老師對學生的要求，不是太高就是太低……	11
		剛開學就開始上台試教：一次上半天、我覺得自己教得很差、學生的上課秩序，我根本不會管……	6
		教案的編寫不順：誤判學生程度，教案不是寫得太多，就是時間弄錯；老師要我按格式寫詳案，我不知道正確的格式是什麼……	4
		試教時，無法按照寫好的教案內容教學：不是上不完，就是讓學生拉走了……	3
	導師實習	超出實習生實習範圍的工作：輔導老師要我籌備他負責的活動；輔導老師或其他老師不在時，我一個人帶班……	13
		班級經營、建立學生的常規很難：老師不在時或是我試教時，學生的秩序真的很糟……	8
	人際關係	實習生與輔導老師的關係不佳：跟老師有距離、教育理念不合……	7
		老師與老師之間的關係不佳（我不加入）：同班的二位老師、老師跟隔壁班老師、老師跟行政人員……	6
		實習生與其他老師的關係不佳：誤會我、不尊重我、把我當免費勞工……	3
		實習生與其他實習生的關係不佳：學生都找他、工作不輪流……	2
第二個月	教學實習	試教很不順利：教具製作來不及或是不精良；教案的格式沒有按照老師希望的；教學內容寫太多了；教學時間的安排與掌控不好；試教時，學生秩序很差；教學後，覺得自己教得很差……	23
		輔導老師的教育理念與我的不合：學生沒有參與的機會；按照坊間教材上課，不考慮學生的需要……	5
		實習園所的教學很傳統：學習單很多、回家功課不少、教學缺乏創意、使用方便的坊間教材……	3
	人際關係	老師與老師之間的關係不佳（我不加入）：同班的二位老師、老師跟隔壁班老師、老師跟行政人員……	3

		實習生與其他老師的關係不佳：行政人員誤會我、不想一個人幫忙帶班不行……	3
		實習生與其他實習生的關係不佳：做事拖拖拉拉、找藉口不做事	3
		實習生與輔導老師的關係不佳：跟老師有距離、教育理念不合……	2
第三到第五個月	教學實習	試教很不順利：教案的格式不對、教案的內容太多、教材得依學校的規定，用坊間教材、學生秩序掌控不好、教學內容偏離主題、教學時間太長……	50
		輔導老師的教育理念與我的不合：學生沒有參與的機會；課程設計不考慮學生的需要；學生要寫很多學習單……	3
	導師實習	活動多又難，很累：輔導老師要我籌備他負責的活動；園長要我規畫大型活動（聖誕週、畢業典禮等）；學期末活動很多，學生和我每天都要不斷的練習、彩排……	48
		超出實習生實習範圍的工作：園所招生，我要幫忙；老師請假，我要跟車；老師不在，我一個人單獨帶班；我也要值班……	13
		學生不聽我的指導：老師不在，班級秩序就不好；要輔導老師說，學生才做事……	4
	人際關係	實習生與輔導老師的關係不佳：跟老師有距離、教育理念不合、溝通不良……	5
		實習生與其他實習生的關係不佳：做事拖拖拉拉、找藉口不做事	3
		實習生與其他老師的關係不佳：覺得我被動、不做事；不想一個人幫忙帶班不行……	3
		老師與老師之間的關係不佳（我不加入）：同班的二位老師、老師跟隔壁班老師、老師跟行政人員……	2

　　從表二中可以發現，嘉南藥理科技大學 94 到 98 學年度幼教實習生，在實習期間所面對的實習問題可以整理如下：

　　1. 從實習階段來看，這 82 位實習生的實習困擾，多發生在實習前與教室實習的第一個月，分別有 64 及 63 人次提出實習問

題，教室實習的 2 到 5 個月，平均一個月出現 43 人次的實習問題，而寒、暑假期間，可能因為公幼尚未開學，實習生還沒有正式開始實習工作，所以只出現 23 人次的實習困擾。

2. 從實習困擾的類型來看，實習前，實習生所面對的多是個人生涯規劃、經濟考量等方面的問題；在寒、暑假期間，實習生的困擾多來自於學校的行政工作太多、太累；在實習生進入教室實習的第一個月，教學、導師及人際方面的實習困擾相差不多，都在 20 人次上下；在教室實習的 2 到 5 個月，教學方面與導師方面的問題，是實習生實習困擾的前二名，分別有 84 人次與 65 人次。

3. 這 82 位實習生所提出的實習困擾，以教學不順利、園所的活動太多、人際相處的問題、公私立幼稚園的選擇、學校離家遠近的問題、支援學校行政工作、教育理念衝突及學生秩序管理為最多，分別有 86 人次、74 人次、44 人次、34 人次、30 人次、23 人次、19 人次以及 12 人次（應該不只 12 次，因為秩序問題也經常在教學不順利中被提到）。

　　以下，研究者依據問題出現的時間，分別討論上述七個實習生最常反應的實習困擾。

（一）選離家近的園所比較好？！

　　在研究者所帶的實習生中，選擇實習學校時，離家近已經是一個不需要考慮的問題了，因為新制的實習課不只沒有每個月 8000 元的實習津貼，甚至還需繳交 4 個學分，大約 5500 元的學分費，若能不要再支付租屋費、住在外地的生活費（因為本校有許多來自中、北部的學生），當然是實習生的首要選擇，所以許多實習生都會選擇離家近的幼稚園實習（在研究者所帶的實習生中，超過 1/3 的人是依據這個原則來選擇實習學校的），甚至有 8 位實習生所選擇的學校，遠及彰化、雲林、嘉義、屏東，這給研究者及實習生帶來第一個挑戰，更是實習生實習過程中容易產生困擾的第一個因素。因為師培機構、指

導老師對於這些實習生所選擇的實習學校、實習輔導老師不夠了解，不但無法給予實習生選校的指導，更重要的是當實習生在實習過程中遇到實習困擾時，例如學校過度利用實習生作事、輔導老師的挑選並未依據規定、不了解輔導老師的個性而導致不快等，因為指導老師距離遠、當地人脈不足，又不了解實習學校的文化，所以常會有鞭長莫及的感覺，因而使得實習生產生了不愉快的實習經驗與實習困擾。

在筆者的實習生中，學生 A 就因為希望離家近，所以選了一所自己與指導老師都不熟悉的公立園所實習，再加上實習生不了解，也無法掌握實習輔導老師的個性與理念，因此而發生嚴重的實習困擾，甚至被輔導老師拒於門外，需要臨時轉換實習園所。

> 班上的兩位老師皆非常重視幼兒的獨立自主性，因此在開學的第二天，老師即要求實習老師，在帶班老師下達工作指令後，盡量不要協助幼兒，若幼兒哭泣也不需要前往安慰，以避免幼兒養成依賴性。老師們對幼兒嚴格的要求，雖然有其道理所在，但卻也讓在私幼習慣循序漸進協助新生的我，內心感到矛盾與不忍，往往會忍不住想前往協助，常常需要輔導老師適時的提醒與阻止，我想，兩位老師們的班級經營模式，是我需要重新適應的地方。
>
> 其實輔導老師們對於實習生算是多有照顧，在相處方面較無太大的問題，只是在帶領幼兒的某些觀念上，我暫時無法認同（如：放任幼兒哭泣、說故事時禁止幼兒說話與笑、若幼兒在學校上大號即處罰等等），但事後我轉念想想，自己是來實習的，重點就該擺在學習、觀摩上，既然是別人的班級，能做到的就是盡量配合了，雖然某些要求實行起來有點違背自己的本意，但還是要尊重，學習老師們的優點，不能認同的地方，我想，就暫時放在心裡自我警惕就好。（學生A，95年9月）
>
> 由於自己是實習生的身份，所以我甚少對老師們的教學提出意見，我的輔導老師似乎認為我與另一位實習生有點缺乏自我看法，因此常常希望我們說出對老師們教學的建議，或是提出有

所不妥的地方，輔導老師也曾告知我們，從前他當助教老師時，亦時常對主教老師提出建議與自我看法，因此希望我們也能如此。我想，即使輔導老師們真的能誠心的接受不同的意見，這個要求對我而言，仍然會感到為難，畢竟實習生與助教老師的立場還是有所不同，因此我最多也只能婉轉的提出一些看法，而要完全達到輔導老師們的要求就有點困難了……

後來我發現輔導老師對於實習生提出的一些看法與觀點，幾乎都無法接受，老師對於我們的看法，經常會回以「不對，你們這種看法就是不對的」，甚至在平時談話的過程中，就經常會說出讓我感到難堪的話，例如：「你們只修了學程的一點學分，就想出來當老師，難怪素質會這麼差」或「你們太被動了，已經無藥可救了」等等的話，讓我在精神上感到非常大的壓力，也對於自己的意見漸漸喪失信心。（學生 A，95 年 10 月）

輔導老師喜歡主動、積極的人格特質，較不願意直接告訴實習生該做什麼，而是要求實習生要自己觀察，若是老師提出實習生的缺點，而實習生才說要改進，那麼輔導老師便無法接受，也不願意給予實習生改進的機會，例如，當我發現輔導老師對我的不滿，有一部分來自於試教的次數太少時，我就曾提出了願意再試教的意願，但老師卻無法接受，輔導老師認為如果是他提出問題後，我才說要改進，那麼他無法接受這樣的結果。

再者，老師希望實習生能靠自己多觀察、多做事，並曾說過：「你要自己觀察有什麼事情可做，我們老師的責任是照顧孩子，沒有多餘的心力照顧你，若老師沒說，你就不知道要做，難不成將來到了園所工作，還要問園長今天要做什麼嗎？」，在事後，當我開始刻意多積極做事時，老師又會說「這些事情（檢查作業、蓋聯絡簿等）老師做就可以了，整理環境之類的事情，是國小大姊姊的工作，你不需要做」，但是當我沒有事情做時，兩位老師卻又責怪我很被動，讓我不知道該如何去做對事情。（學生 A，95 年 11 月）

（二）選公立的幼稚園比較好？

　　除此之外，實習生最喜歡在選擇實習學校時間的一個問題是：在公立幼稚園（通常是國小附設幼稚園）實習比較好？還是在私立幼稚園實習比較好？這個問題可以從研究者所帶實習生的選擇中，找到解答（見表三）。在研究者所帶的 82 位實習生中，選擇公立幼稚園實習的人有 34 位，約佔全部的 41%，若進一步檢閱日間部四技的實習生所選擇的實習學校，則可以發現沒有教學經驗的大學應屆畢業生，約有 62% 的人選擇公立幼稚園實習，至於有教學經驗的在職專班學生，則多選擇私立幼稚園實習（約佔 86%）。

表三　實習指導學生選擇公私立幼稚園實習的人數表

學年度	學制	公立幼稚園（比例）	私立幼稚園（比例）
94 學年度	日間部	6	2
	在職專班	4	11
95 學年度	日間部	8	2
	在職專班	1	9
96 學年度	日間部	2	7
	在職專班	0	10
97 學年度	日間部	7	3
98 學年度	日間部	6	4
總計	全體	34（41%）	48（59%）
	日間部	29（62%）	18（38%）
	在職專班	5（14%）	30（86%）

　　而多數選擇公幼實習的實習生，其所持的理由是：

1. 公幼的上下課時間比較正常，不像私幼一樣，常會有上到晚上六點，還不能回家的問題，而且公幼有寒、暑假，實習的時間會比較少一點，這樣一來，比較有時間可以準備接下來的教師檢定考。

2. 公幼不容易考進去，公幼老師通常都是有一定年資之後，才比較容易考上的，因此，公幼老師的教學經驗較多，可以跟老師學到比較多的東西，再加上公幼的教學與理念和私幼不同，可以學到不一樣的東西。

3. 公幼老師比較多接受過正規的師範教育，知道比較多的幼兒教育的概念與技巧，再加上公幼老師要先通過教師甄試，才能到公幼任教，因此，公幼老師的教學能力相對的比私幼老師來得好。

4. 公幼的福利比較好，一班有二位老師，工作量應該比較少，此外，公幼也不像私幼一樣，要做一些瑣碎又不合理的事，例如跟車、餵幼幼班學生吃飯、辦很多活動、招生等等，會比較像實習，而不是打雜。

事實上，從學生 A、B、C、D、P、Q、R、S、T、U、V、W 的實習週誌中，可以發現選擇公立幼稚園雖然可以正常的上、下班，但是需要支援的行政工作相當多，再加上附幼與國小部有分不開的關係，所以人際關係的複雜度（除了班級導師、其他幼稚園老師之外，還包括國小部的校長、主任、老師及其他行政人員）、工作的份量大（除了幼稚園的活動之外，國小部的活動也要支援）等問題，都會讓實習生覺得不知所措、不公平與疲累，並且有「選公立幼稚園不見得比選私立幼稚園好」的感慨。

（三）實習生的功用大？！

不管是私立幼稚園或是公立幼稚園，對於實習生的第一個觀點，都是可以利用的人力資源，所以常能見到私立幼稚園要求實習生幫忙支援請假的正式老師的班級、協助規劃活動、做不容於法規的單獨帶班、跟車等工作，實習生因為實習成績，多不敢拒絕，使得教育實習像打雜。而許多公立幼稚園的校長與各處室也都將幼稚園實習生，視為國小與幼稚園共用的人力資源，又認為幼稚園行政比較簡單，需要的人力不如國小部多，因此，附幼實習生支援國小部的行政工作或活

動是很常見的，也被學校行政人員視為理所當然，這樣的情形常讓實習生覺得不平或是相當疲勞，並產生該不該跟實習學校反應的困擾。

> 在正式實習尚未開始時，我與其他來自不同學校的實習教師，在八月初便到國小去協助、幫忙行政的部分，一開始我非常納悶，為什麼我們實習幼稚部的人要到國小部去幫忙打掃、協助行政事宜等等，而我們幼稚部依然是我們幼稚園實習教師自己去幫忙打掃、協助行政事宜，當時我的心裡非常不舒服，因為我們幼稚部的工作也不少，但是卻不見國小部的實習教師來幫我們的忙。（學生 B，94 年 8 月）

> 剛開學的這兩週，學校主任指派我到國小協助一年級的導師，所以實習的第一天情況有些混亂，教師忙著許多開學的瑣事，小朋友們不習慣國小的作息時間，我則是一會兒讓這位老師請去幫忙，一會兒又讓另一位老師請過去協助，一整天跑來跑去的。因為國小部分，也有派我要幫忙處理之前公文的回溯建檔工作，於是，忙完一定的工作後，還要到國小部去做公文的建檔工作，好累。（學生 C，94 年 9 月）

> 這個禮拜，真的有苦說不出，實在很累。禮拜二，教務主任請我與小學部的實習老師，要在這兩個禮拜全心投入創意繪本的製作，剛聽到這個要求時，真的很難接受。暑假時，學校有舉辦創意繪本的研習，請老師研習後，要交出一本創意繪本，因為學校要接受創意繪本教學的評鑑，而主題要與鄉土語言相關，但是實際交回的繪本鮮少有台語繪本。所以……我與其他三位小學部的實習老師，就要在這兩個禮拜中，每人要做出 2 本創意繪本與猜謎唸謠等作品，真的很忙。而最令我感到不舒服是，學校要鄉土語言創意繪本評鑑，教鄉土語言的老師是不是要來幫忙？看是不是要請學生製作（本次評鑑就是要看學生的作品），怎麼可以一句『趕不出來』，就把責任都推到我們身上呢？心裡真的會有些不平衡！（學生 D，96 年 11 月）

　　有時候，雖然不是支援國小部的工作或是只有自己做而已，是幫忙幼稚園本身的活動，老師們也有參與，但是因為幼稚園的活動很多，所以覺得自己疲於奔命，而且從工作分配中還可以發現，「最好的工作」都是實習生做的，幼稚園的老師們會挑選比較好做的事來做。

> 聖誕節前，學校決定要舉辦一個聖誕週，整週的早上半小時，會有不同的活動，如才藝表演、請人來說故事等。理所當然的，我們也要負責一部份的工作，我看到我們實習生所負責的工作是背景的製作，可是當我們問清楚要做的是哪個場地的背景之後，發現其實還真的是滿大的。實習生的功用的真很大，「最好的工作」都會輪到我們身上。我看了一下工作分配，其他老師大部分都只有做海報，而這裡的海報都是用電腦做，然後列印出來而已，很快就能做好。而我們負責的背景就跟升旗台一樣大，小朋友排開來的話，寬度可以站22位學生，所以，在僅剩的半個月裡，我們可得要加緊趕工。（學生E，95年11月）

> 剛開學時，由於輔導老師很忙碌，常常要開會、值班，所以班上就我自己帶！過了二週左右，就比較好一點。……可是從上個禮拜開始，我又變成是兩個班級共用的實習生了，所以就變得一刻也不能閒。從上禮拜開始，因為隔壁班老師請產假，來了一個新的代課老師，所以我在實習班級的時間，被分割成上午跟下午兩段，一般來說，上午我會在原教室內協助兩位輔導教師，而下午我就要到隔壁班去協助。但是我的教學實習還是會在原班級裡，畢竟我對另一班的小朋友不熟，而且也不熟悉另一班的班級經營，所以大多是以協助保育方面的工作為多，可是這樣一來，我的實習就變得無法連續，感覺既錯亂又疲勞。（學生F，98年12月）

（四）與園所、老師的理念不同時，不知道怎麼辦才好！

　　科技大學的師培實習生也許因為接受的訓練不同，也許因為他們早期的學習結果不是那麼好，所以他們對於幼稚園學生以及那些學習

比較慢的學生，通常都會多出一份耐性，而且科技大學的實習生雖然沒有那麼多的教育概念的學習，但是他們從自己的老師、家長以及自己看的書中學到許多教育理念，所以他們並不是只有書上學到的教育知識，他們的個人經驗也與別人不同，所以每個實習生都有自己的教育理念。而在實習過程中，實習生常會發現自己的某些理念與老師的看法或是園所的做法不同（例如學生 A 的反省），當這種情形發生時，實習生常陷於一個兩難困境：跟老師反應，擔心打壞關係，實習成績不及格；不說，要如何說服自己，才能和老師融洽的一起工作。

> 為維持目前與輔導老師良好的關係，及尊重輔導老師為班級導師，在教學上，我避免干涉，多以協助者角色在旁幫忙，即使有諸多不同於輔導老師的教學看法（例如不幫學生處理大便在褲子上的事，當學生害怕哭泣時，不安撫他等），也僅是在自己的內心，不斷反覆地省思著，這樣被動、消極作為雖能讓師徒保持最平和的關係，卻非我所樂見的結果。……這星期面臨了一腳踩在「出社會」，而另一腳還在「學校學習」的困境中，這件事從我進這間學校後，始終困擾著我，我面臨了一些輔導老師對孩子不公平、不好的事情，基於輔導老師是長輩、前輩，我不敢多話，但站在那些孩子的立場，我應該要發聲。最後，站在大家好做事、我是學生的立場，我卻選擇安靜了。（學生 G，94 年 1 月）

> 隔壁班的實習老師要試教，前幾天，他的實習輔導老師就開始對班上幼兒加強班規訓練，常常聽到嚴厲的指責。注重表面的呈現的這種方式，我並不能苟同，記得我準備試教前，組長曾與我討論過，班上有些坐不住，進而會影響班級上課的幼兒，是否需先讓他到別班，可是我覺得試教是看整體性，包括老師的臨場反應，一個班級太安靜，不見得就是好的反應，幼兒會動來動去是正常的，課程有趣自然能吸引幼兒，反覆練習或是

強力要求孩子安靜，來讓試教或是教學觀摩順利，真的不是好的做法。（學生 H，95 年 11 月）

園所這裡每天都有半天的時間上英文課，英文老師教的東西，我覺得太難了，例如：魚鰭、青春痘……等。我不太懂，孩子學這些單字要做什麼，也太不生活化了吧！當母語都還沒學好時，就學外國語言，再加上學生上小學後，也沒有全英語的環境，花了這麼多時間學這些，不就都是白費了嗎？！……這裡每天上半天的英文，教材都是坊間現成的，這和我們在學校時，老師教給我們的觀念都不同，所以有許多的教育想法和現實是相衝突的，但是這是市場的現實面，往往不是我們可以改變的，所以會有點無奈。（學生 I，96 年 9 月）

（五）輔導老師在時，學生常規不一樣！

實習生在實習過程中必定要接受的挑戰是試教，從試教過程中，實習生可以發現自己教學能力的不足及班級經營的困難。首先，實習生常會在試教中，發現自己的教學能力不是那麼好，這常常讓他們感到自己學不足，也會產生焦慮。更因為實習生的試教是持續進行的，如果教學能力或教學效果一直沒有改善，就會成為實習生的實習困擾之一。

現在自己實際教學了，親身體驗到從自己設計教案到教學的過程，卻發現知識與實務的結合，並不是件簡單的事，因為教學要掌握的元素太多了，教學不只是教學，還要觀察幼兒學習的狀況、根據幼兒的學習狀況來調整教學，還要想該怎麼把知識運用在教學上，以便讓幼兒吸收得更好，所以，教學實務的範圍及內容包含太多、太廣了，是我這個實習老師難以想像及掌握的。（學生 J，95 年 10 月）

這次教學觀摩雖然有把準備的內容平順地傳達出來，但卻忽略了許多細節，例如故事邊講邊討論，所以討論未能深入；教案設計裡認知部分較少，不夠深入；教學內容有些偏離目標；自己把教學流程與內容想得太完美了，結果大多數的孩子在實際操作上，根本就無法達到我的目標；孩子的語言表達能力有些弱、大小肌肉的發展也有些差，所以教學時間拖得很長等等，這些瑕疵也顯示我的教學不夠細膩，由此過程，讓我明白自己該學習的功夫，還有很多，也還需要時間的磨練。（學生 K，95 年 12 月）

我第一次試教時，我們班的幼兒發言很踴躍，幾乎每個人都有講不完的話。雖然有些符合我的上課方向，但也有人提出跟我上課方向無關的話語，而且一講就是一長串，我不知道該如何讓幼兒停下來，所以導致其他幼兒出現不專心的狀況，結果第一次的試教拖了很長。……第二次試教時，我開始會請幼兒把手放下，縮減他們發言的長度及機會，後來也會請不專心的幼兒站著上課，或是詢問他們上一位幼兒說什麼，以集中他們的專注力，課程才得以順利進行。……這三次的試教，我覺得上課的狀況雖然不差，但我的表現還是有待加強，例如該如何掌控幼兒上課的秩序，還有有時會比較疏忽一些都沒有在發言的幼兒，這是我應該檢討的部分。（學生 L，95 年 11 月）

此外，即使實習生在輔導老師上課時或是平日與學生相處時，發現學生的常規其實還不錯，但是等到他們自己上台試教時，就會發現學生的常規是因人而異的，學生常常無法遵從實習生的上課規範與命令，使得實習生在試教中，花了很多時間來維持秩序，課程反而無法順利進行，這使得許多實習生都認為，班級秩序的管理是他們最大的實習困擾，並認為自己的班級經營能力很薄弱。

輔導老師特別注重孩子生活常規的表現，從開學以來，老師就不斷的在孩子的常規方面下功夫，漸漸的發現真的有成效耶！幾個比較頭疼的孩子確實有所進步，上課的秩序也好多了。只

不過這只有在我的輔導老師在時，情況才會如此完美，這星期，因為輔導老師的婆婆過世，請假好幾天，這幾天孩子就像放出鳥籠的小鳥，秩序方面很難去控制，這真的很讓我頭疼。（學生 M，94 年 9 月）

其實實習或試教時，讓我最困擾的問題，就是秩序上的問題，之前看老師上課，孩子並不會有秩序問題出現，但是輪到自己實際上課時，才知道教學不是只有上課就行了，還必須要建立你與孩子的常規、默契，尤其在常規部分，老師本身要很明確的實行，例如，當孩子亂成一團時，老師要很清楚的讓孩子知道，這樣子老師就無法再進行課程，而且老師要確實等到全部的學生都安靜了，才可以再繼續上課。（學生 N，95 年 10 月）

從實習這段時間走來，我覺得幼兒的秩序一直是我最頭痛的地方，因為幼兒不管你如何講道理、如何嚴厲的對他，就是有些幼兒會跟你一笑置之，然後繼續搗亂，或者是過了一會兒，又開始重蹈覆轍，著實讓人覺得頭痛，也讓我開始懷疑，我真的適合做幼教老師嗎？以後我的學生是不是也會這樣，我說我的，他做他的。（學生 O，98 年 12 月）

（六）老師不在，由我挑大樑？

根據師資培育法的規定，實習生的實習是循序漸進的，要先從觀摩見習開始，慢慢進入部分時間的實地試教，再到較長時間的實地試教（就像學生 P 所提及的上、下午輪值當主教老師），而在實習生試教時，實習輔導老師應該在場觀察，以便在實習生試教過後，指導實習生改進自己的教學，甚至是對實習生的試教內容進行補救教學，所以輔導老師的在場是必要的，也會給實習生帶來心安、有人關心的心理安慰，進而讓實習生有自信將試教工作做好。可是在實習生實習的過程中，常有實習生在尚未熟悉教學工作的情形下，就開始帶班、代課的問題，實習生們當然需要這樣的練習機

會，但是過多的代課、帶班，或是現場只有實習生一人，就不是太好的狀況了，因為實習生的能力和權責還無法負擔某些責任，更何況有輔導老師將整個班級都放給實習生一個人來帶，一帶就是好幾個小時。

> 本週開始與班級導師輪值上、下午的教學時間，原本這週我是要輪值上午的主教，但是老師已設計好本週的課程計畫，所以我與其他實習生的主教時間變得不同。剛開始的第一天其實有點手足無措，因為一個做了好幾個月的工作（照顧學生），在這一週突然無法碰它，而當你好不容易準備好一個新工作（當主教老師），卻被告知這是錯誤的的時候，其實心裡是有點慌亂的，而且小孩也是搞不清楚狀況，畢竟前幾個月的相處模式已經定型了，這一週有點被打亂的感覺，所以帶的不是很順利，只能說本週的下午還真是混亂。（學生 P，98 年 11 月）

> 這是合理的嗎？我的輔導老師常常會在我試教時，跟我說他要去買個菜，請我幫忙管一下學生，如果是一下子那也還好，可是輔導老師一出去，常常是 1 到 2 個小時，午餐或放學前才會回來，有時候是一早來就說他要出去一下，然後整個上午都是我一個人上課，或者是趁學生午休時，說他回家一趟，然後整個下午都是我一人和學生在教室。這所學校的幼稚園是一個老師帶半班，15 個學生左右，輔導老師一走，就只剩下我，雖然我有過幼稚園的教學經驗，但畢竟情況不同，輔導老師可以把一班的學生留給我半天這麼久嗎？我覺得很不舒服，又不知道該怎麼說，因為沒有其他人可以證實他外出、不在教室。（學生 Q，94 年 10 月）

> 這週四，四班的鄭老師早上十點臨時有事，需要請假外出，鄭老師請我去四班支援、協助，我問鄭老師是否有告知黃老師（四班的另一位老師），請他那時到四班協助，鄭老師的回答是：「我有告訴黃老師」，然後鄭老師就外出辦事了。可是當我到四班

時，整班只有我一個實習生，經過十多分鐘，仍未見黃老師到來，四班 20 多位小朋友的情形，我一個人無法處理，所以請小朋友去通知黃老師來協助，才知道黃老師在辦公室忙於電腦，無法到四班來協助，並說「鄭老師才出去幾分鐘，就來找我」，黃老師還要我去找林老師（我的輔導老師）。我想我只是一位實習老師，擔心學生有事時，我處理得不好，不只會影響到鄭老師，也對學生不好，所以，我馬上找林老師來幫忙。我以為我只是協助，所以才會答應鄭老師幫忙，如果像這樣一個人帶整班，下次應該要委婉的拒絕老師，才不會有麻煩或是影響到林老師。（學生 R，96 年 1 月）

（七）人與人的相處，好難學！

到幼稚園實習，實習生最容易遇到的人際問題，事實上是實習生與輔導老師的相處（這在上面已經說過），雖然許多實習生都說自己面對家長時，常常會覺得害怕與不知所措，但是因為有輔導老師做擋箭牌，其實實習生很少直接與家長產生太密集、直接的人際互動，在此就先不討論實習生與家長的人際關係。除了與老師、家長的關係之外，實習生在公幼還有可能遇到與同班另一位實習生相處的問題。

> 班上有兩位實習老師，常有工作需要調配、輪流，剛開始說好，輪流幫忙教師，在幼兒用餐後，進行樓上用餐區的清潔工作，另一位則協助樓下教室的清潔。我因為第一次返校座談以及小兒子生病、發高燒，所以連續請了幾天假，再回學校實習時，他告訴我，我少做兩天的輪流工作，要我補給他，結果我多做了兩個星期的樓上及樓下的清掃工作，第三個星期他仍然沒做，我只好繼續做，但心裏不是很舒服，因為我都忙於打掃，以致於無法全程觀摩老師的課程進行，只好私下向輔導老師反應，尋求解決之道。

輔導老師請我先跟他提醒，或許他忘了，而不是故意的，老師也答應會幫我注意。隔天，當我跟他說明樓上也需要輪流做清潔工作時，他卻說他不知道，並且心不甘情不願的回答「你說怎樣就怎樣」，感覺好像是我多派工作給他做，真是……。(學生 S，95 年 10 月)

因為班級上尚有另一名實習生，他之前也都是在私幼服務，對於現在鄉下公幼傳統的教學，也有很多的不適應，所以，那位實習老師也跟我一樣，凡事都要重新開始學習，在這之中，我們會彼此互相學習、互相提醒未完成的事。但是在我的觀念中，實習生就是要多幫忙老師，要多做一點，所以凡事我都會很快的把事情完成，再加上孩子與我之間的信任關係建立良好，所以孩子有問題時，大多會主動來找我，較少找另一位實習生，可是這樣一來，卻讓我的輔導老師，覺得我做太多、做太快，覺得另一位實習生都沒做到什麼，這讓我有所警惕。所以，現在我在做事之前，都會先主動問一下老師是否需要幫忙，讓老師決定要叫誰來做。(學生 T，98 年 8 月)

此外，在公幼一班有兩位老師的情形下，如果二位老師是相處良好的，那就比較沒有什麼問題，但是如果二位老師相處不好，不但老師、實習生會覺得很辛苦，間接的也會影響到幼兒的學習。在公幼中，一班當中的二位老師，常常為了避免彼此的衝突，會將班級中的工作分成上、下午來分開進行，一人負責一部分，或是把學生分成二小班，一人負責一半的學生(就像學生 Q 所提到的一樣)。

我實習的園所為國小附幼，是走主題教學的，一班有 2 位老師，老師在開學前，會設計新學期要上的主題(參考坊間教材)，2 位老師輪流負責教主題，一個主題走一個月，教主題老師在上午上課，另一位老師下午上課(不必一定上有關主題的課程)，當一個班級中有 2 個老師時，老師們必須去協調工作分配，才不至於導致有些事沒完成，或是有些課程衝突。……

班上的 2 位老師，各有所不同的教學與管理班級的風格，例如在學生自理能力方面，下課時，馬老師會替幼兒拉拉鍊、繫好衣服，石老師就會規定幼兒自己把拉鍊拉起來，不會時，再請老師協助。我覺得兩位老師的風格，各有各的優點，我只要學習我比較可以接受、認同的就好了。（學生 U，97 年 11 月）

兩個老師的協同教學是一直需要不斷的溝通的，而我們班 2 位老師都是首次兩人一起帶班，這是他們過去從來沒有過的經驗，因為一位老師是代課老師，過去一直在國小代課（也曾當過幼稚園園長，但是似乎脫離太久了，對幼教有點陌生），而實習輔導老師則一直以來都是自己帶班，而且對自己的班級有很大的期待及要求，所以這幾個禮拜，我不斷的感受到 2 位老師彼此的摩擦與協調，舉凡教學方法的介入、學生的要求標準不一等等。（學生 V，94 年 9 月）

這星期，老師針對一位小朋友的飲食問題作處理，因為該生遇到不喜歡吃的食物時，用餐的速度超慢（但是遇到喜歡吃的食物，例如甜甜圈，就吃得超快的，而媽媽的處理方式，則是小朋友喜歡吃什麼就順著他），老師的處理方式是堅持該生要吃完食物，因為不想造成孩子偏食的狀況，如果該生吃太慢，老師就會打他的手，因為老師認為該生是做得到的。可是另一位代課老師則認為，孩子不吃就算了，不用勉強他吃，放學時，讓他把吃剩的食物帶回家就好。但是輔導老師不贊成這種沒有任何處理的方式，二人有點爭執，學生也不知道該聽誰的，而在老師處理的過程中，我採取觀望的態度，因為老師有他的原則、態度，雖然方式我有些不認同，但是可以體會老師的用心，而且我也不想介入二位帶班老師的不合之中。（學生 W，94 年 10 月）

四、結語

　　教育實習對於師資培育的功能是相當大的，實習生必須經過一段時間的實地練習，才能知道教育現場各項工作的內容、方法及為什麼要這樣做的理由，這樣一來，職前教師才能具有到教育現場確實執教的能力、技巧，以及對於教學的概念與熱誠。目前，雖然國內教育部將教育實習從一年改成半年，使得實習時間不夠，因而產生了相當多的弊病，但是職前教師實習工作的重要性，仍是不能被忽視的。從本文中，我們發現到許多科技大學的幼教實習生，在其實習過程中所面對的問題，包括了學校選擇、工作量大、理論與實際衝突、教學能力不足、級務處理能力不夠、人際衝突、不合理法的實習工作等，而這些實習困擾對於實習生的任教意願、教學信念具有不良的影響，甚至可能讓職前教師在挫折之餘，選擇離開教職。而研究者提出這些問題，旨是希望獲得政府、師培機構、實習學校、實習輔導老師、實習指導老師及實習生的重視，並嘗試從中去找出解決之道，以便讓未來的幼教實習生可以減少遇到這些實習困擾的機會。

參考文獻

王莉玲（1992）。花蓮師院幼教科集中實習方式之檢討評量。《幼兒教育學報》，1，57-76。

教育部（1999a）。《國民小學暨幼稚園實習教師手冊》。台北市：教育部中等教育司編。

教育部（1999b）。《國民小學暨幼稚園輔導教師手冊》。台北市：教育部中等教育司編。

鄭立俐（1998）。《幼稚園實習教師集中實習困擾問題及調適方法之研究：一位大四實習教師的經驗》。台灣師範大學家政教育研究所未出版碩士論文。

鄭采惠（2006）。《新制實習制度下幼稚園實習教師實習現況及困擾之個案研究》。屏東教育大學教育行政研究所未出版碩士論文。

蔡宜綾（2007）。《新制半年幼稚園實習教師實習困擾與因應策略之研究》。臺灣師範大學人類發展與家庭學系未出版碩士論文。

劉慈惠（1993）。師範學院幼師科集中實習調查研究。《新竹師院學報》，6，163-211。

幼教學程教育實習實習生實習困擾與因應策略之研究

鄭進丁

輔英科技大學師資培育中心副教授兼主任

一、前言

（一）研究動機與目的

　　教師是人類靈魂的工程師，培育優秀的師資更為教育成敗之重要關鍵。健全的師資培育（teacher education）是一長期發展、動態連續的歷程，因此職前的準備教育、轉換階段的引導教育、與實際任職階段的在職教育，皆為培育師資重要的環節（游自達，1989；饒見維，2003）。其中的實習制度更為準教師、師資培育者及研究學者視之為「試金石」的經驗（Applegate，1986；江麗莉、丁雪茵，1999；陳雅美，1999），因此，教育實習對於實習教師而言，實為專業發展的重要歷程。

　　師資養成制度的健全牽繫著整體教育所處的社會環境，而當前各國的師資培育改革重點均以提高師資素質為主（楊國賜，2002），台灣的師資培育隨著世界潮流及社會開放的腳步，在學術化、實務化、多元化衝擊之下，於民國八十三年二月公布「師資培育法」，改變了師資培育長期以來依據「師範教育法」的一元制度而邁向多元開放制度。民國九十一年七月公佈修訂之「師資培育法」，更建構了專業教師證照制度，帶領國內教師養成教育進入教師資格檢定新時代（陳金

山、陳雅新、黃美菁，2002；陳玉君、呂美霓，2002）。師資培育制度之最高目標為培育高級中等以下學校及幼稚園師資，充裕教師來源，並增進其專業知能。師資培育應著重教學知能及專業精神之培養，並加強民主、法治之涵泳與生活、品德之陶冶（師資培育法第2條）。研究者身為一位師資培育中心的主管，兼負著培育健全優良師資的重責大任，時時關注幼教師資培育的問題，為本研究之主要研究動機之一。

近十年來，幼稚園受到少子化、幼教政策改變的衝擊，教育實習現場面臨著家長教養方式、學校招生、教師教學方法、幼童情緒與生活自理能力等等琳瑯滿目的問題，使得一位懵懂的幼教學程教育實習生剛進入「幼教現場」就感到震撼與不安，甚至每天需面對每一位幼童的陰晴不定的情緒變化（生氣、和同學吵架等）與不自主的生理反應（偷尿尿等）等變化莫測的教學現場，每個問題或事件都必須當機立斷、即時處理，沒有閒暇時間去思考或運用複雜的理論來應對每個事件。幼教現場情境要求實習生除了要能設法將所學的知識融會貫通、靈活運用外，還要具備隨機應變能力、內在的涵養與不斷累積相關的教學經驗，才能適時地運用與應對。再者，幼教學程教育實習生還需面對實習輔導教師針對自己當天的處事作質疑、檢討與反省後，再自我挑戰與淬練，加上不斷地獲得來自實習指導教師與同儕等不同學習管道的輔導與協助，以進行兼具理論及實務經驗的專業發展（陳美玉，2003a）。

有許多研究指出實習教師參與教育實習期間因教學實習、導師實習、行政實習、班級經營及與家長、其他教師人際互動、個別差異的適應、教具及資源的應用等所產生的問題與困擾（Adams,1982；McDonald & Elias,1983；Veenman,1984；鄭立俐，1998；林一鳳，2002；鄭采惠，2006；蔡宜綾，2007），深切影響實習教師的專業成長。因此當幼教學程教育實習生長期處於無法解決的問題及困擾，而未能運用適當的因應方式時，就可能產生身心俱疲和無力的感受，進而不再投注自己的心智，逐漸以消極、輕蔑的態度對待周遭環境，最後造成個

人自視無能、對工作表現不滿、逃離工作崗位等現象。根據國內外學者對於實習教師的實習困擾與因應策略研究發現，實習教師因個人的人格特質、認知、互動的不同而所採用的因應策略如建立自信、尋求社會支持、逃避或擱置事實、降低標準等方式均有所不同（Austin,2005；Collins & Mowbray & Bybee,1999；Slee & Lawson & Silins,2000；葉兆祺，2000；呂岳霖，2005；徐秋榮，2006；蔡玉董，2006；林良芝，2007）。因此因應策略的運用關係到實習工作順利與挫折化解與否，故了解幼教學程實習生之困擾現況與因應策略實為重要。

三年來，研究者因負責安排幼教學程教育實習實習生到公私立幼稚園去參與實習工作，也常親自到與本中心合作的幼稚園訪視幼教學程教育實習的實習生，瞭解實習輔導教師的意見與實習生的現場心得、並利用幼教學程教育實習生返校座談的時間傾聽她們的困擾與挫折，故了解幼教學程教育實習實習生之困擾現況與因應策略情形為本研究之主要研究動機之二。

由上可知，幼教學程教育實習生之實習現況、困擾與因應策略情形如何，除了關係幼教學程教育實習生的專業表現外，也會影響其對幼教工作的熱忱與態度，更會影響未來幼教師資素質，因此對幼稚教育的影響至深且鉅。又國內目前對於幼教學程教育實習生之相關研究仍相當有限，自民國 86 年至今針對幼稚園實習教師的碩士論文研究計有 11 篇、期刊有 7 篇，而有關實習現況、困擾與因應策略計有 5 篇，其中 4 篇為質性研究、1 篇為量化研究，研究篇數甚少。因此，研究者乃以幼教學程教育實習實習生實習困擾與因應策略之研究為題進行探討。

基於上述，本研究主要目的為：

1. 瞭解幼教學程教育實習實習生實習困擾與因應策略的情形。
2. 探討不同背景變項的幼教學程教育實習實習生在實習困擾與因應策略上的差異情形。
3. 探討幼教學程教育實習實習生的實習困擾與因應策略的相關情形。

期以研究結果能供教育行政機關或師資培育機構、實習指導教師、實習輔導教師、教育實習實習生及未來研究參考，增進教育實習實習生學習效能，以確保教育實習的成效。

（二）文獻探討

研究者分別就教育實習意義與其相關理論、實習困擾的意義與其相關理論、因應策略的意義與相關理論及相關研究進行探討和分析。

1.教育實習意義與其相關理論

由於「教育實習」是一個廣泛性的概念，學者對其定義及相關理論不盡相同，因此本研究僅略說明一二如後。「教育實習」（apprenticeship）主要功能是讓準教師在實際的教學情境中驗證所學的教育理論，同時協助其認識教育工作並體驗教師的角色，起源自歐洲傳統的學徒制（賴清標，2002）。可區分為廣義與狹義兩種：廣義的教育實習涵蓋參觀、見習、試教、教學實習、導師實習與行政實習等所有的實習活動；狹義的教育實習則僅指教學實習（陳奎憙，1995）。王素芸與賴光真（2004）認為教育實習應包括「職前教育階段的教育實習」與「導入階段的教育實習」兩種，係指師資生在修習教育專業課程過程中，所有促使其將理論性知能得以應用、練習、驗證與統整，並建立其專業理念的活動或歷程。許喆函（2009）認為教育實習係指實習教師在教學現場中，遵循既定的規劃，在師長的指導協助下驗證教學理念，並藉由觀摩、練習、討論、分析、歸納、修正、分享的方式，逐步調和理論與經驗，透過行動再回饋至教學情境中，使理論內化為個人理論的動態歷程。研究者認為教育實習是在實際教學情境中進行實作練習，並經由師長的輔導與協助下驗證與建構教學理念，逐步調合並內化為個人理論的動態歷程。

有關教育實習的基礎理論，受各國對師資培育理論不同觀點，形成了不同取向及派典（paradigm），因此，國外學者 Zeichner（1983）在 1983 年將師資培育之取向分為四類，分別為：行為主義取向

（behavioristic orientation）、個人取向（personal orientation）、傳統－技藝取向（traditional-craft orientation）、探究導向取向（inquiry-oriented orientation）。Feiman- Nemser（1990）將各家學說整合分為五種取向：批判／社會取向（critical／social orientation）、技術取向（technological orientation）、實務取向（practical orientation）、個人取向（personal orientation）、學術取向（academic orientation）。國內學者楊深坑（1997）認為當代師資培育理論分為五種取向有：知識基礎、建構論、能力本位、重建主義與批判理論等。陳淑茹（1999）綜合五種師資培育理論為：教師專業社會化、能力本位與人文主義師範教育、批判反省之師範教育、教師生涯發展、臨床視導。許喆函（2009）則彙整師資培育理論為教師社會化理論、能力本位理論、建構理論、批判理論、後現代主義理論等五種理論。研究者採以建構理論與後現代主義理論來說明如後：

（1）教育實習的建構理論

師資培育的教育實習建構理論是 J. Piaget 的認知發展論，其關心的焦點是教師應學習應用 J. Piaget 的思考方式，來使兒童建構自己的意義，為達此目的，教師也須經歷和兒童一樣的學習過程（楊深坑，1997）。郭重吉（1996）也提出教師的養成教育應重視養成過程中這些準教師知識建構的條件與過程，要建構使教師具有「在學校教室中因時制宜、因地制宜，能夠因材施教的實際教學的表現」的知識。因此，教師專業實踐知識是由教師個人所主動建構而成，而且專業實踐知識具有高度個人的、開放的、持續的、不確定的、脈絡的與再建構的特質（陳美玉，2003）。幼教實習教師離開校園進入教學現場的第一線時，可以有系統地進行個人知識管理，持續建構理論與經驗的專業實踐理論。因此依據建構理論規劃教育實習課程，有步驟地協助實習教師，則能協助實習教師將理論性的學習轉換成經驗性學習的重要橋樑。

（2）教育實習的後現代主義理論

Elliott（1993）依據後現代社會的特性提出詮釋學的師資培育觀點（hermeneutic perspective），認為後現代的教師主要在培養情境理解的能力，能在多變、複雜、混沌不明與不可預測的教學情境中，作出智慧判斷及明智決定。陳美玉（2003）認為後現代的社會需要「實踐智慧型的師資」（practical wisdom teacher），亦即教師具備高專業能力，而且能靈活應用與創新個人知識。因此依據後現代主義理論尊重差異性與個人獨創性，在教師專業訓練的觀點上，重視強化教師個人建構自我理論的能力。

基於上述理論，在特定的情境脈絡下，因教師個人的特殊需求所發展出來的個人理論，自然能展現出個人對特定情境的理解與詮釋，完成建構教師個人特有的能力，並依其理論詮釋理解所處教學之情境與意義。

2.實習困擾的意義與其相關理論

困擾（problem）在國語辭典的解釋為麻煩、難題、為難、煩擾。Chandler & Sweller（1991）認為行為困擾係指 maladjustment，亦即 adjustment problem，意指適應問題或不良適應，個體在適應歷程中發生困難，會產生行為困擾（身心症狀）。實習困擾是指實習教師在與外在環境互動的過程中，由於主觀認知和價值觀與外在環境不相符合，無法與外在實習環境中的人事物有良好的互動，因此無法有效的解除心理內在衝突或滿足內在需求，或有效的處理實習教師職務有關的各項事務及工作，而導致心理或情緒方面的不安狀況，或影響其個人行為的變化（林一鳳，2002）。Veenman（1984）認為實習困擾泛指實習老師在工作表現上所遭遇到的困難，因此其無法達成其預定的目標，導致其心理或情緒狀態的不安。陳惠君（2003）定義國中實習教師工作困擾為其個人對實習工作內容的感到困難或無法有效的處理，而導致心理或情緒之不安狀態，包含教

學、班級經營、學校行政與運作、人際關係、工作負擔、個人生涯等六個困擾層面。許喆函（2009）定義國小實習教師工作困擾為其面對工作情境時所知覺到困難，使其產生內在衝突，進而導致情緒或心理上的不穩定狀態，以五個層面來衡量：教學實習、級務實習層面、行政實習層面、研習活動層面、人際關係層面等。由於各學者之實習困擾定義各有其理論依據，因此，研究者將幼教學程教育實習實習生的實習困擾定義為教育實習實習生在實際教育情境與環境互動過程中，因個人價值觀和主觀認知與外在環境產生衝突與矛盾，無法有效的解決難題或導致心理、情緒、生理方面的不安煩擾狀況，以致影響其個人行為的變化。

在教師養成的導入階段過程中，其實習制度的用意是希望師資生能夠將在校所學到的理論，在實習的實際現場中獲得印證及統整所學，並磨練教學的技能，獲得理論與實務上的結合及運用（教育部，1999a），可說是具有關鍵性的地位，實習教師面臨到各式各樣的挑戰所產生的挫敗、沮喪、或疏離、恐懼、焦慮、不安、壓力與孤立感，需要不斷地去學習及適應這個所謂的「現實的震撼」（reality shock），（楊銀興，1993；盧富美，1992）。然而實習困擾的產生必有其原由，從國內外不同的實證性研究中，確實發現實習教師在實習階段因角色轉變及適應，面臨到各種不同層面的實習困擾。國內外學者（Hoy,1968；Ryan,1980；Weinstein,1998；林一鳳，2002；林生傳，1993；楊銀興，1995；盧富美，1992；鍾瓊如，1999；顏素霞，1993）從不同的學術觀點建構不同的理論基礎來探討實習困擾形成的可能原因，可歸納為九種理論基礎模式如：人格特質理論、社會化理論、行為與技術訓練理論、認知發展理論、人文模式或知情意合一的發展理論、現實震撼理論、傳統學徒理論、工作壓力理論、及教師專業化理論等，皆可用來說明、解釋實習困擾可能形成的原因。研究者就上述理論依序摘取行為與技術訓練理論、現實震撼理論、工作壓力理論、教師專業化理論等簡要說明一二。

（1）行為與技術訓練理論

源於實證主義（Positivism）和行為心理學（Behavioristic Psychology）的理論基礎，強調知識或科學只限於可觀察或可經驗到的事實，亦即認為教師養成之目的在於教學行為與技巧的訓練，使其具備教學的基本能力，實習教師具備訓練純熟的技能，其在教學實習中試教就能得心應手且應付自如，即可培育出勝任教學工作的教師（林生傳，1990；陳惠君，2003；鍾瓊如，1999）。Ryan（1980）的研究指出，實習教師工作困擾的原因是過去專業訓練未能配合當前工作上的需要及特定工作方面的訓練不足，而無法有效進行教學工作。

（2）現實震撼理論

Weinstein（1988）提出「現實震撼」（reality shock）來描述實習教師的經歷。實習教師在學校養成教育階段時認為教師教學工作是一件輕而易舉且胸有成竹，自認可應付得來的小事，但獨當一面成為一名真正的教師時，進入實際的教學現場時，對於學生、家長、同事及行政人員的關係與當時當實習教師關心的重點，卻發現截然不同於自己原先的預期想像而感到錯愕不已（林生傳，1990；鍾瓊如，1999）。例如 Hoy（1968）的研究發現實習教師在任教一年後，其管教學生的態度是採上向下單向溝通，且不能設身處地去了解學生的行為與需求，更具監管導向。

（3）工作壓力理論

教師工作壓力源於工作壓力的研究，多位學者提出教師工作壓力模式約可分為：House（1974）的傳統工作壓力模式（包含 1.客觀的社會情境導致壓力；2.個人對壓力的知覺；3.個人對壓力的反應；4.較為持久的壓力知覺與反應的症狀；5.個人或情境的制約變項。）、Kyriacou 和 Sutcliffe（1978）提出教師壓力模式（教師工作壓力產生的過程為：1.可能的壓力源；2.經過個人的認知評估；3.成為實際的

壓力源；4.透過適應轉機；5.產生教師壓力的反應；6.長期影響形成慢性壓力症狀）及 Tellenback、Brenner、Lofgren（1983）曾根據 Kyriacou 和 Sutcliffe 教師工作壓力模式修正後提出之模式，此模式的特點在於指出「學校社會特質」對壓力源的影響，如學校所在地區、學校的規模、校長的領導風格、學校的組織氣氛、學校的教師生態等都會造成學校社會特質的差異，因而造成教師工作壓力的來源。

Clement（1999）研究指出實習教師壓力來源排序為：未來工作發展、管理教室產生的緊張情緒、為了因應個人期望或家人關心、實習輔導教授來觀看正式的教學演示、處理學生社會與感情問題、「實習教師」角色定位不明、進行教學、教育制度、未符合實習輔導教師期望、設計教案等；可將其歸類為未來發展、專業知能、其他、角色定位、教育制度五大面向。Munday & Windham（1995）實習教師壓力來源，包含適應學生需求；與學生、父母、督學間關係；設計教案等較屬於專業知能、人際關係兩層面。Shthkuan（2005）說明實習教師的工作壓力源，可分為本身缺乏專業知識、缺乏與同事和幼兒互動的相關經驗（經驗累積不足）、不熟悉學校環境狀況三大部分。游淑燕（1994）認為幼教實習教師的教學困擾，除實際運用技巧、班級經營、專業能力不足外，還會源自實習輔導教師的理念與溝通互動品質；若實習教師自身的角色認同度不足，將無法產生充足自信，來因應由實習過程中所衍生的種種壓力。

（4）教師專業化理論

教師在專業化發展分為三個階段：職前師資培育階段、實習教師階段、合格教師階段，而在實習教師階段則又分為蜜月期、危機期及動盪期等三個時期（王秋絨，1991；饒見維，2003），在不同階段也有不同的發展特性，在「初期教學」時期的實習重點為觀摩實習輔導教師的教學及建立自己的教學模式；在「督導教學」時期的實習重點為培養自己的教學能力；在從「教」到「學」時期的實習重點為了解學生的學習並發展有效的教學模式；在「自主教學」時期的實習重點

為檢視實踐理論與實務，並從學生到教師的角色轉換，學習扮演正式
教師的角色（林一鳳，2002）。因此，此理論模式之實習困擾來自於
無法依循每個時期的需求來獲得自我成長、專業發展、自我角色的概
念，無法調適自我理想與現實衝突、斷層的差異、習得相關角色規範，
甚至會在某一階段或時期發生停滯、走入平淡或厭倦的狀態，因而產
生困擾，無法順利達成教師專業化發展（饒見維，2003）。

3.因應策略的意義與相關理論

因應（coping）是企圖解決痛苦、困難問題，以得到報酬、平靜
及平衡的行為（Weisman,1978）。亦為個體對於要求的適應（Ebersohn
& Eloff,2002）。而因應策略的理論隨著時代與觀點之不同，從早期的
特質論（因應風格或因應方式）演變為情境論（因應資源或因應策略）
的觀點（王蓁蓁，2000），其演變過程由人格特質導向理論、認知評
估理論、互動理論之因應理論，依次說明如後。

（1）人格特質導向理論之因應策略

Pervin（1983）認為將個人人格形成極為複雜，並歸類為先天的
遺傳人格、環境性人格、社會性人格、教育性人格等四種主要的特徵，
亦即由個人的人格特質去面對壓力的挑戰，化解壓力所帶來的衝擊與
不適感，因應影響個體的方式。

（2）認知評估理論之因應策略

Lazarus 與 Folkman（1984）認為因應是當個體面對壓力或情緒
所採取的處理方式，其過程與認知都是評估的動態歷程。個人主觀知
覺及對事件的解釋是一切因應的基礎，個人會依認知評估而採取因應
方式，評估與因應方式進而影響適應結果（劉金松，2001；張木榮，
2004）。其歷程可分為五個步驟，包括「可能發生的壓力事件」、「初
級評估」、「次級評估」、「努力因應」、「適應結果」（Lazarus &
Folkman,1984；劉金松，2001；張碧蘭，2002；呂岳霖，2005）。

（3）互動理論之因應策略

Billings & Moos（1984）提出個體、環境互動壓力因應模式，亦即個體面對生活壓力與其環境、個人系統息息相關，又個人與環境因素影響著個體認知評價與因應反應。如果改變環境及個人系統，將有助於減少個體經驗壓力事件的機率。

國小初任教師遭遇工作壓力或困擾時，主要處理方式為「向其他人請教」（白青平，2000；張碧蘭，2002）。黃德祥（2006）研究認為教師藉由積極意念、正向思考、休閒旅遊、運動睡眠、靜坐放鬆、社會參與、擅用人際網絡、提升專業知能、拓展人際關係、尋找專業協助等方式，皆可幫助自身調節壓力。李新民（2004）研究中發現，幼教師因應策略主要採取社會支持，以私底下所能獲得的實質協助與情緒支持為主，不過新手教師在此資源因應上較資深教師薄弱。

4.幼教學程教育實習實習生的實習困擾與因應策略之相關研究

近十幾年來，有關幼教學程教育實習實習生的實習困擾與因應策略之相關研究不多，如以各教育階段之實習教師本身相關問題的文獻探討及研究就有不少，惟幼稚教育階段之師資培育較其他教育階段不同，其所造成的實習困擾與對應的因應策略亦有所差異。研究者針對近十年來有關幼稚教育實習困擾與因應策略的相關研究彙整成表 1 所示。

表 1　幼教實習教師的實習困擾與因應策略相關研究彙整表

研究者	研究主題	研究方法	研究對象	研究結果
蔡宜綾（2007）	新制半年幼稚園實習教師實習困擾與因應策略之研究	質性研究（透過觀察、訪談、文件蒐集與研究者的札記等方式來	三位新制幼稚園實習老師	1. 新制與舊制之幼稚園實習老師的實習工作內容差異不大；三位新制幼稚園實習老師間的實習工作內容差異相當大。 2. 新制與舊制之幼稚園實習老師的實習困擾差異不大，共同遭遇的問題是教學知能不足。

		蒐集資料）		3. 新制上學期與下學期幼稚園實習老師的實習困擾的差異不大，影響實習困擾的原因為實習老師的人格特質、師資培育過程、實習目標及輔導老師的輔導方式有關，但選擇上學期或下學期實習與實習困擾並無太大的關係。 4. 新制幼稚園實習老師遭遇實習困擾所採取的因應策略，與舊制幼稚園實習老師相比較發現其中的差異不大，都是採取尋求支持、設法改變、自我調適三種策略。
林良芝（2007）	幼稚園實習教師工作壓力與因應方式調查研究——以中南部地區為例	量化研究輔以五位幼稚園實習教師的訪談	中南部地區五所大專院校的九十六年幼稚園實習教師為研究對象（國立嘉義大學、稻江科技暨管理學院、台南大學、致遠管理學院、屏東教育大學）	1. 幼稚園實習教師「偶爾」感受工作壓力，其中以「個人未來發展」為最。 2. 幼稚園實習教師最常使用「問題解決」因應工作壓力。 3. 幼稚園實習教師個人變項中，未來生涯規劃、參與教育實習意願影響工作壓力的感受差異。 4. 不同幼稚園背景中，所在班級幼兒數、實習幼稚園類別、同幼稚園實習教師人數影響幼稚園實習教師工作壓力的感受差異。 5. 不同幼稚園行政措施中，實習輔導教師的產生方式、實習幼稚園有無成立實習輔導小組、實習幼稚園對於實習分數評量影響幼稚園實習教師工作壓力的感受差異。 6. 幼稚園實習教師個人變項中，未來生涯規劃在因應方式選擇上存有顯著差異。 7. 不同幼稚園背景中，實習所在班級幼兒數、實習幼稚園類別影響幼稚園實習教師在因應方式選擇上存有顯著差異。 8. 不同幼稚園行政措施中，實習幼稚

				園有無成立實習輔導小組影響幼稚園實習教師在因應方式選擇上存有顯著差異。 9. 不同工作壓力的幼稚園實習教師因應方式多半呈現負相關。
鄭采惠 （2006）	新制實習制度下幼稚園實習教師實習現況及困擾之個案研究	質化研究的非參與觀察法、訪談法和文件分析法	以一位幼稚園實習教師為研究個案	1. 實習教師的實習現況方面：經較多的教學試教的磨練，部分教學技巧與能力獲得改進，但由於著重於本身音樂專長，造成缺乏在六大領域有均衡的教學磨練機會，未能在職前訓練中發揮所學、益其幼教專業知能。 2. 面臨的實習困擾方面：人際關係（與實習輔導教師的溝通與互動）、教學各項技巧、學生行為輔導、個人發展（準備考試的壓力、生活經濟與心理）、實習學校（行政實習未妥善規劃）、師資培育機構（未給予適當輔導與協助）。 3. 遭遇的實習困擾可能因素方面：實習教師本身（專業幼教知能養成與訓練不足）、實習輔導教師輔導方面（輔導知能與策略運用不當）、實習學校方面（不了解新制實習制度的要求）、師資培育大學方面（輔導配套措施流於形式化）。 4. 新制半年與舊制一年實習制度下的實習教師所遭遇到實習困擾並無太大的差異，可能原因為單只有法令上將實習時間縮短為半年，但相關輔導配套措施並未落實及改善所致。
林一鳳 （2002）	幼稚園實習教師教學困擾及其因應之個案研究	質性取向（透過實地的觀察和訪談、文件分析等研究方法）	一位幼教系畢業之實習教師	1. 實習教師在教學實習其間主要遭遇十項困擾：教學主題的決定；主題網的撰寫、實施；教學活動的實施；與幼兒互動；課室管理；親師互動；教學主題的結束時間；主題受到外界事件的影響時如何處理；該用何種方式結束主題；如何呈現幼兒的

				學習成果。 2. 實習教師因應困擾的方式主要有七：透過幼稚園實習輔導教師的協助或進行教學討論；觀摩實習教師與同儕的教學；對實習輔導教師提出自己的需求；嘗試不同的教學方式；運用外界事件的影響，回顧並結束教學主題；自己尋求其他資源；透過教學日誌、試教後教案檢討的撰寫、研習活動、與家長互動來省思自己的教學。
鄭立俐 (1998)	幼稚園實習教師集中實習困擾問題及調適方法之研究——一位大四實習教師的經驗	質的研究法，以觀察、訪談及文件蒐集的方式收集資料	一位師院八六級幼教系學生	1. 實習教師的困擾問題歸納為五點：（1）人際關係的問題。（2）角色定位的問題。（3）專業知能不足的問題。（4）實習幼稚園限制的問題。（5）師院集中實習制度的問題。 2. 面臨以上的困擾問題，實習教師採取了不同的調適方法，可歸納為四點：（1）自我心理建設與反省。（2）與現實妥協，安於現狀。（3）嘗試改變。（4）尋求協助與支援。

資料來源：研究者彙整

綜上所述，幼教學程實習生之實習困擾包含：

(1) 人際關係的問題：與實習輔導教師的溝通與互動。

(2) 角色定位的問題。

(3) 專業知能不足的問題：教學各項技巧、教學主題的決定、主題網的撰寫、實施、教學活動的實施、與幼兒互動、課室管理、親師互動、教學主題的結束時間、主題受到外界事件的影響時如何處理、該用何種方式結束主題、如何呈現幼兒的學習成果、以及學生行為輔導等。

(4) 實習幼稚園限制的問題：實習幼稚園行政實習未妥善規劃。

(5) 師培機構實習制度的問題：未給予適當輔導與協助。

(6) 個人發展：準備考試的壓力、生活經濟與心理。

至於幼教學程實習生對於實習困擾所採取的因應策略則包含有：

(1) 自我心理建設與反省：運用外界事件的影響，回顧並結束教學主題。

(2) 與現實妥協，安於現狀。

(3) 嘗試改變：嘗試不同的教學方式。

(4) 尋求協助與支援：透過幼稚園實習輔導教師的協助或進行教學討論；觀摩實習輔導教師與同儕的教學；對實習輔導教師提出自己的需求；自己尋求其他資源；透過教學日誌、試教後教案檢討的撰寫、研習活動、與家長互動來省思自己的教學。

二、研究方法

（一）研究架構

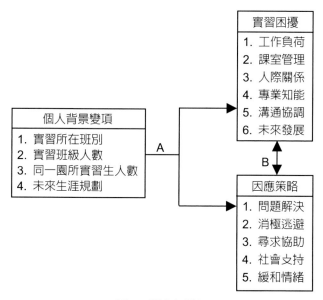

圖 1　研究架構圖

1.研究路徑

(1) 分析不同背景變項的幼教學程教育實習實習生，在實習困擾 與因應策略變項各層面的差異情形，以圖 1 中之 A 來表示。

(2) 探討幼教學程教育實習實習生在實習困擾與因應策略的相關 情形，以圖 1 中之 B 來表示。

2.研究變項

本研究架構的自變項為個人背景變項，依變項為現況困擾變項及 因應策略變項。為明確界定本研究變項，茲依序概述如下：

(1) 個人背景變項包括：實習所在班別（大班／5～6 歲、中 班／4～5 歲、混齡班）、實習班級人數（16～20 人、21 ～25 人、25 人以上）、同一園所實習生人數（只有我自己 1 個人、2～3 人、4 人以上）、未來生涯規劃（就業：幼 教相關產業、其他：升學或就業）。

(2) 實習困擾變項的內涵分為「工作負荷」、「課室管理」、「人際 關係」、「專業知能」、「溝通協調」、「未來發展」六個層面， 工作負荷為實習生的工作量較大須於額外的時間處理實習 應有的工作。課室管理為實習生對班級秩序與突發事件的處 理無法掌控。人際關係為實習生與實習輔導人員、同事、幼 童、幼童家長及同儕之間的人際相處互動所產生的困擾。專 業知能為實習生對教學行為的成熟度，表示難以將所學的理 論與實際教學相配合。溝通協調為實習生具備的溝通協調能 力，不能與他人進行良好的溝通以獲得理想的實習經驗。未 來發展為實習生對幼教工作具備信心與興趣，充滿光明的工 作前途。

(3) 因應策略變項的內涵分為「問題解決」、「消極逃避」、「尋求 協助」、「社會支持」、「緩和情緒」五個層面，即問題解決為 實習生以冷靜客觀的態度來思考不同角度的問題來源並立即

採取行動、解決問題。消極逃避為實習生以封閉、退縮、幻想等方式自我批判與自責，造成自我身體不適的負荷。尋求協助為實習生會向幼童家長、師長、專家等尋求協助與建議。社會支持為實習生會藉由親友的情緒支持紓解工作壓力。緩和情緒為實習生會利用娛樂生活、休閒活動等轉移注意力及目標來做好情緒管理。

（二）研究對象

本研究對象係指依據「高級中等以下學校及幼稚園教師資格檢定及教育實習辦法」規定，修滿師資職前教育課程者，取得實習教師資格（第八條），並依規定參加教育實習（第九條），亦即指已修畢幼稚教育學程 26 學分後，經師資培育中心安排到公私立幼稚園所內參與半年職前現場實習之實習學生，簡稱幼教學程實習生。即為 99 學年度上學期參與為期半年職前教育現場實習之幼教學程實習生。惟因輔英科技大學師資培育中心每年僅招生一班，故以 98 學年度上學期參與現場實習之幼教學程實習生 28 名為預試對象，以建立本研究問卷之信效度。本研究依循以下步驟進行施測：

1. 決定樣本大小：Sudmam 認為以人為對象的調查研究，若是地區性研究，預試人數為問卷題數最多分量表之 3-5 倍（吳明隆、涂金堂，2006）。研究者據此原則並考慮正式樣本與預試樣本不重複，決定採以方便取樣方式抽取輔英科技大學師資培育中心 98 學年度上學期參與現場實習之幼教學程實習生 28 名為預試對象母群體，於剔除漏答之無效問卷後，可用問卷共計 28 份，問卷回收可用率 100%。

2. 正式樣本：本研究係以輔英科技大學師資培育中心 99 學年度上學期參與現場實習之幼教學程實習生 24 名為研究對象母群體，共 24 人進行普查。正式問卷施測時間為 99 年 10 月 26 日，共回收 24 份，有效問卷 24 份，有效問卷率為 100%，有效樣本之特性分布情形如表 2 所示。

表 2　有效樣本背景資料分布情形（N＝24）

變項	類別	次數	百分比	累積百分比
實習所在班別	a.大班	10	41.7	41.7
	b.中班	4	16.7	58.3
	c.混齡班	10	41.7	100.0
實習班級人數	a.16～20 人	2	8.3	8.3
	b.21～25 人	14	58.3	66.7
	c.25 人以上	8	33.3	100.0
同一園所實習生人數	a.自己 1 個人	2	8.3	8.3
	b.2～3 人	20	83.3	91.7
	c.4 人以上	2	8.3	100.0
未來生涯規劃	a 就業	18	75.0	75.0
	b.其他	6	25.0	100.0

資料來源：研究者編製

（三）研究工具

1.問卷

　　本研究工具係為研究者自編「幼教學程教育實習實習生實習困擾調查問卷」，經研究者藉由文獻探討及依據其相關理論、實習實務研究及諸多學者之相關研究和問卷、並請專家學者提供意見而修訂，確定本研究之調查預試問卷，之後實施預試、整理問卷與編號、項目分析、信度分析進而編製成正式問卷。在填答及計分方式採 Likert 式五點量表，將每個題項分成五種程度，從「極不符合」到「極為符合」，分數由 1 分到 5 分，以評定受試者對各題項描述情形的真實感受或知覺程度，得分越高，表示真實感受或知覺程度越高（越明顯）；反之則越低（越薄弱）。

　　Comrey（1973）建議樣本數在 200 以下不宜進行因素分析，因此，本研究預試問卷初稿編製完成 67 題（其中現況困擾計 34 題、因應策略計 33 題）後，經專家學者提供意見建構量表效度而修訂進行

刪題 6 題後為預試問卷（計 60 題）。預試問卷施測時間為 99 年 1 月 18 日當日，共發出 28 份，有效問卷為 28 份。回收後採用項目分析及信度分析考驗問卷，再編製成正式問卷，問卷包含實習困擾計 29 題、因應策略計 29 題（詳見表 3 所示）。

2.信度分析

本研究工具的信度採以 Cronbach α 係數來檢驗問卷題項的一致性、可靠性或穩定性。依據邱浩政（2005）引述 Cuieford（1965）的觀點，問卷的 Cronbach α 係數若小於.35 乃為低信度，即為不良題，而問卷的 Cronbach α 係數若介於.35 與.70 之間為尚可，若問卷的 Cronbach α 係數若大於.70 則為高信度。

因此本研究預試結果顯示：各分量表 α 係數介於.69-.97（詳見表 3 所示），總量表 α 係數為.92，是為高信度。因此本研究所發展的量表整體具備良好的信度。

表 3 「幼教學程教育實習實習生實習困擾調查問卷」
預試問卷信度分析摘要表（N=28）

量表	向度	題項	低分組平均數 高分組平均數	低分組標準差 高分組標準差	與總分相關	刪題後 α 係數	α 值	總 α 值
困擾現況	工作負荷	1. 我的實習工作過多，影響實習品質。	1.67 / 2.25	.48 / 1.65	.07	.92	.92	.91
		2. 我的實習工作繁複，以致於時間不敷使用。	2.00 / 2.50	.82 / 1.51	-.06	.92		
		3. 我會被臨時委派做非自願性的實習工作。	2.33 / 2.50	.95 / .87	-.29	.92		
		4. 我常利用午休或下班時間留下來處理實習工作。	1.33 / 3.50	.48 / 1.13	.39	.91		

類別	題目					
課室管理	25. 我對無法掌控班級秩序會感到挫折。	2.00	.82	.30	.91	.91
		2.25	.44			
	26. 我對處理幼兒突發的問題行為常感束手無策。	1.67	.48	.25	.91	
		2.00	.71			
	28. 我覺得實習教師的工作職責劃分不清。	1.00	.00	.21	.91	
		1.25	.44			
專業知能	17. 我能專業自主進行教學，不會被干擾。	2.00	.82	.87	.90	.96
		5.00	.00			
	18. 我可以將所學的教學理論與實際教學相互配合。	2.00	.82	.78	.91	
		4.25	.44			
	19. 幼兒的學習意願能適當反應在我的教學。	2.67	1.26	.90	.90	
		4.75	.44			
	20. 我的能力充足，可以勝任教學工作。	2.33	.95	.82	.91	
		4.50	.50			
	21. 我設計的課程可以符合幼兒的學習需求。	2.67	1.26	.84	.91	
		4.25	.44			
	22. 在實習過程中我能適當發揮自己的能力。	2.67	1.26	.91	.90	
		4.75	.44			
	23. 我能針對幼兒發展使用適當的教學法。	2.67	1.26	.89	.91	
		4.75	.44			
人際關係	9. 我的溝通能力佳。	2.33	.95	.70	.91	.92
		4.75	.44			
	13. 我和家長之間的互動良好。	3.33	1.71	.71	.91	
		5.00	.00			
	14. 在實習園所，我受到大家歡迎與認同。	3.00	1.65	.76	.91	
		4.50	.87			
	16. 我可以與幼兒建立良好關係。	3.33	1.71	.93	.90	
		5.00	.00			
溝通協調	7. 我與幼稚園行政人員（如園長、主任）溝通沒有困難。	2.33	1.9	.42	.91	.91
		3.50	1.51			
	8. 我與與同時期實習教師或實習輔導教師，會相互合作、鼓勵。	3.67	1.26	.52	.91	
		4.25	1.31			

		題項						
		10.我的信念和管教方式與帶班教師的相同。	2.67	1.26	.71	.91		
			4.00	.71				
		11.我與輔導教師之間溝通良好。	2.67	1.26	.50	.91		
			4.00	1.74				
		15.我獲得理想的實習經驗。	3.00	1.65	.80	.91		
			4.50	.87				
		30.我覺得自己身份很尷尬,影響事情的溝通。	1.00	.00	.34	.91		
			2.25	1.65				
		33.我會擔心溝通不良影響實習成績。	1.67	.48	-.33	.92		
			1.50	.87				
未來發展		6. 實習期間,我需額外花費時間去讀書、準備考試。	1.33	.48	.28	.91	.92	
			2.25	.83				
		31.我覺得幼教工作前途光明,富有發展性。	3.00	.82	.15	.92		
			4.00	1.23				
		32.實習經驗讓我更加肯定未來想在幼教服務。	3.33	.48	.12	.92		
			4.00	1.74				
		34.我會擔心未來能否能通過教師檢定,拿到正式教師證。	2.67	1.26	.01	.92		
			3.25	1.10				

表 4　「幼教學程教育實習實習生實習困擾調查問卷」
預試問卷信度分析摘要表(續)(N=28)

量表	向度	題項	低分組平均數 高分組平均數	低分組標準差 高分組標準差	與總分相關	刪題後 α 係數	α 值	總 α 值
因應策略	問題解決	2. 我會預防問題發生,試著改變環境因素。	3.67	.48	.20	.93	.94	.92
			4.50	.50				
		3. 我會仔細地檢視遭遇問題的情況,立即採取行動。	3.33	.48	.42	.92		
			4.50	.50				
		5. 我會冷靜客觀地從不同的角度思考遭遇的問題。	3.33	.48	.70	.92		
			4.50	.50				

	6. 我會查詢有關的資訊來應付各種問題。	3.33	.48	.51	.92	
		4.50	.50			
	7. 我會用自己以前類似的經驗來解決問題。	3.33	.48	.73	.92	
		4.75	.44			
	8. 我會逐步處理遭遇的問題,努力把大事化小,小事化無。	3.33	.48	.80	.92	
		4.75	.44			
	10. 我會請教有相同經驗的朋友或團體。	3.67	.95	.66	.92	
		5.00	.00			
消極逃避	27. 我覺得壓力很大造成身體不適,會找醫生治療。	1.33	.48	.49	.92	.97
		2.25	1.65			
	28. 我會退縮、封閉自己。	1.67	.48	.60	.92	
		2.50	1.51			
	29. 我會幻想或做白日夢。	1.33	.48	.49	.92	
		2.25	1.65			
	30. 我會認為自己無能或無用。	1.33	.48	.39	.92	
		2.25	1.65			
	31. 我會感到驚慌失措。	2.33	.48	.19	.93	
		2.25	1.65			
	32. 我會自責、自我批判、無法原諒自己。	1.67	.48	.44	.92	
		2.50	1.67			
	33. 我會服用藥物,使自己覺得舒服些。	1.00	.00	.74	.92	
		2.00	1.74			
尋求協助	1. 我會擬定並確實執行實習工作計畫。	4.00	.00	.43	.92	.92
		4.50	.87			
	14. 我會尋求家長協助處理幼兒的問題。	3.00	.82	.54	.92	
		4.50	.87			
	15. 我會尋求教育專家學者建議解決問題。	3.00	.82	.68	.92	
		4.50	.87			
	16. 我會尋求園內行政人員的協助與建議解決問題。	3.67	.48	.35	.93	
		3.50	1.13			
	17. 我會尋求實習輔導教師的協助與建議解決問題。	4.00	.82	.37	.93	
		4.75	.44			

社會支持	18.我會尋求校外的諮商輔導員或社工人員的協助處理幼兒的特殊問題。	1.67	.48	.67	.92		
		4.00	1.23				
	11.我會從親友處得到情緒上的支持。	3.67	.48	.43	.92	.92	
		5.00	.00				
	12.我會與親友討論實習的工作內容紓解壓力。	3.00	.82	.43	.92		
		5.00	.00				
	13.我會主動尋求諮商輔導紓解工作內容的壓力。	3.33	.48	.56	.92		
		5.00	.00				
緩和情緒	19.我會暫時休息一下或去散散心來調整情問題。	3.00	.82	.60	.92	.92	
		4.25	.83				
	20.我會利用時間從事休閒活動、興趣或嗜好來調適壓力。	3.33	.48	.67	.92		
		4.75	.44				
	21.我會利用運動來調適實習的緊張壓力。	2.67	.95	.68	.92		
		4.00	1.23				
	22.我會利用聽音樂、看電影或閱讀來調適壓力、情緒。	3.33	.48	.65	.92		
		4.50	.50				
	23.我會盡量往好處看，避免在問題上打轉。	2.33	1.26	.63	.92		
		4.25	.44				
	24.我面對工作挑戰，會做好個人的情緒管理。	3.33	.48	.78	.92		
		4.50	.50				

資料來源：研究者彙整

（四）資料處理

　　基於前述之研究假設，本研究資料統計採用社會科學統計套裝軟體 SPSS 14.0 版進行資料處理與分析，應用描述性統計、獨立樣本 t 檢定、單因子變異數分析、皮爾遜積差相關等統計方法，各項統計分析均以犯第一類型錯誤率（type I error rate）定為 $\alpha = .05$ 進行顯著性考驗。

三、研究結果

首先以描述性統計分析實習困擾現況;次就不同背景變項進行差異分析;最後,進行 Pearson 積差相關以探究變項間的相關情形。茲將研究結果依序說明於後:

(一)幼教學程教育實習實習生實習困擾與因應策略的情形

由表 4 得知,幼教學程教育實習實習生其實習困擾的整體現況得分平均數為 3.20 分係屬中等程度,其中以「專業知能」困擾的程度較高,為中高程度。而其因應策略的整體現況得分平均數為 3.53 分,屬中高程度,其中以「社會支持」的因應策略得分較高,為中高程度。顯示幼教學程教育實習實習生目前在實習困擾與因應策略整體層面的表現情形尚屬良好情況。

表 5 幼教學程教育實習實習生實習困擾與因應策略
之摘要表(N=24)

量表	層面	每題平均得分	標準差	題數	等級
實習困擾	工作負荷	2.21	.88	4	中低
	課室管理	3.18	.72	3	中等
	專業知能	3.94	1.12	7	中高
	人際關係	3.81	1.07	4	中高
	溝通協調	2.92	.65	7	中等
	未來發展	2.14	.88	4	中低
	實習困擾整體現況	3.20	.63	29	中等
因應策略	問題解決	4.18	.63	7	中高
	消極逃避	1.94	1.05	7	中低
	尋求協助	3.57	.81	6	中高
	社會支持	4.19	.90	3	中高
	緩和情緒	3.75	1.04	6	中高
	因應策略整體現況	3.53	.41	29	中高

（二）不同背景變項的幼教學程教育實習實習生在實習困擾
　　與因應策略的差異情形

　　由表 5 得知，不同實習所在、班別的幼教學程教育實習實習生在「實習困擾」整體層面與「工作負荷」、「課室管理」、「專業知能」、「人際關係」、「溝通協調」各層面及「因應策略」整體層面與「社會支持」、「緩和情緒」層面上達顯著差異，經事後比較發現，在大班實習者的實習困擾程度高於在中班實習者。

　　不同實習班級人數其在「實習困擾」的整體層面與「專業知能」、「人際關係」、「溝通協調」、「未來發展」各層面及「因應策略」之「緩和情緒」層面上達到顯著差異，經事後比較發現，前述四個層面中，實習班級人數 16～20 人者的困擾程度高於 21-25 人者。

　　而不同之同一園所實習生人數的幼教學程教育實習實習生在「實習困擾」整體層面及其「課室管理」、「專業知能」、「人際關係」等層面上達到顯著差異，經事後比較發現，同一園所實習生人數只有自己 1 個人者困擾程度高於 4 人以上者。又其在「因應策略」整體層面及「尋求協助」、「社會支持」各層面上均達顯著差異，經事後比較發現，前述三項均顯示同一園所實習生人數只有自己 1 個人者因應策略程度高於 4 人以上者。在「消極逃避」層面上，同一園所實習生人數在 2～3 人者高於同屬一園所自己 1 個人及 4 人以上者。

　　不同未來生涯規劃的幼教學程教育實習實習生在其「實習困擾」與「因應策略」整體層面與各層面上均達顯著差異，且其他高於就業。

表 6　不同背景變項的幼教學程實習實習生其實習困擾
　　　　與因應策略各層面差異分析摘要表（N=24）

量表	分層面	實習班別 a.大班 b.中班 c.混齡班 單因子變異數分析 F 值	實習班級人數 a.16～20 人 b.21～25 人 c.25 人以上 單因子變異數分析 F 值	同一園所實習生人數 a.自己 1 個人 b.2～3 人 c.4 人以上 單因子變異數分析 F 值	未來生涯規劃 a 就業 b.其他 獨立樣本 T 檢定
實習困擾	工作負荷	4.42* a＞b	.55	1.31	-9.60*** b＞a
	課室管理	89.50*** a＞b、c	283.42*** c＞b、a	50.02*** a＞b＞c	-4.46*** b＞a
	專業知能	35.04*** c＞b、a＞b	5.13** a＞b	8.99*** c＞b、a＞b	-3.77*** b＞a
	人際關係	33.05*** c＞b、a＞b	12.44*** a＞b、c	15.82*** c＞b、a＞b	-.51
	溝通協調	27.41*** c＞b、a＞b	14.41*** c＞b、a＞b	6.67* c＞b、a	-.76
	未來發展	36.87*** b、a＞c	21.83*** a＞b、c	26.03*** c＞b、c＞a	-4.86*** b＞a
	實習困擾整體現況	34.50*** a、b＞c	13.99*** a＞c＞b	13.56*** c＞b、a＞b	-4.52*** b＞a
因應策略	問題解決	41.60*** b＞c＞a	2.07	.08	-3.73*** b＞a
	消極逃避	99.82*** b＞a＞c	4.59* b、c＞a	13.17*** b＞a、c	.72
	尋求協助	118.60*** b＞c＞a	10.80*** b＞c	7.16** a＞b、c	6.26*** a＞b
	社會支持	6.67** a＞b	21.51*** c＞b＞a	14.10*** a＞b、c	-6.42*** b＞a
	緩和情緒	30.79*** c＞a＞b	3.66* a＞b、c	6.16** c＞b	-2.72** b＞a
	因應策略整體現況	18.18*** b＞c＞a	4.33* b＞a	4.95** a＞c、b＞c	-2.45* b＞a

*p<.05; **p<.01; ***p<.001

（三）幼教學程教育實習實習生的實習困擾與因應策略的相關情形

由表 6 得知，幼教學程教育實習實習生的「實習困擾」與「因應策略」的整體層面及各層面的相關情形僅部份達顯著水準，相關係數介於.13 至.99 之間，具有不同程度相關。

幼教學程教育實習實習生的「實習困擾」與「因應策略」整體之間沒有顯著相關。而幼教學程教育實習實習生「因應策略」的「尋求協助」層面與「實習困擾」的整體層面及其各層面之間達到顯著負相關。亦即幼教學程教育實習實習生採用「尋求協助」的因應策略愈多，則其實習困擾愈少。又「因應策略」的「緩和情緒」層面與「實習困擾」的整體層面及其「專業知能」、「人際關係」、「溝通協調」等層面之間達到顯著正相關，相反的「消極逃避」則與前述層面之間達顯著的負相關。

表 7　實習困擾與因應策略之相關分析摘要表（N=24）

分量表名稱／相關係數 r 值	問題解決	消極逃避	尋求協助	社會支持	緩和情緒	因應策略整體現況
工作負荷	.04	.14*	-.36***	.09	.08	.02
課室管理	-.31***	-.15*	-.54***	.21**	.11	-.24***
專業知能	.31***	-.86***	-.23***	-.06	.99***	.04
人際關係	.10	-.93***	-.20**	-.34***	.93***	-.20**
溝通協調	.16*	-.83***	-.21**	-.06	.83***	-.07
未來發展	.13*	.08	-.48***	-.22**	.09	-.16*
實習困擾整體現況	.21**	-.85***	-.38***	-.11	.95***	-.09

*p<.05; **p<.01; ***p<.001

四、討論

（一）結論

研究者根據研究動機與目的，與文獻探究後，再經資料統計分析後得到研究結果。以下將根據研究發現，歸納出本研究結論如下：

1. 幼教學程教育實習實習生實習困擾整體表現屬中等程度，其中以「專業知能」困擾的程度較高，以「未來發展」困擾較低

根據研究結果顯示，幼教學程教育實習實習生覺知實習困擾整體表現屬中等程度，亦即對其「專業知能」、「人際關係」有中高程度的實習困擾、「課室管理」及「溝通協調」等具有中等程度的實習困擾。此與鄭立俐（1998）、鄭采惠（2006）、林良芝（2007）、蔡宜綾（2008）的研究結果部分相似。

2. 幼教學程教育實習實習生因應策略的整體現況屬中高程度，其中以「社會支持」的因應策略得分較高，以「消極逃避」策略較低

根據研究結果顯示，幼教學程教育實習實習生因應實習困擾的策略整體情況屬中高程度，其中以「社會支持」的因應策略得分較高，亦即幼教學程教育實習實習生多採以尋求「社會支持」的因應策略。此與鄭立俐（1998）、鄭采惠（2006）、林良芝（2007）、蔡宜綾（2008）的研究結果部分相似。

3. 在大班實習、幼生數 16～20 人、同一實習園所 4 人以上、其他的生涯規劃的幼教學程教育實習實習生之整體實習困擾較高

研究結果發現，幼教學程教育實習實習生在不同實習班級、不同的幼生數、及同一園所之不同的實習生人數、不同的未來生涯規劃時，對其實習困擾有顯著差異。此與鄭立俐（1998）、鄭采惠（2006）、林良芝（2007）、蔡宜綾（2008）的研究結果部分相似。

4. 在中班實習、幼生數 21～25 人、同一實習園所 3 人以下、有其他的生涯規劃的幼教學程教育實習實習生之整體因應策略能力較高

研究結果發現，幼教學程教育實習實習生在不同實習班級、不同的幼生數、及同一園所之不同的實習生人數、不同的未來生涯規

劃，對其因應策略有顯著差異。此與林良芝（2007）、蔡宜綾（2008）的研究結果部分相同。

5. 幼教學程教育實習實習生採以「尋求協助」的因應策略愈高，則其實習困擾愈低

由積差相關分析得知，實習困擾各層面及整體層面與因應策略的「尋求協助」層面及整體層面，具有顯著負相關。亦即幼教學程教育實習實習生採用「尋求協助」的因應困擾策略愈多，則其實習困擾愈少。又實習生採以「緩和情緒」的因應策略與實習困擾的整體層面及其「專業知能」、「人際關係」、「溝通協調」等層面之間達到顯著正相關，顯示採以「緩和情緒」的因應策略在「專業知能」、「人際關係」、「溝通協調」上具有較高的實習困擾，相反的採以「消極逃避」的因應策略則在「專業知能」、「人際關係」、「溝通協調」上的實習困擾較低。此與白青平（2000）、張碧蘭（2002）、鄭立俐（1998）、蔡宜綾（2008）的研究結果部分相同。

（二）建議

基於本研究的目的與前述結論，爰向教育行政機關或師資培育機構、實習指導教師、實習輔導教師、教育實習實習生及未來研究提出四點具體建議：

1. 加強專業知能的教學，落實教育實習制度

由本研究結果得知，幼教學程教育實習實習生實習困擾整體表現屬中等程度，以「專業知能」困擾的程度較高，而以「未來發展」困擾較低。顯見實際教學上實習生亟需具備及運用專業知能包含教學理論與實際教學、課程設計、適當的教學法等，然而於實際教學現場，實習生難再有多餘其他時間與心思來考慮教學理論的運用。因此建議師資培育機構宜訂定幼教專業知能指標，落實幼教實習考核制度，以為檢核幼教師資生專業知能之依據。

2.適時關懷與鼓勵，並建構教育實習輔導機制

　　由本研究結果二得知幼教學程教育實習實習生因應策略的整體現況屬中高程度，其中以「社會支持」的因應策略得分較高，以「消極逃避」策略較低。由此可知，實習生年齡較小缺少教學、工作等經驗，因此多與親友討論及獲得情緒上的支持與慰藉來紓解工作壓力。為此建議主管機關教育局、學校行政主管多應適時給予幼教學程教育實習實習生關懷與鼓勵，並建構輔導機制以利適時提供實習生紓解壓力的機會，藉以提高實習生留任幼教的意願。

3.慎選實習合作校園，減低實習困擾

　　由本研究結果三得知在大班實習、幼生數 16～20 人、同一實習園所 4 人以上、其他的生涯規劃的幼教學程教育實習實習生之整體實習困擾較高。因此建議幼教師培中心在規劃合作實習學校時，宜多找尋中班幼童數 21～25 人、同一園所實習生人數 2～3 人且具相同的生涯規劃等情形，其實習困擾會較少，亦使實習指導教師易落實輔導機制，同儕間亦可互相協助與支持，以達實習成效。

4.發展實習困擾因應策略，提高問題解決能力

　　由本研究結果四得知在中班實習、幼生數 21～25 人、同一實習園所 3 人以下、有其他的生涯規劃的幼教學程教育實習實習生之整體因應策略能力較高。因此建議主管機關及幼教師培中心能建構實習困擾的因應策略使遭逢實習困擾之實習生能藉由同一園所實習之彼此互動／激勵、互助扶持，以協助實習生對幼教現場實習困擾的因應。

參考文獻

一、中文部分

王素芸、賴光真（2004）。教育實習的概念分析——論我國教育實習制度及其改革。《國立編譯館館刊》，1，48-59。

王秋絨（1991）。《教師專業社會化理論在教育實習設計上的蘊義》。台北：師大書苑。

王蓁蓁（2000）。《台北縣國中生之壓力源、因應方式與生活適應之相關研究》。未出版之碩士論文，國立台灣師範大學教育研究所，臺北市。

林一鳳（2002）。《幼稚園實習教師教學困擾及其因應之個案研究》。未出版之碩士論文，國立台北師範學院課程與教學研究所，臺北市。

林生傳（1990）。《實習教師困擾與輔導之研究》。行政院國科會專題研究計畫。計畫編號：NCS 79-0301-017-02。

林生傳（1990）。實習困擾的分析與化解之道。載於中華民國師範教育學會主編：師範教育政策與問題，頁169-184。台北：師大書苑。

林生傳（1993）。實習教師的困擾問題與輔導之研究。《國立高雄師範大學教育學刊》，10，31-103。

林良芝（2007）。《幼稚園實習教師工作壓力與因應方式調查研究——以中南部地區為例》。未出版之碩士論文，國立高雄師範大學工業科技教育學系碩士論文，高雄市。

白青平（2000）。《台北縣市國民小學初任教師工作困擾與解決途徑之研究。未出版之碩士論文，國立台北師範學院，臺北市。

江麗莉、丁雪茵（1999）。幼稚園實習教師教育實習規劃與實施。《教育實習的典範與實踐學術研討會論文集》，101-122。臺北：國立台灣師範人學。

呂岳霖（2005）。《國立台中師範學院學生生活壓力與因應策略之研究》。未出版之碩士論文，國立台中師範學院。臺中市。

吳明隆、涂金堂（2006）。《SPSS與統計應用分析》。臺北：五南。

李新民（2004）。幼兒教師工作壓力、社會支持與身心健康之相關研究。樹德科技大學學報》，6，47-48。

邱浩政（2005）。《量化研究與統計分析（2版）》。臺北：五南。

徐秋榮（2006）。《中學實習教師人格特質、工作壓力對因應策略關聯性之研究——以台北市為例》。未出版之碩士論文，私立銘傳大學，臺北市。

陳玉君、呂美霓（2002）。教師檢定制度核心概念之探討－專訪鄭英耀院長。《教育研究月刊》，103，24-30。

陳金山、陳雅新、黃美菁（2002）。教師檢定制度之探討－專訪周愚文主任。《教育研究月刊》，103，19-23。

陳美玉（2003a）。教學實習模式中實習教師的角色與任務。載於李咏吟、陳美玉和甄曉蘭合著，《新教學實習手冊》，33-61。臺北：心理。

陳美玉（2003）。從實踐知識論觀點看師資生的專業學習與發展。《教育資料集刊》，28，77-107。

陳惠君（2003）。《高雄縣市國民中學實習教師工作困擾與輔導需求之研究》。未出版之碩士論文，國立高雄師範大學，高雄市。

陳雅美（1999）。幼稚園實習教師人際情境之個案研究。《八十八學年度師範學院教育學術論文發表會論文集》，483-514。

陳淑茹（1999）。《國民小學實習教師輔導制度之研究》。未出版之碩士論文，國立嘉義師範學院。嘉義市。

陳奎憙（1995）。實習輔導教師制度檢討與落實。《教育實習輔導季刊》，1（5），68-72。

蔡玉董（2006）。《國民小學教師工作壓力與因應策略之研究》。未出版之碩士論文，國立台南大學教育經營與管理研究所，臺南市。

蔡宜綾（2007）。《新制半年幼稚園實習教師實習困擾與因應策略之研究》。未出版之碩士論文，國立臺灣師範大學人類發展與家庭學系，臺北市。

許喆函（2009）。《國民小學實習教師工作困擾與因應策略之研究》。未出版之碩士論文，國立嘉義大學國民教育研究所碩士論文，嘉義市。

張木榮（2004）。《國民小學認輔教師輔導困境及因應策略之調查研究》。未出版之碩士論文，臺北市立師範學院國民教育研究所，臺北市。

張碧蘭（2002）。《國小初任教師工作困擾及其因應方式之研究》。未出版之碩士論文，臺中師範學院，臺中市。

黃德祥（2006）。教師情緒智慧能力的涵養與發展。《教育研究月刊》，150，4-13。

郭重吉（1996）。從建構主義談數理師資培育的革新。《科學發展月刊》，24（7），555-562。

盧富美（1992）。師院結業生實習困擾及其相關因素之研究。《嘉義師院學報》，6，222-274。

劉金松（2001）。《高雄市國民中學實習教師工作困擾及其因應策略之研究》。未出版之碩士論文，國立高雄師範大學教育學系碩士論文，高雄市。

楊銀興（1993）。《師範學院結業實習教師工作及生活困擾問題之研究》。行政院國科會專案研究，NSC0103-H-82B-F-322。

楊深坑（1997）。《我國實習制度規畫之研究》。行政院國家科學研究委員會專題研究報告（編號：NSC 87-2413-H-260-003-F9）

楊國賜（2002）。新世紀教育改革的回顧與展望。載於楊國賜主編，《新世紀的教育學概論──科際整合導向》，577-607。臺北：學富。

游自達（1989）。《國民中學實習教師研習活動之現況調查與評估研究》。未出版之碩士論文，國立台灣師範大學教育研究所碩士論文，臺北市。

游淑燕（1994）。幼教實習教師教學困擾的原因及其解決之道。《教師之友》，35（1），45-49。

饒見維（2003）。《教師專業發展：理論與實務》。臺北：五南。

教育部（1999a）。《國民小學暨幼稚園實習指導教師手冊》。臺北：作者。

葉兆祺（2000）。《國民小學實習教師工作壓力與因應方式之研究》。未出版之碩士論文，國立台中師範學院，臺中市。

賴清標（2002）。《教育實習》。臺北：五南。

顏素霞（1993）。結業實習生實習困擾之省思。《國教天地》，98，44-50。

鍾瓊如（1999）。《國民小學實習教師教育實習內容與實習困擾之研究》。未出版之碩士論文，國立台北師範學院，臺北市。

鄭立俐（1998）。幼稚園實習教師集中實習困擾問題及調適方法之研究──一位大四實習教師的經驗》。未出版之碩士論文，國立臺灣師範大學家政教育研究所，臺北市。

鄭采惠（2006）。《新制實習制度下幼稚園實習教師實習現況及困擾之個案研究》。未出版之碩士論文，國立屏東教育大學教育行政研究所，屏東市。

二、英文部分

Adams, R. D.（1982）. Teacher development: A look at change in teacher perceptions and behaviors across time. *Journal of Teacher Education, 33*(4), 40-43.

Applegate, J.（1986）. Undergraduate students' perceptions of field experiences: Toward a framework for study. In J. D. Raths & L. Katz（Ed.）, *Advances. in Teacher Education*（Vol. 2, pp. 21-37）.

Austin, V.（2005）. *Teacher stress and coping strategies used to reduce stress*（ISSN09667903）.（EBSCO Document Reproduction Service）

Billings, A.G., & Moos, R.H.（1984）. Coping Stress, and Social Resources Among Adults with Unipolar Depression. *Journal of Persionality and Social Psychology, 46*（4）, 877-891

Chandler, P., & Sweller, J.（1991）. Cognitive load theory and the format of instruction. *Cognition and Instruction, 8*（4）, 293-332.

Clement, M.（1999）. Reducing the Stress of Student Teaching. *Educational Research, 70*（4）, 20-26.

Comrey,A.L.（1973）.*A first course in factor analysis.* New York： Academic Press.

Collins, M. E., Mowbray, C. T., & Bybee, D.（1999）. Measuring coping strategies in an education intervention for individuals with psychiatric disabilities. *Health & Social Work, 24*（4）, 279-290.

Cuieford, J.（1965）. *Fundamental statistics in psychology and education*, NY: McGraw-Hill.

Elliott,J.（1993）. Three perspectives on coherence and continuity in teacher education. In J. Elliott（ed.）,*Reconstruction teacher education teacher development.* London:The Falmer Press.

Ebersohn, L. & Eloff,I.（2002）. The black,white and gray of rainbow children with HIV/AIDS. *Perspectives in Education,20*（2）,77-86.

Feiman- Nemser, S.（1990）. "Teacher Preparation: Structural and Conceptual Alternatives." *In Handbook of Research on Teacher Education*, edited by W.R. Houston, pp. 213-233. New York: Macmillan,1990.

Hoy, W.（1968）. The influence of experience on the beginning teacher. *School review, 76*, 312-323.

House, （1974）. A Path-Goal Theory of Leader Effectiveness. *Administrative Science Quarterly,Sept, 1971*, 321-338.

Kyiacou, C. & Sutcliffe. （1978）. Teacher stress：Prevalence, sources, and symptoms. *British Journal of Educational Psychology, 48*（6）, 159-167.

Lazarus, R. S. & Folkman, S. （1984）. *Stress, appraisal and coping*. New York: Springer Publish Company.

McDonald, F. J. & Elisa, P.（1983）. *The transition into teaching: The problems of beginning teachers and programs solve them.* （ERIC Document Reproduction Service No. ED 253777）.

Munday, R. & Windham, R. （1995）. Stress management training for preservice secondary teachers. *Journal of Instructional Psychology, 22*（2）, 141-146.

Pervin （1983）. Characteristics of staff burnout in mental health setting. *Hospital & Community Psychiatry, 28*, 233-237.

Ryan,P.M. （1980）.*Teacher candidate knowledge about effictive teaching research*.Unpublished ED.D.Dissertation,Ohio state university.

Shihkuan, H. （2005）. Help-seeking behaviour of student teachers. *Educational Research, 47*（3）, 307-318.

Slee, P. T., Lawson, M. J. & Silins, H. （2000）. Under stress: the concerns and coping strategies of teacher education students. *European Journal of Teacher Education, 23*（1）, pp.19-35.

Tellenback, S. , Brenner, S.D. & Lofgren, H.（1983）. Teacher stress: Exploratory model building. *Journal of Occupational Psychology, 56*, 19-33.

Veenman, S. （1984）. Perceived Problem Beginning Teacher. *Review of Educational Research, 54*（2）: pp143-178.

Weinstein,C.S. （1988）. Preservice teachers'expectations about the first year of teachering.*Teaching & Teacher Education,1*（1）,pp31-40.

Weisman, A. D. （1978）. Stress process among mothers of infants: *Preliminary model testing. Nursing Research, 38*（1）, 10-16.

Zeichner K.M. （1983）. Alternative paradigms of teacher education. *Journal of Teacher Education, 34*（3）,3-9.

學前教師的數學教學知識之探討

張麗芬

國立台南大學幼兒教育系副教授兼主任

前言

　　學前的數學經驗是幼兒將來到小學學習正式數學的基礎（Jordan, Kaplan, Ramineni, & Locuniak, 2009），而且早期成就的影響還會繼續持續，而使得學前到小二期間，兒童的能力差距逐漸擴大（Aunola, Leskinen, & Nurmi, 2006; Bodovski & Farkas, 2007）。鑑於學前幼兒數學學習的這種重要性，許多國家都把數學教育的焦點往下延伸到學前，例如最近美國、澳洲、紐西蘭所推動的數學改革，都不約而同地把焦點往下延伸到學前階段，關心幼兒教育階段的數學教學品質。

　　而教師品質往往是預測學生成就的最有效因素（Da Ponte & Chapman, 2006），但是研究發現，在學前階段的教學品質卻有很大的變異（Copple, 2004），數學教學也不例外。當教師受的訓練不足，他們就會沒信心教數學，或避免教數學（Carpenter, Fennema, Peterson, & Carey, 1988）。研究也發現，學前階段的職前與在職教師普遍認為數學與科學是最困難、也是自己最沒有能力教學的科目（Copley, 2004; Copley & Padron, 1999），大多數職前教師對數學課也存有負面觀感（Zacharos, Koliopoulos, Dokimaki, & Kassoumi, 2007）。

　　若要重視學前數學教育的教學品質，就必須特別注意教師的教材與教學知識（Lee, 2010）。但是以往很少有探討學前教師學科教學知識（pedagogical content knowledge, PCK）的研究，因為學前教育並未區分不同學科，而且 Genishi，Ryan 與 Ochsner（2001）認為，學前教育的特徵就是比較強調學習的過程甚於內容，學前教師也強調幼兒

社會情緒發展的重要（Bowman, Donovan, & Burns, 2001）。再者，學前教育強調發展的觀點，把教學建立在幼兒的準備度上（如 Piaget 理論所強調），但學科內容又是學科教學知識的重心，因此以往很少探討學前教師的學科教學知識。

因此美國幼教協會（NAEYC, 2001）最近提出對學前教育人員專業準備的標準中就開始強調，學前教師在促進幼兒發展與學習方面，除了要採用適性發展實務（developmentally appropriate practice, DAP）的方法，也必須要知道內容領域的主要概念、探索工具及結構，以便建立有意義的課程（Hyson & Giggar, 2006）。因此有些研究者（例如 Aubrey, 1996; Lee, 2010）也開始主張教師對不同學習領域中的重要概念必須熟悉。但是學前教師該有那些教學知識，以及這些知識如何應用到幼兒的教學中，則仍未知。

本文目的即在先回顧有關教師教學知識的概念，並嘗試將教學知識的概念應用到學前教師教數學時的教學知識。本文分為二部分探討學前教師必須具備的數學教學知識，首先探討教師教學知識的內涵與模式，及其演變；其次聚焦在學前教師的數學教學知識，最後並作結論。

一、教師教學知識的內涵與模式

教師的教學知識是教學中的重要要素，它會影響學生的學習結果（Hill, Rowan, & Ball, 2005），一般而言，學者都同意教師知識對教學的重要，但是對於教學中，教師該有那些教學知識，則學者之間並沒有共識（Graeber & Tirosh, 2008）。教學知識的概念由 Shulman（1986, 1987）首度提出，之後經廿多年的演變，以下將介紹這些不同的模式，以探討其內涵。

（一）Shulman 的模式

1980 年代，Shulman 與其同事首先提出學科教學知識（PCK）的概念，Shulman（1986）在有關教師效率的研究中，提出教師教學知

識的問題，注意到教師如何決定教什麼、如何教、如何對學生發問及如何處理學生的誤解等問題。他對中學教師的研究結果，讓他與同事發展出一個教師教學知識的架構，而成為後來非常具有影響力的架構（Shulman, 1986, 1987）。

Shulman 與同事提出有效教學所需要的七種不同的教學知識，雖然在不同的文章中這七種知識之間的界線及命名可能不同，但是Shulman（1987）作了最詳細的描述，這七種知識包括：

(1) 一般的教學法知識（general pedagogical knowledge），
(2) 學習者特徵的知識（knowledge of learners' characteristics），
(3) 教育情境的知識（knowledge of educational context），
(4) 教育目的與價值的知識（knowledge of educational purposes and values），
(5) 學科內容知識（content knowledge），
(6) 課程知識（curriculum knowledge），
(7) 學科教學知識（pedagogical content knowledge, PCK）。

前四種知識是一般的教學知識，指廣泛的教學策略，這是一般師資培育的重點所在，但並非是 Shulman 研究的重點（Ball, Thames, & Phelps, 2008），不過 Shulman（1987）也指出，這不代表他們對教師的教學不重要。

後三種知識描述教師知識的內容向度，是以往對教學的研究所欠缺的部份，Shulman 在 1986 的文章有詳細討論。學科內容知識包括對任教學科及其組織結構的知識，Shulman 稱為學科教材知識（subject matter knowledge, SMK）。學科教材知識指的是在教師心中，知識的數量與組織，也就是能超越某學科的事實或概念，而能對內容知識做適當思考的能力（Shulman, 1986, p.9）。因此了解教材不只包括了解教材的事實知識，也要包括了解這些事實的結構。

第二種與教學內容有關的知識是課程知識，也就是設計來教特定學科與主題的課程及教學材料。因此課程知識就是有關可用的教學材

料（例如課程與教科書）的知識，也包括其他科目，以及數學課程與前後年級的知識。

最後一個與內容有關、也是最有影響力的知識是學科教學知識（PCK）。學科教學知識是指學科內容與教學法的特殊混合體（special amalgam of knowledge of content-and-pedagogy），是教師特殊專業理解的獨特領域。它不只是教材本身，也是指與教學有關的教材知識（Shulman, 1986）。它包括教材特定的表徵、類比、實例、解釋與說明，也就是表徵並形成教材以便於讓別人能夠理解的知識（Shulman, 1986）。此外，也包括了解學生為何在學習某些概念覺得容易或困難，知道學生如何解釋某些數學概念，以及教師用來克服學生學習困難的策略等。所以學科教學知識不只包括教材的知識，或只是教學法知識，而是這兩者的結合。換言之，學科教學知識指的是對進行有效教學很重要的三種知識：對內容、學生、教學的知識（Shulman, 1986），也就是有關教什麼的知識（課程內容）、誰是教學對象的知識（學生）、以及如何教學生學習特定內容的知識（教學法）。

Shulman 模式的主要貢獻之一是直接注意到學科內容在教學中的角色（Ball, Thames, & Phelps, 2008）。因為以往研究很少直接探討學科內容在教學中的角色。因此這個架構很有影響力，Shulman 的著作也被引用在許多不同領域的研究，以及超過 1200 個專業期刊中。

Shulman 的同事在後來的研究中，也將學科教學知識的概念作了擴充與精緻化，例如 Grossman（1990）研究中學英文老師，發現學科教學知識中有四個主要成分：對學生理解的知識、課程的知識、教學策略的知識、及教學目的。Grossman 把課程知識也加到學科教學知識中。之後的 Marks（1990）將學科教學知識概念應用到研究數學教育，在訪談過小學數學老師後，他提到學科教學知識有四個成分：學生的理解、符合教學目的的教材、教學媒體及教學過程。他的另一個貢獻在於指出，對學生理解的知識包括五個次類別：老師知道學生的學習歷程、老師知道學生典型的理解、老師知道學生會犯的一般錯誤、老師知道那些觀念、主題或作業對學生很容易或很困難、及老師能推論特定學生的理解。

　　雖然 Shulman 的模式廣被應用，特別是學科教學知識的概念說明了了解學科內容與教導學科內容這兩者的不同，但是學科教學知識的概念也被許多研究者批評或重新修正。例如，McEwan 與 Bull（1991）認為內容知識與學科教學知識的區分是不必要的。另外，Meredith（1995）認為，Shulman 的學科教學知識概念是一種教師導向、教訓的（didactical）教學模式，並未包含其他的教學觀點，所以應該把學科教學知識概念加以擴充，使它能包括其他的教學型式。在 Shulman 看來，教師的角色是傳遞知識，並協助學生獲得理解，所以他並未將教師的知識與信念考慮進去。Shulman 描述的教師將數學知識視為是絕對的、不可議論的、單一向度及靜態的，假如教師視數學知識為多向度、動態的、透過問題解決而產生，則他們會發展出不同的教學知識。

　　其次，Shulman（1986, 1987）的模式中並未特別提到情境，Carlsen（1999）就認為，學科教學知識會受到情境及教師個人本質的影響。Morine- Dershimer 與 Kent（1999）也用「個人的教學知識」（personal pedagogical knowledge）這個詞來表示，學科教學知識會受到教師個人的信念、知識與實務經驗的影響，這些因素會影響教師對學科教學知識的概念與實踐。

　　最後，有些研究者（例如 Ball et al., 2008）就認為，學科教學知識的定義被大家習以為常的使用，但內容知識與學科教學知識的區分並不清楚；Shulman 也未說明這些知識之間如何互動（Hashweh, 2005），而且 Shulman 模式呈現的是一種教學知識的靜態觀，也忽略了知識的動態本質，以及教師的知識也常會透過在教室與學生、教材的互動而發展（Fennema & Franke, 1992）。

（二）Fennema 與 Franke 的模式

　　1992 年 Fennema 與 Franke 提出一個對 Shulman 模式的修正，並用來說明教室中的教師如何進行數學教學。Fennema 與 Franke 指出，教師教學的效能包括教師的知識與教師的信念，他們的模式聚焦於發生在教室情境中的教師知識，認為教師知識的本質是互動的、動態

的，教師獲得這種知識是一種過程，教師的知識是持續在改變與發展，而且是發生在教室情境中。教師的知識會結合教師的信念，創造一組新知識，繼而決定了教室中的教學實務與教師的行為。

他們提出的數學教師的教學知識模式認為，數學教學的知識包括三種知識：

1.數學學科的知識（content of mathematics）

數學的學科知識即相當於 Shulman 所謂學科教材知識，包括教師對所任教科目中的概念、程序及問題解決過程的知識、相關領域的知識，以及組織知識的方式（Fennema & Franke, 1992）。Fennema 與 Franke 及 Shulman 都認為，教師不只要知道程序，還必須了解程序背後的概念，因此也包括了在程序背後的概念，概念之間的相關，以及如何將這些概念與程序使用在解決不同類型的問題（Fennema & Franke, 1992）。

2.教學法的知識（pedagogical knowledge）

教學法知識是指教師對教學過程的知識，即是 Shulman 的一般教學法知識，包括計畫有效的教學法、教學的例行公事、班級經營行為、教室組織及引起動機的技巧等（Fennema & Franke, 1992）。Fennema 與 Franke 及 Shulman 的教學法知識都強調，教師的表徵知識是教學的中心。

3.學習者認知的知識（learners' cognition）

教師對學生數學認知的知識包括了解學生如何思考與學習（特別是學生如何學習特定數學內容），了解學生會使用哪些方法，以及學生可能會發生哪些學習成功與困難（Fennema & Franke, 1992）。在 Shulman 的模式中，對學生認知的知識是教師的教學法知識的一部分，但在 Fennema 與 Franke（1992）的模式中，這種知識是一個獨立因素。儘管如此，在這兩種模式中同樣都把了解學生如何思考與學習視為有效數學教學的核心要素。

Fennema 與 Franke（1992）模式的特點在於把教師的知識視為是互動且動態的，教師知識是在特定情境中發展的，並且經常透過與教材及學生的互動而發展出來。在他們的模式中，教師的知識與信念的所有面向都是彼此互相關連的，也是在了解數學教學時必須考慮的。因此，Fennema 與 Franke（1992）認為，對教師知識的研究就是要發展方法，使之能涵蓋所有要素，目的在了解這些不同要素之間的互動、這些要素在數學教學中的角色、以及當教師與學生互動時，這些要素會如何改變，因此研究者也要考慮教師工作的情境。

（三）Hill 等人的 MKT 模式

Michigan 大學團隊檢驗 Shulman 的觀念在數學教育中的運用，過去十五年來，The Mathematics Teaching and Learning to Teach Project（MTLT）及 Learning Mathematics for Teaching Project（LMT）二個計畫著重在數學教育與在教學上使用數學，目的在發展一個以實務為基礎的「教學的數學知識」理論（practice- based theory of mathematical knowledge for teaching, MKT; Ball & Bass, 2003）。他們使用「教學的數學知識」一詞意思是「用來執行數學教學這件工作所需要的數學知識。」（Hill et al, 2005, p.3），因此是來自分析現場進行數學教學工作的老師所必需的數學知識，所以，Ball 等人的定義是從教學（而非教師）開始，關心的是教數學時所需的知識。

Ball 等人（Ball et al., 2008）用二種方法研究教師的教學知識的問題。第一種方法是廣泛地對教學實務作質的分析，到底教數學時教師在做什麼？執行這件工作需要哪些數學知識、技巧與敏感度？因此他們在 1989-1990 對小三的數學教室錄影與錄音，蒐集了許多資料。第二種方法是他們發展出測量教學的數學知識的方法（Ball, Hill, & Bass, 2005; Hill, Ball, & Schilling, 2004; Hill, Rowan, & Ball, 2005），並以大量樣本進行施測。在分析資料後，他們提出一個教學的數學知識（mathematical knowledge for teaching, MKT）模式，作為對 Shulman 模式的修正。

　　教學的數學知識模式仍是建立在 Shulman 的模式之上，但是將數學教師進行數學教學的教師知識分為二個向度：學科教材知識（SMK）與學科教學知識（PCK），他們並發展工具測量教師在教學時的數學知識。根據測量結果，他們建議，Shulman 的學科教材知識應分成三個類別（Ball et al., 2008; Hill, Ball, & Schilling, 2008）：

1.共同的內容知識（common content knowledge, CCK）

　　共同的內容知識是指在任何情境（不只是數學情境）中都會使用的數學知識與技巧，以及個人正確計算答案與解決數學問題的個人能力，此即對應 Shulman 所謂的教材知識。

2.專業的內容知識（specialized content knowledge, SCK）

　　專業的內容知識是這個模式的核心概念，是指在教室數學情境中可以讓教師進行特定教學作業時使用的數學知識，也是教師有效教學所必需的知識，並不混雜學生的知識或教學的知識（Ball et al., 2008），Shulman 並未提到這種概念。

3.數學範疇的知識（horizon knowledge）

　　數學範疇的知識是指教師知道學校數學課程的連續性，學生在之前的年級上過哪些數學主題，以及後來又會銜接哪些主題。

　　此外他們也建議，Shulman 所謂的學科教學知識其實是個多向度的知識，也可以分為三個類別（Ball et al., 2008; Hill et al., 2008）：

1.內容與學生的知識（knowledge of content and students, KCS）

　　內容與學生的知識是結合與學生有關的知識及對數學的知識這兩者，這表示，教師必須要能預想學生的困難與阻礙，適當地傾聽與回應學生的思考，並在教學時選擇適當的實例與表徵。在設計與教學時，教師必須知道學生對數學的概念與迷思概念（misconceptions）

為何等，這些工作都需要教師對數學的理解及熟悉學生及其思考，這兩者的互動。

2.內容與教學的知識（knowledge of content and teaching, KCT）

內容與教學的知識是數學知識與教學知識的組合，內容與教學知識是指教師對安排活動與作業的決定，對教學時所用表徵優劣的知覺、對教學過程的決定、對使用學生意見來評估教學的決定、知道何時該問新問題以促進學生的學習等。

3.內容與課程的知識（knowledge of content and curriculum, KCC）

MKT 模式支持 Shulman（1986）的觀念，例如模式中包含 Shulman（1986）所定義的學科教學知識的二個向度：內容與學生的知識（KCS）及內容與教學的知識（KCT），前者指的是教師對學生概念與迷思概念的知覺，而後者則是教師用來教導學生的表徵與實例。再者，這個模式將學科教材知識更精細定義為包括次領域並發展方法測量次領域，例如數學領域的知識即是 Shulman 定義的垂直的課程知識。

但是 MKT 模式並未說明教師信念在教學中的重要性。研究發現，教師對數學本質的信念與教材知識有關（Goulding, Rowland, & Barber, 2002），如果教師相信，數學是一組需要背誦的規則，那他們了解不熟悉問題的方法就會受限，因此而影響他們的教學。

此外，Ball 等人（2008）對專業的內容知識（SCK）的解釋也被批評。專業的內容知識是教師數學知識中的中心概念，意思是在數學情境中，為使教師有效教學所必需的數學知識，但這個定義並無法清楚區分專業的內容知識（SCK）與學科教學知識（PCK）。

MKT 模式中有價值的地方在於他們發現教師的知識與學生的數學成就兩者之間的關係。Hill，Rowan 與 Ball（2005）發現，教師的數學知識與學生的數學成就有相關，薄弱的教師知識會傳遞給學生，

而影響學生的數學成就。此外，Hill 等人（2008）發現，從問卷與訪談小學教師中發現，教師有內容與學生的知識（KCS，例如熟悉學生的數學思考），而內容與學生的知識是教學中的重要知識。MKT 模式的另一個主要貢獻在於他們發展出測量教師數學知識的方法，這也是Shulman（1986）當時的期望，他們使用一系列的多選題，用以測量教學的數學知識，這些題目可由師培者將它融入職前教師的課程內容與架構中。

（四）知識四重奏（the Knowledge Quartet, KQ）模式

在英國與威爾斯，由劍橋大學團隊推動的 SKIMA（Subject Knowledge in Mathematics）計畫（Rowland, 2005; 2007; Rowland, Huckstep, & Thwaites, 2003）對英格蘭與威爾斯職前小學教師數學內容知識的研究，形成知識四重奏的理論架構。這個計劃來自 Shulman（1986）的模式，但也回應 Fennema 與 Franke（1992）的模式，因為它從進行數學教學的教室中分類教師的數學知識，他們用觀察與錄影探討職前教師在學士後一年期間，於教學時數學的學科教材知識與學科教學知識之間的關係。

他們詳細分析職前教師的教學法，發展出「知識四重奏」模式，這個模式可被用來分析職前教師的學科教材知識與學科教學知識如何在教室中運作。「知識四重奏」包含基礎（foundation）、轉換（transformation）、連結（connection）與依仗性（contingency）四個向度。基礎向度包含職前教師對數學的理解，也包括對數學本質的信念，這些知識與信念會以一種基本的方式影響教學的選擇與策略。轉換向度是有關在計畫教學及教學過程中如何以類比、插圖、實例、解釋與展示等形式向學習者呈現概念。連結向度是指對教材的排序，及了解不同主題與作業會有的認知需求。依仗性是對一些未預期或未計畫中的事件能作出使人信服、合理及適當的反應（Rowland et al., 2003）。

KQ 模式是紮根於教學情境而來，模式中的每個向度都由許多要素組成，例如基礎類別的主要要素是教師對數學教學法的知識與理

解，以及對教學法的信念。轉換包括教師所使用的表徵與實例，以及教師對學生的發問與解釋。連結包括不同課程、不同數字概念、及課程不同部分之間的連結，也包括對數學活動的安排、知道學生可能會遭遇哪些困難。最後，依仗性是有關教師對回應學生問題的準備度、對學生錯誤答案的適當回應、以及與教學計畫的差異，換言之，是有關教師回應多變化的教學情境的準備度。

這個模式也對 Shulman（1986）提出的學科教材知識及學科教學知識概念作進一步說明。例如 Hashweh（2005）建議，Shulman 模式所欠缺的就是未能說明不同類型的教師知識之間的互動，而「知識四重奏」模式就能用來了解學科教材知識與學科教學知識互動的方式，以及它們在教師教學中的角色。在這個模式中，教師的知識與信念的所有層面都成為計畫與進行教學的資源，它也能回應 Fennema 與 Franke（1992）期望能進一步研究教師知識的不同要素如何統整以進行教室教學。此外，模式中的基礎向度也可稱為回應，能說明職前教師如何在接受訓練過程中是否會發展出不同型式的學科教學知識。

知識四重奏模式現已成為觀察數學教學及劍橋大學的小學 PGCE 計畫中數學學習發展的架構（Rowland, 2007），這個模式也被應用到英國，用以支持新任教師的教學發展（Turner, 2006），以及愛爾蘭的師培教育（Corcoran, 2007）。一般而言「知識四重奏」模式比較能提示教學情境的全面性，但是這個模式並未提到如何在數學教學中解釋與使用教科書（Petrou & Goulding, 2011）。

在英國的「知識四重奏」模式比較忽視教科書，部分原因可能是英國比較不強調，因為原先在分析教學錄影資料時就已出現對課程知識的忽視；也有可能是因為一開始建立模式時是著重在學科教材知識與學科教學知識，而並未在課程知識有較多著墨（Petrou & Goulding, 2011）。根據 Shulman（1986），課程知識包括有關教材的知識（例如教科書），所以若擴大這個模式將教科書的使用也納入，就能在模式中加入原先所沒有的課程知識。英國教師的教學雖然比較不重視教科書，但老師的教學也依國家課程（National Curriculum）來進行，而

在其他國家，課程應該也是數學教學中的重要部分，因此將課程知識納入教師教學知識的模式似乎是應該的。

例如在一個針對職前教師如何解釋與使用數學教科書的研究中，Nicol 與 Crespo（2006）發現，教師們有不同的方法，從固守（視教科書為權威）、精緻化（教科書是主要來源，但教師還會再找其他資源補充）、到創新（教師以批判的眼光檢視教科書的優缺點，以便決定如何教）都有。很清楚地，學科教材知識與學科教學知識都是影響這些用法的因素。

（五）結論

自從 Shulman（1986）在廿多年前提出學科教學知識以來，已有相當多有關教師教學知識的探討，從以上的回顧中可以得到幾個結論。首先，Shulman 從教師的角度出發，著重與內容有關的教師知識，特別是學科教材知識與學科教學知識的觀念。但後來的一些修正逐漸轉向從教學情境著手，探討在實際教室教學中，教師在進行教學工作的教學知識。

其次，對於學科教材知識與學科教學知識是否該加以區分，學者有不同看法，有認為這兩者無法、也不應該區分（Aubrey, 1997; McEwan & Bull, 1991; McNamara, 1991），也有如 Shulman 認為應該分開，Hill 等人（2008）的 MKT 模式則將課程知識包含在學科教學知識中，比較忽略課程知識的重要，也有強調學科教材知識與學科教學知識是不同、但相互交織的兩種知識（Petrou & Goulding, 2011）。

第三，從後來的演變可以發現，雖然有很多有關教師學科教學知識的研究，但研究者大多採取列舉方式，很少給學科教學知識下定義（Graeber & Tirosh, 2008）。而他們所列舉的這些內容，也有愈來愈廣泛的趨勢，所包含內容愈來愈多，例如 MKT 模式定義學科教學知識為多向度的架構（Hill et al., 2008），也有認為學科教學知識會持續發展（Fennema & Franke, 1992），必須包含不同的教學觀點（例如建構論），必須考慮教師的信念等。

第四，後來的這些修正，都強調對學習者思考的理解，而且把這個內容當成教師知識的重要部分。也有些學者嘗試列舉對學習者知識的內容（An et al., 2004; Grossman, 1990）。

最後，學科教學知識的概念也被應用到許多領域，最多的是科學領域，其次是數學領域。下一段將以教師知識的概念，探討學前教師進行數學教學時的教學知識。

二、學前教師的數學教學知識

學前教育的對象是進入正式教育系統之前的幼兒，由於幼兒的生活經驗是統整的，因此學前教育並未區分不同學科，而是以單元或主題方式組織這些經驗。而且學前教育比較強調學習的過程，再加上學前教育強調發展、幼兒的準備度，因此以往很少探討學前教師學科教學知識的問題。

但是因為過去三十多年的研究發現，尚未進入小學的幼兒就擁有廣泛、複雜且熟練的非正式數學（informal mathematics, Ginsburg, Klein, & Starkey, 1998），學前也是許多重要數學知識發展的時期（NCTM, 2000），因此好的數學教育應及早開始。加上全美幼教協會（NAEYC, 2001）也提出對學前教育人員專業準備的標準，開始強調，學前教師也必須要知道內容領域的主要概念、探索工具及結構，以便發展有意義的課程（Hyson & Giggar, 2006）。因此逐漸有研究探討學前教師教學知識的主題。

例如 Sarama、DiBiase、Clements 與 Spitler（2004）就根據全美幼教協會與美國數學教師協會（NAEYC & NCTM, 2002）的聯合聲明，提出對學前教師在數學教育專業發展的要求，認為學前幼兒數學教育師資的培育應該包括以下相互有關的要素：

(1) 與幼兒有關的數學內容與概念的知識，

(2) 幼兒在其他領域學習與發展的知識，

(3) 有效把數學教給所有幼兒的教學方法知識，

(4) 觀察與記錄幼兒數學活動與理解的知識與技巧,

(5) 促進數學能力與樂趣的資源與工具的知識。

Baroody（2004）也提到,對數學教師的訓練要包括:

(1) 所要教的數學內容（內容知識,content knowledge）,

(2) 教數學的有效方法（教學法知識,pedagogical knowledge）

(3) 兒童的數學思考與發展（數學心理學或兒童認知的知識,knowledge of children's cognition.）。

Lee、Meadows 與 Lee（2003）進一步將學科教學知識的原則應用到學前數學教育,他們認為幼兒數學教育的學科教學知識應該包括:

(1) 教師對數學內容的理解:指了解幼兒在數學方面需要學習的主要概念與技巧。

(2) 教師對幼兒先前數學理解的知識:指老師知道幼兒之前已經學會那些內容或概念。

(3) 教師對兒童數學解題歷程的知識:指教師了解幼兒如何處理數學概念,以及使用那些策略。

(4) 教師對數學環境組織的知識:指教師知道如何組織數學學習環境,協助幼兒學習。

將以上三種觀點加以比較後（表 1）,本文將學前教師在進行數學教學的知識歸納為以下三個要素:

（一）數學學科內容知識

由於教師不可能教自己所不了解的內容,因此學前教師必需對所要教的數學內容有廣泛的了解,例如 NCTM（2000）列出學前到12 年級學生應學習的重要數學內容包括:數與計算、幾何與空間、測量、代數與資料分析等五項內容,學前教師要了解這些內容的重要概念（big ideas）與技巧,以及這些概念間的相關（NAEYC & NCTM, 2002）。National Research Council（Bowman, Donovan, & Burns, 2001）發現,教導幼兒的學前教師也必須在一些學業領域（例

如：數學、語文、科學等）具備重要概念，才能提供具有挑戰性、但又對幼兒友善的內容，NAEYC（2006）也有同樣的強調。不過研究發現教師傾向於使用不同的課程活動來連結不同領域，但是很少指出對某領域重要概念可以促進學生學習另一個概念（Melendez Rojas, 2008）。

（二）學習者認知的知識

Marks（1990）曾指出，對學生理解的知識包括五個次類別：老師知道學生的學習歷程、老師知道學生典型的理解、老師知道學生會犯的一般錯誤、老師知道那些觀念、主題或作業對學生很容易或很困難、以及老師能推論特定學生的理解。An 等人（An et al., 2004）也曾列出四個因素：學生的先備知識、共同的迷失概念與訂正的策略、引發學生參與的方法、及促進學生思考的方法。

所以學前教師要知道有關兒童的數學思考與發展的知識，兒童數學解題歷程的知識，幼兒可能會有的迷失概念，特別是幼兒在特定數學概念的思考與策略。此外，由於幼兒在學前階段早已從生活中學習到許多數學概念，老師也必須透過正式或非正式的評量方式，評量這些能力，以便規劃教學協助幼兒由非正式數學過渡到正式數學。

此外，由於幼兒各方面的發展是互相影響的，學前教師也要了解幼兒在其他領域學習與發展的知識。

（三）教學方法知識

學前教師還必須知道如何有效把數學念教給所有幼兒的教學方法，包括如何組織數學學習環境，知道如何將數學與其他領域連結，如何設計教學活動，如何在个同學習區安排數學經驗，使用那些能促進數學能力與樂趣的資源與工具，如何結合生活中的數學活動，如何將數學經驗擴展到家庭，如何觀察與記錄幼兒的數學學習等。

表 1　不同觀點對於學前教師的數學教學知識內容之比較

Sarama 等人（2004）	Baroody（2004）	Lee 等人（2003）
● 與幼兒有關的數學內容與概念的知識	● 所要教的數學內容	● 對數學內容的理解
● 幼兒在其他領域學習與發展的知識	● 兒童的數學思考與發展	● 對幼兒先前數學理解的知識 ● 對兒童數學解題歷程的知識
● 有效把數學教給所有幼兒的教學方法知識 ● 觀察與記錄幼兒數學活動與理解的知識與技巧 ● 促進數學能力與樂趣的資源與工具的知識	● 教數學的有效方法	● 對數學環境組織的知識

　　本文認為以上三項要素是學前教師進行有效數學教學必須的，但是只有任一要素並無法進行有效教學，因為當教師的教材知識較清楚，教師就能更完整呈現教材，並且能敏感地回應學生的問題。所以當教師教學時，教師是否能深入教材內容對有效教學很重要。但若只有教材內容知識，對高品質教學仍是不夠的（Even, 1993）。高品質教師不只要知道教材，也要知道如何教這些教材，這就是學科教學知識的概念（Kennedy, 1998）。例如，一個學前教師知道基本加減法的知識，這只是「基本加減法的內容知識」，但是光有這些知識並不保證教師能有效地將這些知識教給幼兒。而知道如何教或如何將知識傳達給幼兒則可稱為「教學法知識」，而教師知道如何將特定知識（例如，加減法），以幼兒可以理解方式教給幼兒，才可稱為「基本加減法的學科教學知識」。

　　由於學科教學知識的概念是來自小學以上的學科教學，由於教學對象、內容、重點的不同，將學科教學知識應到學前教育也會有些不同，例如 Mosvold 等人（Mosvold, Bjuland, Fauskanger, & Jakobsen,

2011）就對這些不同作了一些說明，他們以 MKT 模式研究一位挪威的幼稚園教師，發現這位教師在執行數學教學這件工作的情形不同於一般小學，例如在呈現數學概念的方式上，她通常是透過遊戲與日常活動，數學主題也是建立在幼兒之前的生活經驗上，而且幼稚園中並不依賴教科書。

目前已有少數對學前教師數學教學知識的研究發現，例如 Aubrey（1996）探討學前教師的內容知識，她檢視四位學前教師的內容知識，並觀察他們的數學教學，嘗試了解教師的內容知識與教學的關係。Aubrey 的結果指出，這四位學前教師的數學內容知識與他們對學生的知識共同影響了他們提供給學生學習機會的品質。由晤談中發現，教師的數學內容知識受到他們對幼兒如何學習的假設所影響，在某些情況下，也受到教師自己早期的數學學習經驗所影響。而學科教學知識分數較高的幼稚園教師經常能在教室中實施較高品質的數學教學（Lee et al., 2003）。

三、結語

研究發現，數學領域是學前教師最不喜歡的領域之一，但是因為學前的數學學習影響後來的學習，因此學前教師似乎也該探討如何將適性發展實務與學科教學知識加以統整，以幼兒能理解的方式教幼兒學習數學。學前教室中的教學是很複雜的情形，教師設計的課程、作業與經驗支持兒童的學習，而教師也帶來他的信念、經驗，這也影響兒童的發展。不同背景、能力的兒童進入教室，當把這些因素加在一起，就造成一個極複雜教室環境。職前及在職的學前教師同樣都需有與數學內容知識與教學法的教育經驗與專業發展，才能有效的將數學內容融入於每日生活作息、學習區及師生對話中。本文綜合以往文獻，提出數學學科內容知識、學習者認知的知識、及教學方法知識三項學前教師在進行數學教學時的教師知識，提供職前與在職學前教師參考，也期望有更多有關學前教師教學知識的相關研究。

誌謝

本文為國科會委託研究計畫（計畫編號：NSC 99-2410-H-024-023）研究成果的一部分，本文的完成要感謝國科會的經費補助。

參考文獻

An, S., Kulm, G., & Wu, J.（2004）. The pedagogical content knowledge of middle school mathematics teachers in China and the US. *Journal of Mathematics Teacher Education, 7*（2）, 145–172.

Aubrey, C.（1996）. An investigation of teachers'mathematical subject knowledge and the processes of instruction in reception classes. *British Educational Research Journal, 22*（2）, 181-198.

Aubrey, C.（1997）. *Mathematics teaching in the early years: An investigation of teachers' subject knowledge.* London: The Falmer Press.

Aunola, K., Leskinen, E., & Nurmi, J. -E.（2006）. Developmental dynamics between mathematical performance, task motivation, and teacher's goals during the transition to primary school. *British Journal of Educational Psychology, 76,* 21−40.

Ball, D. L., & Bass, H.（2003）. Toward practice-based theory of mathematical knowledge for teaching. In B. Davis & F. Simmt（Eds.）, *Proceedings of the 2002 Annual Meeting of the Canadian Mathematics Education Study Group*（pp. 3-14）. Edmonton, AB: CMESG/GCEDM.

Ball, D. L., & Cohen, D. K.（1996）. Reform by the book: What is – or might be – the role of curriculum materials in teacher learning and instructional reform？. *Educational Researcher, 25*（14）, 6–8.

Ball, D. L., & Feiman-Nemser, S.（1988）. Using textbooks and teachers' guides: A dilemma for beginning teachers and teacher educators. *Curriculum Inquiry, 18,* 401–423.

Ball, D. L., Hill, H. C., & Bass, H.（2005）. Who knows mathematics well enough to teach third grade, and how can we decide？ *American Educator, 29*（1）, 14–46.

Ball, D. L., Thames, M. H., & Phelps, G.（2008）. Content knowledge for teaching: What makes it special？ *Journal of Teacher Education, 59*（5）, 389–407.

Baroody, A. J.（2004）. The role of psychology in the development of early childhood mathematics standards. In D. H. Clements, J. Ssrama, & Ann-Marie DiBiase, （Eds.）, *Engaging young children in mathematics: Standers for early childhood mathematics education*（pp.149-172）. Mahwah, NJ.: Lawrence Erlbaum Associates, Publishers.

Bodovski, K., & Farkas, G.（2007）. Mathematics growth in early elementary school: The roles of beginning knowledge, student engagement, and instruction. *The Elementary School Journal, 108*（2）, 115-130.

Bowman, B. T., Donovan, M. S., & Burns, M. S.（Eds.）.（2001）. *Eager to learn.: Educating our preschoolers.* Washington, DC: National Academy Press.

Carlsen, W.（1999）. Domains of teacher knowledge. In Gess-Newsome, & N. G. Ledereman（Eds.）, *Examining pedagogical content knowledge: The construct and its implications for science education*（pp. 133-144）. Dordrecht, The Netherlands: Kluwer Academic Publishers.

Carpenter, T. P., Fennema, E., Peterson, P. L. & Carey, D. A.（1988）. Teachers' pedagogical content knowledge of students' problem-solving in elementary arithmetic. *Journal for Research in Mathematics Education, 19*, 385-401.

Copley, J. V.（Ed.）（2004）. *Showcasing mathematics for the young child: activities for three-, four-, and five-year-olds.* Reston, VA: National Council of Teachers of Mathematics.

Copley, J. V., & Padron, Y.（1999）. Preparing teachers of young learners: Professional development of early childhood teachers in mathematics and science. In G. D. Nelson（Ed.）*Dialogue on early childhood science, mathematics, and technology education*（pp.117-129）. Washington, DC: American Association for the Advancement of Science.

Copple, C. E.（2004）. Mathematics curriculum in the early childhood context. In D. H. Clements, J. Ssrama, & Ann-Marie DiBiase, （Eds.）, *Engaging young children in mathematics: Standers for early childhood mathematics education* （pp.83-87）. Mahwah, NJ.: Lawrence Erlbaum Associates, Publishers.

Corcoran, D.（2007）. Put out into deep water and pay out your nets for a catch: Lessons learned from a pilot study in mathematics lesson study. In S. Close, D. Corcoran, & T. Dooley（Eds.）, *Proceedings of the 2nd national conference on research in mathematics education*（pp. 275–289）. Dublin: St Patrick's College.

Da Ponte, J. P., & Chapman, O.（2006）. Mathematics teachers' knowledge and practice. In A. Gutierrez & P. Boero Eds.）, *Handbook of research on the psychology of mathematics education-past, present and future*（pp. 461-494）. Rotterdam: Sense Publishers.

Even, R.（1993）. Subject-matter knowledge and pedagogical content knowledge: Prospective secondary teachers and the function concept. *Journal for Research in Mathematics Education, 24*（2）, 94-116.

Fennema, E., & Franke, L. M.（1992）. Teachers' knowledge and its impact. In D. A. Grouws（Ed.）, *Handbook of research on mathematics teaching and learning*（pp. 147–164）. New York, NY: Macmillan.

Genishi, C. Ryan, S., & Ochsner, M.（2001）. Teaching in early childhood education: Understanding practices through research and theory. In V. Richardson（Ed.）, *Handbook of research on teaching*（4th ed., pp. 1175-1210）. Washing, DC: Anerican Educational Research Association.

Ginsburg, H. P., Klein, A., & Starkey, P.（1998）. The development of children's mathematical thinking: Connecting research with practice. In I. E. Sigel & A. Renninger（Volume Eds.）, *Handbook of child psychology, Vol.4: Child psychology in practice*（5th ed., pp.401-476）. New York: John Wiley & Sons, Inc.

Goulding, M., Rowland, T., & Barber, P.（2002）. Does it matter？ Primary teacher trainees' subject knowledge in mathematics. *British Educational Research Journal, 28*（5）, 689–704.

Graeber, A., & Tirosh, D.（2008）. Pedagogical content knowledge: Useful concept or elusive notion. In P. Sullivan & T. Wood（Eds.）, *The international handbook of mathematics teacher education: Vol. 1 Knowledge and beliefs in mathematics teaching and teaching development*（pp. 117-132）. Rotterdam, The Nertherlands: Sense Publishers.

Grossman, P.（1990）. *The making of a teacher: Teacher knowledge and teacher education*. New York, NY: Teachers College Press.

Hashweh, M. Z.（2005）. Teacher pedagogical constructions: A reconfiguration of pedagogical content knowledge. *Teachers and Teaching: Theory and Practice, 11*（3）, 273–292.

Hill, H. C., Ball, D. L., & Schilling, S. G.（2008）. Unpacking pedagogical content knowledge: Conceptualizing and measuring teachers' topic-specific knowledge of students. *Journal for Research in Mathematics Education, 39* （4），372-400.

Hill, H. C., Rowan, B.,& Ball, D. （2005）. Effects of teachers' mathematical knowledge for teaching on student achievement. *American Educational Research Journal, 42*（2），371–406.

Hill, H. C., Schilling, S. G., & Ball, D. L. （2004）. Developing measures of t eachers'mathematics knowledge for teaching. *The Elementary School Journal, 105*（1），11-30.

Hyson, M. & Giggar, H. （2006）. NAEYC's standards for early childhood professional preparation: Getting from here to there. In M. Zaslow & I. Martinez-Beck （Eds.）, *Critical issues in early childhood professional development* （pp. 283-308）. Baltimore, Md.: Paul H. Brookes Pub. Co.

Jordan, N. C., Kaplan, D., Ramineni, C., & Locuniak, M. （2009）. Early math matters: Kindergarten number competence and later mathematics outcomes. *Developmental Psychology, 45*（3），850–867.

Kennedy, M. M. （1998）. Education reform and subject matter knowledge. *Journal of Research in Science Teaching, 35*, 249-263.

Lee, J. （2010）. Exploring kindergarten teachers' pedagogical content knowledge of mathematics. *International Journal of Early Childhood, 42*（1），27-41.

Lee, J., Meadows, M., & Lee, J. O. （2003, April）.*What causes teachers to implement high-quality mathematics education more frequently: Focusing on teachers' pedagogical content knowledge.* Paper presented at the 2003 Association for Childhood Education International （ACEI）International Annual Conference （Phoenix, AZ, April 13-16, 2003）.

Marks, R. （1990）. Pedagogical content knowledge: From a mathematical case to a modified conception. *Journal of Teacher Education, 41*（3），3–11.

McEwan, H., & Bull, B. （1991）. The pedagogic nature of subject matter knowledge. *American Educational Research Journal, 28*（2），316–334.

McNamara, D. （1991）. Subject knowledge and its application: Problems and possibilities for teacher educators. *British Educational Research Journal, 28* （5），113–128.

Meredith, A. （1995）. Terry's learning: Some limitations of Shulman's pedagogical content knowledge. *Cambridge Journal of Education, 25*（2）, 175–187.

Mosvold, R., Bjuland, R., Fauskanger, J., & Jakobsen, A.（2011）. *Similar but different: Investigating the use of MKT in a Norwegian kindergarten setting.* Retrieved February 17, 2011. from: http://www.cerme7.univ.rzeszow.pl/WG /13/CERME7 _WG13_Mosvold.pdf.

National Association for the Education of Young Children（2001）. *Standards for early childhood professional preparation: Initial licensure programs.* Retrieved February 16, 2011, from:www.naeyc.org/profdev/prep_review/ 2001.pdf.

National Association for the Education of Young Children & National Council of Teachers of Mathematics.（2002）. *Early childhood mathematics: Promoting good beginnings.* Joint position statement. Retrieved January, 16, 2003, from http://www.naeyc.org/resources/position_statements/psmath.htm.

National Council of Teachers of Mathematics. （2000）. *Principles and standards for school mathematics.* Reston, VA: National Council of Teachers of Mathematics.

Nicol, C., & Crespo, S. M.（2006）. Learning to teach with mathematics textbooks: How preservice teachers interpret and use curriculum materials. *Educational Studies in Mathematics, 62*（3）, 331–355.

Petrou, M.., & Goulding, M. （2011）. Conceptualising Teachers' Mathematical Knowledge in Teaching. In T. Rowland & K. Ruthven(Eds.), *Mathematical Knowledge in Teaching*, Mathematics （ pp. 9-25 ） . Springer Science+Business.

Rowland, T.（2005）. The Knowledge Quartet: A tool for developing mathematics teaching. In A. Gagatsis（Ed.）, *Proceedings of the 4th Mediterranean conference on mathematics education* (pp. 69–81 ） . Nicosia: Cyprus Mathematical Society.

Rowland, T. （2007）. Developing knowledge for teaching: A theoretical loop. In: S. Close, D. Corcoran, & T. Dooley(Eds.), *Proceedings of the 2nd national conference on research in mathematics education* (pp. 14–27） . Dublin: St Patrick's College.

Rowland, T., Huckstep, P., & Thwaites, A.（2003）. The knowledge quartet. In: J. Williams （Ed.）, *Proceedings of the British Society for Research into Learning Mathematics, 23*（3）, 97–102.

Sarama, , J., DiBiase, A.-M., Clements, D. H., & Spitler, E.（2004）. The professional development challenge in preschool mathematics. In D. H. Clements, J. Ssrama, & Ann-Marie DiBiase,（Eds.）, *Engaging young children in mathematics: Standers for early childhood mathematics education* (pp.415-446）. Mahwah, NJ.: Lawrence Erlbaum Associates, Publishers.

Shulman, L. S.（1986）. Those who understand: Knowledge growth in teaching. *Educational Researcher, 15*（2）, 4–14.

Shulman, L. S.（1987）. Knowledge and teaching: Foundations of the new reform. *Harvard Educational Review, 57*（1）, 1–22.

Turner, F.（2006）. Teaching children to count: Does knowledge of theory matter. In: J. Novotná, H. Moraová, M. Kraktá, & N. Stehliková（Eds.）, *Proceedings of the 30th international conference for the psychology of mathematics education* (Vol. 1, p. 346）. Prague: Charles University

Zacharos, K., Koliopoulos, D., Dokimaki, M., & Kassoumi, H.（2007）. Views of prospective early childhood education teachers towards mathematics and its instruction. *European Journal of Teacher Education, 30*（3）, 305-318.

職前幼教師專業學科態度之探討
——以數學為例

陳埩淑、陳義汶

台南應用科技大學師培中心助理教授

一、前言

（一）研究動機與目的

自師資多元化以後，科技大學女學生有更多的機會透過多元的師資培育管道成為教師，而社會對教師學科知識專業素養仍很重視。近年來，數學受到國際間學生數學成就跨國的比較的關切，影響到幼兒數學教育逐漸受到各國教育決策單位的重視（Clements & Sarama, 2007）。美國國家科學學會的數學科學教育委員會（The Mathematical Sciences Education Board）重視幼兒數學，成立早期兒童階段數學教育委員會（The Committee on Early Childhood Mathematics），檢視美國現有的數學教育研究文獻，並發展學前兒童的數學學習指標，其中提出課程、教學、師資培育的建議，主張應改變學前教育師資培育的課程內容，以提高學前教師的數學教學能力（Cross, Woods & Schweingruber, 2009）。我國因為幼稚園未納入基礎教育的學制中，無法對幼教師的培育機構有類似的要求，但台灣家長對幼兒學習數學的表現期望高。

雖然幼兒數學的教育愈來愈被重視，但幼教師對數學教學的忽略一直未改變，在幾次教育局辦理的幼稚園教師教學研習活動中，研究

者有機會聽到幼稚園教師教學的分享，她們最害怕教自然與數學，而在各科的領域教學中也最不想教自然與數學。推論幼稚園老師不敢教數學的原因，可能來自幼教師對數學教學缺乏信心，加上欠缺對幼兒認知發展的瞭解與教學經驗，不知如何教？另外，來自學科專業素養不足，以致於沒有信心從事數學教學，而這些成因緣於職前教師的培育專業能力及態度的養成不足，影響她們將來從事數學教學的態度。因此，職前幼教師的數學態度值得探討。

另一個現象是幼教師或職前幼教師大部分都是女性，而根據研究調查發現女學生規畫上大學科系選擇時，數學學科才是性別選擇科系差異的關鍵，當女學生的數學成績不理想時，她們不會選擇與數學有關的科系就讀，因為數學學科的成績好壞更是決定就讀科系選擇的主要原因，也就是數學決定她們作科系選擇的主要考量（Ma, 2008）。在美國、我國、日本高中高年級調查中，更看到男性喜歡數學及科學，女生則喜歡文學、音樂及藝術（Evans, Schweingruber & Stevenson, 2002），但是低興趣會造成科學的低成就，以及不會進入大學主修科學及工程的原因（Nauta & Epperson, 2003），而我國大專院校兩性在科系的分布上，則男性偏理工科技類，女性偏人文社會類性別區分的現象。研究者任職於一所人文社會科系為主的科技大學又以女學生居多，職前幼教師也來自這些母群，更引起研究者萌發探討科技大學的職前幼教師與其他一般科系的女學生數學態度是否有不同。因此，本研究擬探討職前幼教師的數學態度，研究目的如下：

1. 探討職前幼教師與一般科系大學女生數學態度的差異。
2. 探討職前幼教師數學態度與一般科系女學生及選讀學程學生之間數學態度的差異。

下列也提出的研究問題：

1. 職前幼教師與一般科系女學生的數學態度是否有差異？
2. 一般科系女學生、職前幼教師與選修數學課的職前教師數學態度在對成功學習數學的態度是否有差異？

3. 一般科系女學生、職前幼教師與選修數學課的職前教師數學態度在數學焦慮是否有差異？

4. 一般科系女學生、職前幼教師與選修數學課的職前教師數學態度在認為數學的有用程度上是否有差異？

5. 一般科系女學生、職前幼教師與選修數學課的職前教師數學態度在對數學學習的信心是否有差異？

（二）名詞釋義

1.職前幼教師

本研究探討的對象是指就讀科技大學師資培育中心職前幼教師，蒐集資料研究期間，師資培育中心幼教學程所招收的全是女學生。

2.數學態度

本研究的數學態度是指在 Fennema 與 Sherman（1976）所編的數學態度量表所反應出來的數學的成就感、數學學習動機、數學的焦慮感、數學的自信、對數學的認同等表現。

二、文獻探討

（一）數學成就感

Stipek 和 Granlinski（1991）的研究女學生數學期望比男學生低，當她們數學表現不好時，歸究於她們數學能力不好，這種信念從開始接受教育開始持續到高中畢業。然而，數學成就與數學態度有相互關係，從事數學或對科學有興趣與否？Koballa（1993）對科學態度文獻的回顧中發現，性別對數學與科學態度改變的關鍵期在 8-13 歲之間，隨著年級增長對科學的喜愛逐漸消褪。明確的時間大約在中學之前，這種差異是隨著年級增高而增加性別的差距（Bacharach, Baumeister &

Furr, 2003）。這種早期決定論是否會因為環境的改變，而使女學生的數學態度改變？

　　在早期階段就出現性別的差異，若女性對數學或科學的態度不如男性，研究分析的結果，是女性在科學上出現科學學習的無力感造成科學低成就，乃源自自我概念差（Smith, 1992），自我概念（self-concepts）是對自己的感受（Bloom, 1976），自我概念愈高，數學成就愈高；而自我概念與數學學習動機之間又有顯著相關，也就是自我概念愈高，數學學習動機愈高。女性在學習學科的過程中，自我概念影響到她們要學或不要學、能學或不能學。吳心楷（1997）指出女性自信心低，害怕挫折，容易因外在環境而干擾學習；男性善於分解、不易受挫，對自己能力較有自信，且學習較獨立。然而，即使女性在科學上獲得成功，她們會歸因於運氣，而不會像男性將成功歸因於能力。吳淑珠（1997）對國小學生數學自我概念與學習動機，對586 位五年級的學生調查發現自我概念與數學成就之間有顯著相關。另外，但是，Bar-Haim（1989）研究認為當選擇科學作為事業的女性，通常不會受到性別刻板印象的影響，而有較堅強的自我概念。然而，技職教育體係方面，林錦秀和溫崑明（2006）抽樣調查台北縣、市高職學生 1440 人，發現高職女學生數學的自我概念分數較低，且低於男學生。但技職體系下的職前幼教師數學的自我概念是否也是如此，值得進一步探討。

（二）數學焦慮

　　Maccoby 與 Jackoin（1974）指出女生的數學焦慮較高可能是因為性別角色的社會化關係。Aiken（1976）認為社會文化的期望以及性別角色的期待可能是影響男女性學生數學態度以及成就的重要因素之一。

　　傳統觀念可能認為，數學比較適合男性學習，家長或者是學校的教師可能對於性別的角色也有所不同的期待，在這種觀念影響之下，男生學習數學的自信心與課業興趣可能就高於女生（謝志偉，2003），

因而就可能造成男生的數學焦慮比女生低，此外來自家長、教師以及學生自己本身的刻板印象也是不利女生學習數學的重要因素（馮莉雅，2003）。然而，職前幼教師是否也與一般科技大學女學生一樣感受到性別角色期望，而有相同的數學焦慮？

（三）數學認同

學生怎麼看待自己的數學學習。威斯康新大學麥迪遜分校的心理學教授海德（Janet S. Hyde）海德在 2008 年主持過一項計畫，發現女性數學能力與男性不相上下，但物理和工程方面的表現大幅落後男性。她表示女孩在成長過程中越相信自己數學能力不如男生，越容易刻意逃避不選高級數學課程。這種傾向，導致女性能夠選擇的職業範圍變少，尤其是高社會聲望以及高獲利的科學和科技行業，這顯示女學生如何看待自己學習數學，認同個人數學能力，則數學認同高數學成就好，因此，數學認同來自個人對自己學習數學的肯定。職此之故，職前幼教師是否也是受到性別學習數學的影響而一直持續不會改變？

（四）數學信心與自我效能

根據研究九歲男女性學生在數學學習信心上並無相異，但是隨著年齡增長與性別不同，學習自信心與學習動機、能力與成就則呈現出男女生優劣之分（Mura, 1987）。Dunham（1990）曾對 148 名數學系的大學生數學學習的信心與成就進行研究並比較男女性之差異，發現影響數學學習的自信心男女生有著極為顯著的差距，不但男學生對於自己學習數學的自信、興趣與能力，甚至在學習成就上皆優於女生。然而，邱美虹（2005）發現在國際數學與科學成就評比下，我國國二的學生表現出色，卻未對自己科學學習上有所自信，且在性別上顯示並非影響學生科學成就表現的因素。顯然，數學信心在性別的因素上差異不太。

自我效能（self-efficacy）是期望個人成功而全力以赴而得的結果（Bandrua, 1977）。數學學習的自我效能是指學生相信他們自己的能力在數學學習上會成功（Bandura,1995; Woolfolk, 2001）。一般而言，女性在科學方面傾向於低自我效能，性別的差異在小學相關小，愈後來差距愈大（Kahle & Meece, 1994）。研究發現在高數學自我效能者，其數學學習態度較正向。

（五）教育期望

蕭惠蘭（2004）研究調查台灣地區 25 所高中三年級 957 名女生為對象進行調查，並依受試學生 92 學年度大學入學學力測驗數學、自然科成績作為科學成就及取得升大學科系整理所得資料，進行綜合分析。發現高中女生的教育期望、科學成就對其升大學選擇科系有顯著的預測力。

另一種期望來自教師。過去的研究顯示教師的期望會影響到女學生潛能發展，如教師在數學教學上不能有偏見，要回應問題及給予讚美，為課堂上無論是語言或者行為的師生互動，會有性別偏見存在，研究指出男性學生和老師的互動明顯地高於女性學生，老師對男學生的示範過程發生率較女生為高，而且老師對男性學生的回饋也將女性學生為多（謝臥龍、駱慧文，1997；潘志煌，1997；佘曉清，1998；Baker, 1989；Harvey & Hergert, 1986；Jones & Wheatley, l990）。Harvey 與 Hergert（1986）強調，學生的思考時間長短會影響思考層次與答案內容的品質，因此在性別偏見的互動過程中，擁有較短思考時間的女性，顯然地喪失與教師在教學時，可以產生良性互動之學習機會。

這樣性別偏見的課堂互動，無疑地會剝奪女性學生參與課堂互動機會與意願，不但讓學生喪失許多合理應有的學習環境與機會，更會因教育傳遞性別偏見的資訊，誤導學生的性別角色與性向的發展（Brophy & Good, 1986；Harvey & Herget, 1986；Jones & Wheatley, l990；Sadker & Sadker, 1982）。又女生由於在課堂中普遍性的被教師忽略，或未予以在科學能力上的肯定，都是日後造成他們在表現上比

同齡男生略遜一籌的要素（Mullis & Jenkin, 1988；National Science Foundation, 1990）。在此理論下，有提出單一性別的學習環境有利於女學生的數學學習態度 Heffernam（1996）。

　　由上述的文獻得知，女學生受到他人以及外在環境影響到她們對看待數學學習的態度，而影響到數學的成就。女學生的數學學習態度分成數學的成就感、動機，信心及教育期望會造成女學生數學的態度，數學學科的表現上，但是數學成就低對自我的看法也低，學習數學的動機低，信心弱，而重要他人對她們的期望也是強化她們對數學學習表現，也影響到她們在學習興趣，進而影響到生涯的進路，因此，本研究依循這些方向探討科技大學職前幼教師對數學的看法，是否與一般科系大學的女學生態度相同，而且修讀數學課的職前幼教師是否數學態度有不同？

三、研究方法

　　為了達成上述的研究目的，本研究採用問卷調查、訪談蒐集資料。使用問卷調查法了解科技大學職前幼教師與一般科系學生與及選讀數學課職前幼教師的數學態度，引用既成數學態度量表調查外，也使用訪談蒐集有關受試者數學的自我概念、自我認同及自我效能及自我意象的相關資料，最後將所蒐集的資料，在統計分析上控制變項作資料比較分析。

（一）樣本選取與施測

　　本研究採用問卷調查法及訪談法，樣本取自科技大學的女學生，該校有學生約一萬二千人，從美術、音樂、舞蹈、家政、美容、服裝設計、幼保、國企與商業、室內設計、與商業設計等科系隨機抽收班級施測。另外，加上師資培育中心的職前幼教師及中教學程職前教師，共有 1200 名學生參加本研究，剔除填答不完全者，有效問卷共有 1063 份。調查之後再從中找出幾位學生訪談，訪談以數學學習態度為內容。

（二）研究工具

採用 Fennema 與 Sherman（1976）數學態度量表，原量表有九個分量表，分別是：對數學學習的信心，教師的數學態度看法，數學的有用程度，對母親的數學態度看法，對父親的數學學習態度的看法，對成功學習數學的態度，數學的效能動機，數學焦慮，視數學為男性領域，以五點量表的方式讓受試者回答自己的態度，原始量表各分量表的折半信度介於 0.86 至 0.96。此態度量表，為近三十年來所最常使用測量學生數學態度的量表（Tapia & Marsh II, 2004；Walberg & Haertel, 1992）。本研究採用此量表其中的五個分量表，分別是學習數學成就感（Attitudes toward success in math）、數學焦慮（Math anxiety）、數學動機（Motivation）、認同數學有用程度（Usefulness of math）及數學學習信心（Confidence in learning math）。五個分量表中，每一分量表皆各有 12 題，包括正向題與反向題各六題，全部合計共有 60 題。另外，問卷還有背景變項，包括學生的就讀科系，雙親的最高教育程度，以及學生在幼稚園、小學、國中、高中到大學那一個階段，開始不喜歡（或放棄）數學。

量表的信度，採用內部一致性信度 Cronbach's α 表示，五個分量表的各別信度是介於 0.84 與 0.93 之間。效度使用因素分析（factor analysis），以主軸因素分析方法（principle axis factoring），利用最大變異數（varimax rotation）進行因素轉軸，分量表的 KMO 值大約介

表一　數學態度各分量表的信效度摘要表

分量表	α	KMO	變異量（建構效度）
學習數學成就感	0.87	0.882	56%
數學焦慮	0.84	0.907	61%
學的動機	0.91	0.922	56%
數學的認同度	0.92	0.935	60%
數學學習的信心	0.93	0.928	65%

於 0.882 與 0.935 之間，每一個分量表可以萃取出正反兩個因素，累積的解釋變異量分別介於 56%至 65%之間（詳見表一）。

（三）研究問題的資料處理

1. 使用單一樣本 t 檢定考驗研究對象的數學態度情形。
2. 使用 one-way ANOVA 分析一般科系女學生、職前幼教師與選讀數學課職前幼教師其數學態度是否有顯著差異。

四、結果與討論

（一）科技大學女學生數學態度分析

在整個量表中，第 1-12 題調查有關對數學的成就感，結果分數平均值為 45.05，單一樣本 t 檢定值為 43.61（p<.001），達顯著差異。此分量表強調個人為數學成就的感受，反應出個人對自己數學的期望，例如被認為數學成績好，或數學表現很優秀等。第二個分量表在總量表的 13-24 題，分數平均值為 31.09，單一樣本 t 檢定值為-16.89（p<.001），達顯著差異，顯示女學生的數學焦慮高。量表從 25 到 36 題，調查科技大學女學生對於學習數學的動機，分數平均值為 32.58，單一樣本 t 檢定值為-11.74（p<.001），達顯著差異，顯示科技大學女學生學習數學的動機低。量表題數 37-48 題調查學生數學的學習認同程度，分數平均值為 35.84，單一樣本 t 檢定值為-0.64（p>.05），達顯著差異，可知科技大學女學生認同數學低。因為這個分量表在調查學生選擇就讀與數學關科系就有直接相關。量表中的 49-60 題，調查學生對數學學習的信心程度，分數平均值為 31.98，單一樣本 t 檢定值為-13.74（p<.001），達顯著差異。結果顯示科技大學女學生的數學信心很很低。

綜合上述，本研究的整體樣本顯示，科技大學女性學生對於數學的成就感有較平均值高的正向態度以外，對於數學焦慮、數學動機、

以及數學學習的信心，都呈現比平均值較低的分數，亦即對上述的三個原因持有負面態度。而對於數學的認同度，和平均值比相互比較，並沒有顯著的差異存在。換言之，對於數學的認同度高有持平的態度。這說明從 Aiken（1976）與 Maccoby 與 Jackoin（1974）的研究都指出受到社會因素的影響女學生喜歡數學的程度不高。

表 4-1　學生數學態度摘要表

	平均值	標準差	t 值
學習數學成就感	45.05	6.62	43.61***
數學焦慮	31.09	9.29	-16.89***
數學動機	32.58	9.29	-11.74***
數學的認同度	35.84	8.19	-0.64
數學學習的信心	31.98	9.34	-13.74***

n=1019. ***p<.001

（二）職前幼教師與一般科系女學生數學態度的比較

　　從表 4-2 得知，職前幼教師與一般科系的學生在對學習數學感到有成就感與在認為學習數學有用的程度上有顯著差異，而在數學焦慮、數學的動機及對數學學習的信心上一般科系學生與職前幼教師之間沒有差異。職前幼教師在學習數學感到有成就上平均數 46.78，一般科技學生平均數為 44.70，而經 t 考驗，t 值為-4.085，p 值.000<.05，表示職前幼教師比一般學生在學習數學上較積極，而在認同學習數學有用的程度上，職前幼教師平均數為 37.27，一般科系學生平均數為 35.57，經 t 考驗，t 值為-2.721， p 值為.007<.005 達到顯著，這表示職前幼教師的學習數學的成就感及認同學習數學是有用比一般科技大學的女學生高。

表 4-2　職前幼教師與一般學生數學態度 t 考驗

	一般科系／ 職前幼教師	個數	平均數	標準差	t 值	顯著性
學習數學 成就感	一般科系	813	44.70	6.73	-4.085	.000
	職前幼教師	210	46.78	5.96		
數學焦慮	一般科系	813	31.04	9.56	-.259	.795
	職前幼教師	210	31.23	9.78		
數學的動機	一般科系	813	32.33	9.08	-1.904	.057
	職前幼教師	210	33.70	9.84		
數學的認同	一般科系	813	35.57	7.97	-2.721	.007
	職前幼教師	210	37.27	7.97		
數學學習的 信心	一般科系	813	31.79	8.98	-.625	.532
	職前幼教師	210	32.23	10.23		

　　過去的研究都認為數學態度決定在早期階段，年紀愈大愈出現學習的無力感及低成就，且當自我概念（self-concepts）是對自己的感受，自我概念愈高，數學成就愈高；而自我概念與數學學習動機之間又有顯著相關，也就是自我概念愈高，數學學習動機愈高（Bloom, 1976；Smith, 1992）。職前幼教師比一般學生在數學動機上在平均數稍微高些，雖然兩者之間沒有顯著差異，但是對於早期有關數學態度決定論上應再作修正。推論其原因此結果顯示具備幼教與中教資格的學生在各數學態度因素比一般科系學生的分數排序較高，最有可能原因之一是在甄選師資培育中心學生的條件之一，就是學生前一學年的在校成績排名，必須在原科系班級的前 50%，才有報考資格，或許此因素有可能是學生數學態度較佳的原因，因為學生的學業成就與學生的態度會互相影響且有正相關（Clute, 1994）。

（三）一般科系、職前幼教師及選讀數學課程的職前幼教師的數學態度

表 4-3 的總人數是不包括中等教育的職前教師 40 人，總人數為 1023 人。從表 4-3 所呈現的三組的總平均數得知，在數學態度上，選讀數學課程的職前幼教師的數學態度分數最高，也就是無論在學習數學成就感、數學的動機、數學的認同及對數學學習的信心顯示高於其他兩組。

表 4-3　一般科系、職前幼教師及選讀數學的職前幼教師數學態度總平均數及標準差

	職前幼教師／一般科系	個數	平均數	標準差	
學習數學成就感	一般科系	813	44.69	6.73	
	職前幼教師	166	46.61	6.13	
	職前幼教師數	44	47.38	5.34	
	總和	1023	45.12	6.63	
數學焦慮	一般科系	813	31.04	9.56	
	職前幼教師	166	30.78	10.13	
	職前幼教師數	44	32.91	8.18	
	總和	1023	31.08	9.60	
數學的動機	一般科系	813	32.33	9.08	
	職前幼教師	166	32.95	10.25	
	職前幼教師數	44	36.52	7.57	
	總和	1023	32.61	9.25	
數學的認同	一般科系	813	35.57	7.97	
	職前幼教師	166	36.32	8.59	
	職前幼教師數	44	40.86	7.09	
	總和	1023	35.92	8.10	

對數學學習的信心	一般科系	813	31.79	8.98	
	職前幼教師	166	31.42	10.56	
	職前幼教師數	44	35.30	8.31	
	總和	1023	31.88	9.25	

表 4-4 再以單因子變異數考驗一般學生、職前幼教師及選讀數學課的職前幼教師在數學態度表現情形，結果顯示在學習數學有成就感、認同數學有用程度及對數學學習的信心上，三者之間有顯著差異，而且選讀幼教數學課的職前教師的平均分數最高。這說明學生對數學的態度會因隨著學習環境的改變，而數學態度改變。

表 4-4　職前幼教師、一般科系及選讀數學職前幼教師
單因子變異數分析

		平方和	自由度	平均平方和	F	顯著性
學習數學成就感	組間	743.620	2	371.810	8.577	.000
	組內	44214.106	1020	43.347		
	總和	44957.726	1022			
數學焦慮	組間	162.510	2	81.255	.882	.414
	組內	93994.917	1020	92.152		
	總和	94157.427	1022			
數學的動機	組間	754.554	2	377.277	4.435	.012
	組內	86770.156	1020	85.069		
	總和	87524.710	1022			
數學的認同	組間	1200.984	2	600.492	9.299	.000
	組內	65864.443	1020	64.573		
	總和	67065.427	1022			
對數學學習的信心	組間	555.325	2	277.663	3.260	.039
	組內	86880.401	1020	85.177		
	總和	87435.726	1022			

再以三組事後比較從表 4-5 得知，職前幼教師、選讀數學課的職前幼教師與一般科系的數學態度之間，有顯著差異，發現在學習數學成就感上，一般科系學生與職前教師比較發現在因素一、因素三、因素四及因素五方面達到顯著差異，而其中選讀數學課的職前幼教師與職前幼教師及一般科系學生的數學態度有差異，數學的動機、認同數學及對學習社會自然比較其他兩組有信心。

表 4-5　三組的事後比較

	（I）GROUP	（J）GROUP	平均差異（I-J）	標準誤	顯著性
學習數學成就感	一般科系	職前幼教師	-1.919*	.56	.003
		職前幼教師數	-2.691*	1.0 2	.031
	職前幼教師	一般科系	1.919*	.56	.003
		職前幼教師數	-.771	1.12	.787
	職前幼教數	一般科系	2.691*	1.02	.031
		職前幼教師	.771	1.12	.787
數學焦慮	一般科系	職前幼教師	.251	.82	.954
		職前幼教師數	-1.868	1.49	.454
	職前幼教師	一般科系	-.251	.818	.954
		職前幼教師數	-2.119	1.68	.429
	職前幼教師數	一般科系	1.868	1.49	.454
		職前幼教師	2.119	1.63	.429
數學的動機	一般科系	職前幼教師	-.612	.79	.738
		職前幼教師數	-4.189*	1.43	.014
	職前幼教師	一般科系	.612	.79	.738
		職前幼教師數	-3.576	1.56	.074
	職前幼教師數	一般科系	4.189*	1.43	.014
		職前幼教師	3.576	1.56	.074

數學的認同	一般科系	職前幼教師	-.748	.68	.550
		職前幼教師數	-5.292*	1.24	.000
	職前幼教師	一般科系	.748	.68	.550
		職前幼教師數	-4.544*	1.36	.004
	職前幼教師數	一般科系	5.292*	1.24	.000
		職前幼教師	4.544*	1.36	.004
對數學學習的信心	一般科系	職前幼教師	.364	.79	.898
		職前幼教師數	-3.509*	1.43	.049
	職前幼教師	一般科系	-.364	.79	.898
		職前幼教師數	-3.873*	1.56	.047
	職前幼教師數	一般科系	3.509*	1.43	.049
		職前幼教師	3.873*	1.56	.047

（四）職前幼教師與選修數學課的職前幼教師數學態度比較

從表 4-6 得知，選讀數學課的職前幼教師在數學的動機、認同數學的有用程度及對數學學習的信心，顯著高於未選讀數學課的職前幼教師。除了對數學的成就感及數學焦慮上沒有差異外，學生對數學的學習動機、認同數學有用以及對學習數學的信心，這三因素選讀數學課的職前幼教師比未修數學課的幼教師比未修數學課的職前教師還高。顯示修數學課的職前幼教師的數學態度在三組的比較中最好。

訪談選讀數學課的職前教師對數學的看法，學生的積極的反應：

只是就覺得有時候那個..就是數學題如果解不出來就覺得很煩，然後就會很想去解決它。（g1011-01）

表 4-6　選讀數學課的職前幼教師與未選讀數學課的職前幼教師比較

	GROUP	個數	平均數	標準差	t	顯著性
對成功學習數學的態度	職前幼教師	166	46.61	6.13	-.762	.447
	職前幼教師數	44	47.39	5.34		

數學焦慮	職前幼教師	166	30.79	10.13	-1.281	.202
	職前幼教師數	44	32.91	8.18		.
數學的動機	職前幼教師	166	32.95	10.25	-2.162	.032
	職前幼教師數	44	36.52	7.57		.
數學的認同	職前幼教師	166	36.32	8.59	-3.227	.001
	職前幼教師數	44	40.86	7.09		
對數學學習的信心	職前幼教師	166	31.42	10.56	-2.254	.025
	職前幼教師數	44	35.30			.

五、結論與建議

（一）結論

　　本研究使用問卷調查法的方式，從科技大學女性學生，調查對於其過去求學歷程中所經驗的數學學習，而形成目前對於數學學習態度的看法情形，獲得下列發現：

1. 科技大學女學生的數學態度的五個因素，除了對數學的成就感持有較高的正向態度外，對數學焦慮、數學動機、以及數學的學習信心且具有較低的負面學習態度，符應文獻探討所呈現的。

2. 在科技大學女學生的數學態度如文獻所呈現的，對學習數學的態度是負面的多的背景下，但是職前教師對學數學感到有成就感以及認同數學的有用程度方面的分數卻高於一般科系的學生。

3. 一般科系學生，職前幼教師與選讀數學課的幼教師比較，發現選讀數學課的職前幼教師在數學態度在數學的成就感、學習數學動機、認同數學有用程度以及對數學的學習動機都比職前幼教師高，三組當中選讀數學課的幼教師的平均分數最高。

4. 在數學態度的總平均分數職上作比較，職前幼教師的數學態度比一般科系學生分數高，加上選讀數學課，則平均數最高。由

此可見，女學生數學態度的早期決定論並不受到支持。反而是後天的學習及環境能改變女學生學習數學的態度。

（二）建議

針對本研究的發現，有下列建議：

1.重視學生數學的情意教育

學生對於數學抱持著懷疑以及討厭的態度，將可能影響到以後從事學前教育的態度特別是從事幼兒數學教學。因此，在幼教職前教育的課程中，應重視培養學生對數學喜愛的態度，除正式課程外，也必須重視的潛在課程的影響。

2.給予職前幼教師數學教學專業成長機會

教師是否具備有教學的專業素養將影響學生的學習。建議檢視師資培育制度，特別是數學教學的課程，以及幼教師在數學學科知識及學科教學知識素養與能力的培養，建議應該重新規劃教師的培育專業課程，有助於她們從事學前及銜接小學數學教育的教學。

3.師資培育階段應有數學教學實作課程

數學學習態度可以從環境中建立起來，在職前教師的教育實習階段，或在教學實習階段提供服務課程，由師資培育機構協助職前幼教師能有實地教學，從數學教學中建立信心及能力。

4.提升職前幼教師數學學習動機

研究發現職前幼教師，比起修讀其他科系的學生，具有較佳的數學態度，是否因為進入師資培育體系之前就有成績的篩選，抑或是學生本身具有準備擔任教師的心理特質因素，而為影響其數學態度的相關因素，未來可以進一步研究，建議調查師資培育中心學生與非師資培育中心學生的數學態度之差異情形或者其他有相關的影響因素。

參考文獻

佘曉清（1998）。科學教育與性別差異的省思。《兩性平等教育季刊》，2，51-57。

林志哲（2007）。以結構方程模式驗證期望、價值與數學成就的關係，《教育學刊》，29，103-127。

林錦秀，溫崑明（2006）。高職自我概念之研究，士林高商學報，6，6-20.

吳心楷（1997）。科學學習相關的認知能力與認知風格之性別差異探討。《科學教育月刊》，204，16-23；205，9-18。

吳淑珠（1997）。《國小學童自我概念、數學學習動機與數學成就的關係》。國立屏東師範學院國民教育研究所碩士論文，未出版，屏東。

馮莉雅（2003）。數學性別刻板印象之調查研究。《教育資料與研究》，50，64-72。

許瑋芷&陳明溥（2009）。數學表徵及數學自我效能對國小學生樣式推理學習成效之影響。數位學習科技期刊，2（3）。

潘志煌（1997）。《師生互動中的性別差異-國小班級多重個案研究》。國立新竹師範學院國民教育研究所碩士論文。

蕭惠蘭（2004）。《高中女生性別意識、教育期望、科學成就對升大學選擇科系之影響》，彰化師範大學教育研究所碩士論文。未出版，彰化。

薛承泰（1996）。影響國初中後教育分流的實證分析:性別、省籍、與家底背景的差異。《我國社會學刊》，20，49-84。

謝志偉（2003）。國小學童數學領域課業價值之調查研究。《教育資料與研究》，55，116-122。

謝臥龍、駱慧文（1997）。《國中科學教育教學方法與課堂互動中性別差異》。本文發表於台灣大學婦女研究室所主辦的性別與科學教育學術研討會，1997年12月19日，台北台灣大學。

邱美虹（2005）。TIMSS 2003臺灣國中二年級學生的科學成就及其相關因素之探討。《科學教育月刊》，282，2-40。

Aiken, L. R.（1976）. Update on attitudes and other affective variables in learning mathematics. *Review of Educational Research, 46,* 293-311.

Bacharach, V. R., Baumeister, A. A. & Furr, R. M.（2003）. Racial and gender achievement gaps in secondary education, *Journal of Genetic Psychology,* 164, 115-127.

Bandrua, A.（1977）. Self-efficacy: Toward a unifying theory of behavioral change. *Psychological Review,* 84, 191-215.

Bandura, A.（1995）. Exercise of personal and collective efficacy in changing societies, In A. Bandura(Ed.), *Self-efficacy in changing societies*(pp. 1-45), New York:

Bar-Haim, G., & Stanley J.（1989）. A cognitive interpretation of the marginality and underrepresentation of women in science. *Journal of Higher Education,* 60（4）, 371.

Bloom, B. S.（1976）. *Human characteristics and school learning.* New York: McGraw-Hill.

Brickhouse, N. W.（1994）. Bringing the outsiders: Reshaping the sciences of the future. *Journal of Curriculum Studies,* 26（4）, 401-416.

Brophy, J. & Good, T. L.（1986）. Teacher behavior and student achievement in M. Wittrock（Ed）, *Handbook of reseach on teaching,* NY: Macmillan

Clements, D. & Sarama, J.（2007）. Early childhood Mathematics Learning. In Frank K. Lester, Jr.（Ed.）. *Second Handbook of Research on Mathematics Teaching and learning*（pp.461-555）. VA: National Council of Teachers of Mathematics.

Clute, P. S.（1984）. Mathematics anxiety, instructional method, and achievement in a survey course in college mathematics. *Journal for Research in Mathematics Education, 15.* 50-58.

Cross, C. T., Woods T. A., and Schweingruber, H.(Eds).(2009). *Committee on Early Childhood Mathematics.* Washington, D. C. : National Research Council.

Dunham, P.H.（1990）. *Mathematical confidence and performance in Technology-enhanced precalculus: Gender-related differences.* Unpublished doctoral dissertation. Ohio State University. Gilligan, C.（1982）, In a different voice: Psychological Theory and Women's Development. Cambridge. MA: Harvard University.

Evans, E. M. Schweingruber, H., & Stevenson, H. W.（2002）.Gender differences in interest and knowledge acquisition: The United States, Taiwan, and Japan. *Sex Role*, 47, 153-167.

Fennem, E. & Sherman, J. A.（1976）. Fennema-Sherman Mathematics Scales. Instruments designed to measure attitudes toward the learning of mathematics by males and females. *JSAS Catalog of Selected Document in Psychology, 6*（3）, 1-32.

Gaskell, P. H., Hepburn, G. & Robeck, E.（1998）. Re/Presenting a gender equity project: Contrasting visions and versions. *Journal of Research in Science Teaching*, 35（8）, 859-876.

Hackett, G. & Betz, N. E.（1989）. An exploration of mathematics self-efficacy/ mathematics performance correspondence. *Journal of Research in Mathematics Education*, 20, 261-273.

Harvey, G. & Hergert l. F.（1986）, Strategies for achieving sex equity in education. *Theory into Practice*: 25（4）, 290-299.

Heffernam, E. J.（1996）. *All female education: Self image and academic success of fourth through eighth grade girls.* Dominican College of San Rafael Dissertations.

Hughes, G.（2001）. Explore the availability of student scientist identities within curriculum discourse: An anti-essentialist approach to gender-inclusive science. *Gender and Education*, 13（3）, 275-290.

Jones, M.G. & Wheatley, J.（1990）. Gender differences in teacher-students interactions in science classroom. *Journal of Research in science Teaching*, 27（9）, 861-874.

Kahle, J. B., & Meece, J.（1994）. Research on gender issues in the classroom. In Gabel, D. L.（Ed.）, Handbook of research on science teaching and learning. New York: Macmillan Publishing Company.

Koballa, T. R. Jr.（1993）. *Synthesis of science attitude research for elementary grades.* Paper presented at the 1993annual meeting of the National Association fro Research in Science Teaching, Atlanta, G. A.

Larose, S.、Ratelle, C. F.、Guay, F., Senecal, C. & Harvey, M.（2006）. Trajectories of science self-efficacy beliefs during the college transition and academic and vocational adjustment in science and technology programs. *Educational research and Evaluation*, 12（4）. 373-393.

Ma, Y.（2008）. Pre-college influence and college major choice: Gender, race/ethnicity and nativity patterning. *Theory in Action, 2（2）*, 96-138.

Maccoby, E. E. & Jacklin, C. N.（1974）. *The psychology of sex differences.* Standford, CA. Standford University Press.

Mullis, I. V. S., & Jenkins, L. B.（1998）. *The science report card: Elements of risk and recovery.*（Report NO. 17-S-01）, Princeton, NJ: Educational Testing Service.

Mura, R.（1987）. Sex-related differences in expectations of success in under graduate mathematics. *Journal for Research in Mathematics Education*, 18, 15-24.

National Science Foundation（1990）. Women and minorities in science and engineering（NSF 90-301）. Washington, DC: Author. National Science Foundation.

Nauta, M., & Epperson, D. L.（2003）. A longitudinal examination of the social-cognitive model applied to high school girls' choices of nontraditional college majors and aspirations. *Journal of Counseling Psychology*, 50, 448-457.

Sadker, M. & Sadker D.（1982）. *Sex equity handbook for school,* N.Y.: Longman.

Smith, T. E.（1992）. Gender differences in the scientific achievement of adolescents: effects of age and parental separation. *Social Forces*, 71（2）, 469-484.

Stipek, D., & Granlinski, H.（1991）.Gender Differences in Children's Achievement-Related Beliefs and Emotional Responses to Success and Failure in Mathematics, Journal of Educational Psychology, 83（3）, 361-71.

Tapia, M. & Marsh II, G. E.（2004）. An instrument to measure mathematics attitudes. *Academic Exceange Quarterly,* 8（2）,16-21.

Tapia, M. & Marsh II, G. E.（2004）. The Relationship of Math Anxiety and Gender, *Academic Exceange Quarterly,* 8（2）, 130-134.

Walberg, H. J., & Haertel, G. D.（1992）. Educational psychology's first century. *Journal of Educational Psychology, 84*, 6-19.

Woolfolk, A.（2001）. *Education psychology（8th ed.）*, Needham Heights, MA: Allyn & Bacon.

運用發展性教學輔導系統促進實習教師專業成長之探討

歐舜蘭

高雄市私立苣苴幼兒園園長

中華醫事科技大學幼保系業界教師

一、緒論

取得幼稚園教師合格證，必先通過教育實習，再經幼稚園教師資格檢定合格後，取得合格證。所以實習教師在實習過程中，如何有效規劃取得各種學習經驗，以達實習之效。但是，實習教師有來自不同的師資培訓管道，其經歷也不同，有的是剛畢業的實習教師，有的則是從事幼教工作數年後再進修幼教學程，或師資培育，因此他們所面臨的問題不盡相同。面對不同經歷的實習教師，如何運用輔導策略才能提供各項資源來幫助實習教師增加對幼教現場的瞭解和教學專業的成長。就實習教師而言，好的教學視導、輔導、支持、協助，是輔導實習教師的關鍵，以臨床視導，最受教育學者與工作同仁所肯定（洪俐如，2010）。

學者張德銳（2004）指出發展性教學輔導系統，不但可以協助教師改進教學，而且可以做為教師專業發展的依據，有助於教師專業形象的提升，對於實習教師有教學的革新的幫助。

從上述如何經由教育實習階段培育優秀教師是當今師資培育的重要課題，教育部從 2006 年開始推動「教師專業發展評鑑」，透過教室觀察，不但可以讓實習教師得到教學協助，也有機會檢視省思自

255

己,提升教師專業素質(張德銳、高紅瑛、康心怡,2010;呂木琳,2010)。以下分別從筆者的教育實習經驗與現場工作需求闡述發展性教學輔導系統對實習教師專業發展之重要。

(一)實習教師的經驗談起

筆者從事幼教多年,並創立幼兒園,為了應應幼托整合取得合格教師證,為此進修師資培育展開為期半年的實習生涯。當時筆者在幼稚園實習時,幼稚園裡的輔導教師是初次輔導實習教師,算是菜鳥輔導老鳥,對於如何輔導實習生,輔導教師是慢慢摸索而來。實習期間,實習輔導教師非常謙卑,有關園務行政、師生互動、環境規劃、課程設計等實務知識,都會互相交流,在教育實習歷程中,如何依據幼兒發展階段與生活經驗設計適性課程?怎麼引起孩子的學習興趣?轉接活動該怎麼辦?如何評量孩子的學習?如何處理個別孩子的問題?該怎麼與幼兒互動對話?這些課程對於我教學十幾年算不上困難,且是輕而易舉,這樣半年實習生涯對筆者來說收穫是甚麼?倘若這樣的實習能有一套系統化,且針對教學行為進行系統分析與回饋,其實更能幫助筆者改善教學行為或增進專業成長。

(二)發現發展性教學輔導系統的想法

在 2009 年順利考上樹德科技大學兒童與家庭服務研究所,為了幫助園所教師專業發展,從現場實務的問題如何輔導新手教師和資深教師專業成長,在研究所裡巧遇張翠娥教授,深深被「臨床視導-運用發展性輔導系統為視導工具」所吸引,發現這樣的系統以輔導對象的需求為主,強調實際觀察教師教學行為,不帶價值判斷地協助教師看見本身教學的盲點,以臨床視導方式運用系統化的工具(教師自我檢核-教室教學觀察-個人成長計畫的循環週期)有效地協助教師改善教學並促進其專業發展,同時也促發筆者使用「臨床視導-運用發展性輔導系統為視導工具」來輔導園裡教師的想法。

（三）實作中發現發展性輔導系統的可行性

就讀研究所的第二年，從撰寫論文中發現在輔導新手教師時，以教師的教學表現作觀察、輔導與協助，以一方面肯定教師的教學，另方面改進教師教學，確切促進教師專業成長。倘若運用發展性輔導系統在實習教師於全職實習期間，其身份雖為學生，但所肩負的角色、責任與面臨的問題，將與新進教師有雷同之處，因此，實習教師和新進教師可能皆有相似的期待與需求（林梅琴，2007）。

在輔導資深教師時，教師不能以數十年如一日的教學法，每位教師的教學固然有其特殊性，教師教學行為對學生影響很大，對資深教師而言不但激勵教師工作士氣，這系統不僅是發展性、形成性為目的，更可以鼓勵教師工作本身的內在價值，獲得滿足。假設實習教師為資深教師，運用發展性輔導系統，會經由自我省思改變成長歷程。學者張德銳（2006）提到唯有教師自我檢核，才能對教學的自我表現具有實在的了解和反省，促使教師改變教學策略，提升學生學習成效。

筆者由於職務的關係，身負教學領導與教學視導的職責，在筆者的實作中發現發展性教學輔導系統皆可幫助新手教師或資深教師的專業成長。特別是接觸新進的教師，或實習生，總希望能在教學方面給予幫助。本文即寄望透過發展性輔導系統對於實習教師的探討，探求臨床教學視導-運用發展性輔導系統對於實習教師在教學輔導方面的實質幫助。

二、文獻探討

發展性教學輔導系統之相關理論基礎係為教學視導、臨床視導以及發展性教學輔導三者，分述如下。

（一）教學視導的意涵

李珀（2000）認為教學視導中「視」的定義是：在教學過程中，觀察教師的教學行為。而「導」的意義為給予教師建議、指導。因此教學

視導的定義是在教師教學的過程中，進入教室觀察教師教學的行為，並提出積極可行的建議，改變教師的教學行為以期提高教學之品質。

Sergiovanni 和 Starratt（2002）提出教學視導是促進學校深層改革的關鍵，著重於提升教師素質，使學校成為關懷學生的場所，並促進學生精緻、有效的學習。

萬知新（2006）視導的意義直接落實於教師追求自我專業成長的過程之中，探究「自我診斷視導」的內涵，企盼教學視導能普及於教師生涯發展的不同階段。

呂木琳（2010）指出教學視導是視導人員與教師一起工作，以協助教師改進教學，增進教學效果的一種活動。

（二）臨床視導的意義

臨床視導乃關注於教師真實教學、專業事件的第一手資料取得，在分析被觀察之專業行為、活動過程中，涉及觀察者與被觀察者間面對面與所關聯之互動（呂木琳，2010）。臨床視導是進行教學現場的直接觀察，在雙方密切的互動模式下，記錄並分析所蒐集到的所有各種教學資料，再經由雙方的共同討論，找出教學者想要改進的項目，進而擬定改進方案，進行成長努力，最後標的在於改進教師的教學行為及提昇專業成長（蔡志鏗，2004）。在臨床視導所使用之觀察工具之發展上，學者張德銳（1996）參照 DETEK，修訂發展性教學輔導系統的視導工具（李光榮，2008）。

（三）發展性教學輔導的意義

根據學者張德銳（2003）提出教學輔導係以觀察教師教學為手段，以輔導教師改進教學行為與方法為目的之一種專業性、服務性工作。發展性教學輔導是從「教學視導及教學評鑑」所漸漸發展出來的。也是臨床教學視導的一種，是在教師主動與意願的情況下，提供教師改進教學的協助，並不斷地促進教學專業成長，使學生獲得最好的學習。

　　綜合上述發展性教學輔導是一種綜合性的模式也是一種有系統且完整的教學視導，同時也是運用臨床視導的計畫會談、教學觀察、分析、回饋會談、成長計畫，筆者茲將教學視導、臨床視導、發展性教學輔導系統三者間的關係如圖1：

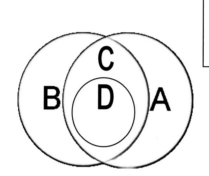

A＝教學視導
B＝臨床視導
C＝臨床教學視導
D＝發展性教學輔導系統

圖1　教學視導、臨床視導、發展性教學輔導三者間的關係

資料來源：研究者參考（賴廷生，2002；蔡志鏗，2004；白碧香，2005；賴靜瑤，2006；呂木琳，2010）整理

（四）教師專業成長的意涵

　　世界教師組織聯合會在 1990 年代表大會中強調「教師在其專業執行時間，應不斷精進，繼續增加其知識與經驗」，國內教育改革的訴求亦強調塑造教師專業形象，激勵教師不斷追求專業知能（張德銳等，2010）。

　　劉文通（2010）認為教師專業成長是教師為增進專業知能，提升專業精神而進行的一切有計畫的學習活動或經驗。換言之，教師專業成長就是教師為了提升教學表現，從事與增進個人教學專業態度、知識與技巧有關的自我改善的活動。

三、發展性教學輔導系統概念分析

發展性教學輔導系統透過教師自評、實際教學觀察、學生教學反應以及執行專業發展計畫等方式，改進教師的教學，促進教師專業發展，是目前我國教育改革中可以努力的一個方向。以下分述其定義、目的、特色、規準和運作過程。

（一）發展性教學輔導之定義

發展性教學輔導是指「透過教師自我分析、同儕教室觀察、學生教學反應等方式，有系統的搜集教師教學表現資料，然後鼓勵教師和同儕在相互信任、合作的基礎上，設定專業成長計畫並執行之，藉以不斷地促進教學專業的發展，所以它是一種典型的形成性、發展性、診斷性教學評鑑，也是一種專業性、服務性的教學輔導工作。」它鼓勵教師們自我反省實踐並與同儕友伴進行專業對話，在教學專業歷程上，攜手共進；是同儕之間真心誠意互相協助的教學輔導，而非傳統上對下的視察督導管理。

（二）發展性教學輔導之目的

發展性教學輔導主要目的如下：

1. 強化教師教學、發展及維持教師的教學專業。
2. 發現教師教學的成就感，以激勵其工作士氣。
3. 使教師以合作的方式，共同發展有利於教師教學與學生學習的情境。
4. 促進視導者與教師之間以及教師彼此之間的溝通、協調和合作，有助於學校的和諧氣氛。

發展性教學輔導的最終目的是為了藉由教師教學品質之提昇，增進學生知能，促進學生學習成果，造就有效能之學校。

（三）發展性教學輔導之特色

發展性教學輔導提供教師形成性的輔導和協助，其基本精神及教學觀察程序深受臨床視導所影響。此系統假定教師係一群具有學習能力之專業人員，在尊重教師前提之下，以客觀方式蒐集教師教學行為資料，以診斷教師教學行為，並透過專業成長計畫協助教師進行教學改進，達到教學專業成長與提昇教學效能之目的。其特色如下：

1. 重視教學者的自我省思，並且鼓勵教學者尋求同儕的協助。
2. 在輔導的過程中，強調輔導者要以教學者的意願與省思為出發點，對於教學者提供有系統的協助與支持，因此它是一個相當具有人文精神的教學輔導系統。
3. 此系統具有完整的教學輔導規準，以及周延有彈性的實施歷程，是具客觀性及診斷性的輔導系統。

（四）教學規準之建構

學者張德銳（2010）呂木琳（2010）認為教學規準有不妥當之處，可以加以修改、增加或刪除之，例如特教班、幼稚園或高職群均有其特殊專業需求，亦可以討論修正。筆者將其規準修正適用幼稚園實習教師如下：

1.教學規準

  A.掌握教學目標：幼兒教師在教學時，能掌握教材內容，設計教學方案及系統呈現教材，達成教學目標。

    A1.掌握授課的活動內容

      A1.1.充分備課，精熟教學內容

      A1.2.能連結幼兒舊經驗與新概念

    A2.依據教學目標設計教學方案

      A2.1.依據教學內容並考量幼兒能力決定教學目標

A2.2.依據教學目標設計教學活動

A2.3.能準備切合教學目標的教材

A3.有系統呈現教材

A3.1.呈現主題重點

A3.2.能循序漸進由簡而繁，有組織的呈現教材內容

A3.3.能提供多種操作機會，引導幼兒觸類旁通

A3.4.能適切提供練習，指導幼兒精熟學習

A3.5.於每個活動後總結學習要點

B.活用教學策略：幼兒教師在教學時，能引起並維持幼兒學習的動機，採用多元教學方法與媒體，善於發問啟發思考，有效運用教學策略。

B1.引起並維持幼兒動機

B1.1.結合幼兒日常生活經驗

B1.2.安排幼兒有興趣的學習活動

B1.3.提供幼兒獲得成功學習的經驗

B2.採用多元教學方法與媒體

B2.1.依學習需要使用多元的教學方法

B2.2.依據教學需要應用教學媒體～如偶劇、影片……

B2.3.依據教學需要給予變化的教學素材

B3.善於發問，啟發幼兒思考

B3.1.設計由淺而深的問題引導幼兒思考

B3.2.發問後待答時間恰當（5秒以上）

B3.3.引導較害羞的孩子發言

B3.4.聽答後能歸納整理幼兒的回答

B3.5.提供問題情境引導幼兒發問

C.增進有效溝通：幼兒教師在教學時，能運用良好的語文技巧，展現生動的肢體語言，建立多向的互動溝通，以增進和幼兒溝通效果。

C1.運用良好的語文技巧

    C1.1.音量、語速適中，口語表達清晰

    C1.2.能使用適當語言文字進行教學

C2.展現生動的肢體語言

    C2.1.以眼神、面部表情和肢體動作配合口語傳達意義

    C2.2.適度的移動位置增進溝通效果

C3.建立多向的互動溝通

    C3.1.對幼兒的反應做建設性的回饋

    C3.2.鼓勵幼兒之間互動、並溝通討論

D.營造學習環境：幼兒教師在教學時，能營造並維持有利幼兒學習的班級氣氛，建立教室常規，掌握有效教學時間，以塑造良好的學習環境。

D1.營造和諧的班級氣氛與學習環境

    D1.1.以和善親切的語氣與幼兒互動

    D1.2.引導幼兒進行同儕合作學習

D2.建立教室常規

    D2.1.使幼兒能明確遵守教室規範

    D2.2.使幼兒能明確遵循活動程序

    D2.3.妥善處理幼兒不當行為

D3.有效掌握教學時間

    D3.1.能儘快地進入教學活動

    D3.2.有效分配教學活動時間

    D3.3.維持流暢的教學節奏

E.善用幼兒表現回饋：幼兒教師在教學時，能評估幼兒學習表現提供回饋與指導，以達成預期學習的效果。

E.1 評估幼兒學習表現提供回饋與指導

    E1.1.依據學習目標，使用適當的評量方法與工具

    E1.2.依據幼兒學習需要，進行個別指導。

E2.達成預期學習效果

　　E2.1.使幼兒能專注參與學習活動

　　E2.2.幼兒能理解並運用所學的概念和技能

　　E2.3.幼兒能理解並喜歡與學習活動有關的價值觀念

（五）發展性教學輔導系統運作過程

　　整個運作過程分為「教師自評」「教學觀察」「成長計畫」等三個階段，教師自評是由教師自我教學表現進行自我檢核，教學觀察又分觀察前會談、教學觀察、學生對教師教學反應，筆者予以刪除，因為幼托機構的幼兒並不適合填寫此工具內容，為了維持三角校正的基本精神，以「同儕觀察」代替（林琬淇、許文薰、陳宥伶、卓靜宜，2007），也就是再請一位同儕觀察，最後是回饋會談。整個歷程如圖 2 所示。張德銳等（2010）提出在系統的運作過程設計上，允許教師依其需求選擇部分階段或步驟，加以彈性運用。

　　整個輔導系統的運作，需經過計畫會議、教室觀察與回饋會議。在計畫會議中又需包含整體實習計畫會議及每一次觀察與教學會議，教室觀察亦包含各項技術的運用與討論，每一次的觀察應有的討論與回饋，則在回饋會議中進行。落實輔導系統的策略則需仰賴輔導教師對實習生做有系統的培訓計畫及建立具體的教學行為成長輔導（林梅琴，2007）。

預備階段（信任、訓練與支持）

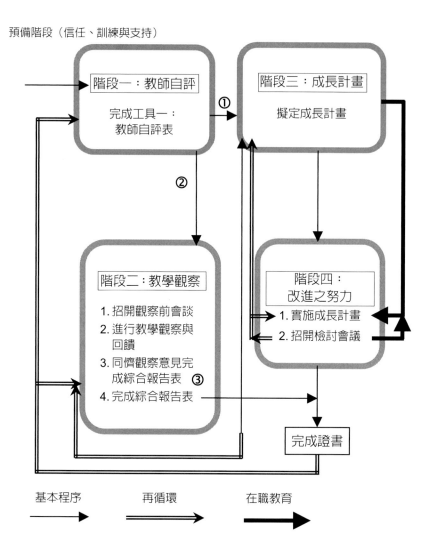

圖2　實施步驟的步驟圖

資料來源：張德銳（2010，頁8）

三、發展性輔導系統如何促進實習教師專業發展

（一）實習教師自我檢核的用意

　　實習教師自評是一種有效教師評鑑，因為唯有教師自己本身，才能對自我的教學表現做最實在且最深刻的了解和反省，從檢核表可以自我察覺教學上的優、缺點，發現自己可以成長的空間。若在自評表上了解自己需要成長之處，實習教師可以直接和輔導教師擬定專業成長計畫，努力改進自己此一缺點，達到自評的目的。這樣的自我覺醒的力量如同皮亞傑的發展心理理論「成長是發自內心的」「成長是終身學習的」。所以，自我檢核是一種手段，專業成長才是目的。

（二）輔導教師的觀察回饋

　　由於實習教師自我檢核、自我省思，來改進教學技巧仍有局限性，透過輔導教師進入班級進行教學觀察，並客觀記錄實習教師真實表現，透過回饋會議會談，引出實習教師的意見、感受，輔導教師以傾聽、複述、澄清，來肯定和改善實習教師的教學表現，對於實習教師與輔導教師均有利於專業成長。這樣的回饋會談，正如教師教學省思，而教學省思是一種主動持續，仔細思考的內隱性歷程，經歷這種歷程，教師對本身的專業知識、表現和信念，不斷地反省、思考、批判、辯證，才能重新組織與建構教學經歷，並改進教學實務，提升教師專業成長。

（三）成功的專業成長計畫

　　在擬定成長計畫時以實習教師成長需求為基礎，根據 Harris 和 Hill（1982/1992）主張的教學發展技巧，由低到高「知道」、「探究」、「試驗」、「建立」、「決定」等五個層次，成長活動的順序有四個要點：（1）重點放在教師學習的需要上；（2）從教師已經了解的教學行為

開始著手；（3）鼓舞教師對成長活動的學習興趣與意願；（4）讓教師獲得愉快的成長活動學習經驗。

　　成長活動是在有限的時間內，達成促進教學技巧發展的目的。就教學技巧的發展層次而言，此種活動最少應能夠幫助教師從「知道」、「探究」這二個較低層次，進步到「試驗」這一個次高層次。如圖3：

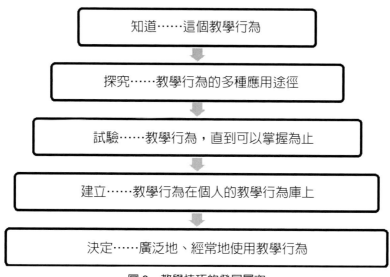

圖3　教學技巧的發展層次

資料來源：張德銳等（2004，頁51）

　　一個成功的專業成長，是量身訂做的，不是參加一場研習活動就能獲得改善；促進專業成長有很多方法，唯有知己知彼，才能百戰百勝。只要教師能從「知道」自己的教學行為，到「探究」這個教學策略，換言之是自我教學的覺醒，然後解決教學問題，找出替代方案，達到教學效能。

四、發展性輔導系統在幼稚教育實習教師之應用

（一）從文獻上來看

實施教育實習，最主要的目的之一乃在經由這個歷程促進實習教師的專業成長（林梅琴，2007）。從文獻查證發展性輔導系統有促進教學自省與自覺（萬新知，2006）；能提昇教學能力與技巧（許正宗，2003；賴廷生，2002；丁一顧、張德銳，2006）；能提高教學效能（張德銳，2003；丁一顧、張德銳，2006）；能促進教師專業發展（許正宗，2003；賴廷生，2002；郭淑芳，2005）；有提昇學生學習成就（蔡明峰；2009）。

丁一顧、張德銳（2006）的研究對準實驗研究設計控制組和實驗組前後測實驗研究結果顯示實習教師或是新進教師，在經過臨床視導運用發展性教學輔導系統，其教學效能提升。

賴政國（2001）也針對一位實習教師進行行動研究，並輔以訪談法調查臨床

視導的實施成效，結果發現：臨床視導的實施，有助於實習教師明瞭自己教學缺失、改善教學技巧

綜合上述發展性輔導系統在幼稚教育實習教師之應用不但促進實習教師教學自省，提升教學效能亦促進實習教師專業發展，對應屆畢業實習教師或經驗實習教師或資深實習教師都有很大幫助。

（二）從實務現場上來看

1.發展性教學輔導系統運用在幼稚園實習教師可行嗎？

發展性輔導系統運用在幼稚教育實習或幼稚園的研究，筆者搜尋國內碩博士論文，透過全國碩博士論文資訊網以「發展性教學輔導」為關鍵字所搜尋到的研究至目前為止有 5 篇（莊春鳳，2006；林明淵，

2008；陳麗莉，2002；賴廷生，2002；蔡若蘋，2006）。此外，國內學者許正宗（2002）；黃春滿（2004）；賴政國（2001）；蔡志鏗（2004）；丁一顧（2004）也曾發表關於臨床視導運用發展性輔導系統為工具的實徵性研究。

上述的研究，多數集中在國小階段，而其它教育階段的相關研究較少，國內針對幼稚園教育實習的有白碧香（2005）幼稚園實習輔導教師實施臨床視導之研究，和洪俐如（2010）幼稚園實施同儕臨床視導之行動研究，目前尚未找到在學前教育以發展性輔導系統為輔導策略的相關文獻。

從上述研究來看，國內以「發展性輔導系統」為題的研究，大多集中在國小階段，其它教育階段（幼稚園、國中、高中、大學）的相關研究較少。然而幼稚園的教學情境與國小大不相同，尤其是在多元教學型態（個別、小組、團體教學）、教師協同教學、課程不分節次、無固定教材等方面，因此在幼稚園教育階段實施發展性輔導系統有其值得探究之處。再者，發展性輔導系統的內涵必須依幼稚園需求和型態進行量身訂做。發展性教學輔導系統是否適用在幼稚園實施？以下針對國小教學型態和幼稚園教學型態之比較如表 1：

表 1　國小教學型態和幼稚園教學型態之比較

	國小教學型態	幼稚園教學型態
教育目標取向	著重於教育	教育、保育兼併
教育體制取向	公立體制較多	私立體制較多
課程內容取向	一綱多本（固定教材）	多元教學（無固定教材）
教師考核取向	設有教師評鑑機制	私立機構自行訂定考核標準（或無考核）
學生評量取向	定期評量	無固定評量（或多元評量）
同儕合作取向	一班級一位導師	一班一師或一班兩師
教學結構取向	有一定的進度	沒有一定的進度
教師成長取向	有考績壓力 教師固定參與研習	視機構擬定教師研習計畫（目前有研習時數要求）
教學情境取向	課程分節次 以團體教學為主	課程無固定節次 個別、小組、團體教學

依上述國小課程和幼稚園課程相較之下，幼稚園課程更具有彈性更多元，但在私立幼稚園實習教師成長部份是否有積極對教師專業成長擬定計畫，值得探究。

2.輔導教師對視導概念認識不足

幼稚園輔導教師角色同時存有教育與保育職責之複雜與特殊性所致，因此輔導教師不僅必須負責課程計畫、教學組織及幼兒觀察與輔導等，亦必須兼任很多工作，無暇做繁重的視導工作。再則輔導教師要有視導的基本認知對教室觀察才能以客觀資料進行回饋。

針對以上分析，輔導教師能針對實習教師的教學行為進行系統化的分析與回饋，是能夠幫助實習教師改善教學行為與解決教學困擾。而問題在於輔導教師是否願意採行這樣的一個系統協助實習教師做教學成長，是值得推廣的。

五、結論

現今採用的教學輔導系統，大多傾向臨床視導的模式，以協助教師改進教學為目的（張德銳、李俊達，2004a）。臨床視導注重教師課堂教學，經由課堂的教學過程，以獲得教師和學生對教學的觀念、知識與態度等資料，由這些資料的分析及視導人員和教師的關係，形成了臨床視導的程序和策略，最後目的則在增進教師的教學知能及學生的學習效果。

而發展性教學輔導系統是「係指透過教師教學自我分析、同儕教室觀察、學生學習反應」等方式，來蒐集教師教學表現資料，然後鼓勵教師和同儕在相互信任合作的基礎上，設定專業成長計畫並確實執行，藉以不斷地促進教學專業的發展。這樣的方法對於實習教師是有實質幫助。

實習教師剛踏入教學現場，對於教學環境生疏，又難將於師資培育機構習得的觀念與技巧轉化於實際的教學，遂造成理想與實際之間

的差距，使得實習教師容易產生無力感與許多困擾，急需有效的支援系統，適切協助實習教師的專業成長。因此，教育實習輔導有其必要性與重要性，實習輔導教師則居於關鍵性地位。

發展性輔導系統，若能夠順利運作，可以協助教師達成四個目標：（1）幫助教師改進教材教法，以期提升教學品質；（2）瞭解教師教學困難及需要，做為教師自我成長之參考；（3）提升教師技巧，樹立教師專業形象；（4）激發教師自我思考與反省的意願與能力。俗云「工欲善其事，必先利其器」，協助教師肯定自我，了解自我，積極改善，提升教學效能。

六、建議

（一）對師資培育機構的建議

將教學視導列為實習輔導教師的基本要求。實習輔導教師，應對於教學視導有所認識，特別是對臨床視導的技巧與步驟，能深入了解，並實際運用在實習教師的教學輔導上。根據筆者這些年來的教育現場經驗，能具體落實的輔導教師並不多，如果師資培育機構能適度的引領和要求，對於實習輔導制度必然更加落實，也更能加惠輔導對象的教學精進。

定期辦理教學視導相關的研習與研討會，並出版相關書籍，提昇外界對教學視導的關注度。師資培育機構擁有豐沛的人才，具有社會所信任的清譽，由師資培育機構辦理相關研習或研討會，不但吸引外界的關注，並能引領風潮，帶動教育工作者學習、研究的熱情。

（二）對實習教師的建議

實習教師應該勇於接受挑戰，參與教學視導的相關研究，從中可以學習專業發展的相關知識，並從參與過程學習人際互動的技巧，建

立良好的人際關係，而這些知識與技能都是日後實際從事教育工作所必備的。

專業發展是一位教師的生存的基本條件，在講求專業分工的今天，在知識爆炸的時代，做個專業的教師，做個有特色的教師，是當務之急的課題。參與臨床視導，開啟實習教師專業發展的第一道門扉，讓實習教師再教育實習的階段有好的開始，在整個教育生涯有珍貴的經驗。未來的社會更要講求專業的人才，學校需要更多專業的老師，實習教師應該以學習遷移的心情，接受更多有關專業的研習與研究，讓自己的專業領域，更加充實穩固。

（三）對輔導教師的建議

輔導教師在實習輔導制度上有著關鍵性的任務與角色，其具備的年資、學科知識與課程規劃能力、人際溝通技巧、傾聽、反思與批判能力、正向、積極、樂觀的人格特質、有意願輔導實習學生等。若能參與發展性教學輔導系統研習，精熟教師教學行為觀察，將有助於實習教師改變教學行為，提升專業成長。

參考文獻

中文部分

丁一顧（2004）。《臨床視導對國小實習教師教學效能影響之研究》。臺北市立師範學院國民教育研究所博士論文，未出版，臺北市。

丁一顧、張德銳（2006）。臨床視導對國小實習教師教學效能影響研究。《師大學報》，51（2），219-236。

白碧香（2005）。《幼稚園實習輔導教師實施臨床視導之研究》。國立新竹師範學院幼兒教育研究所碩士論文，未出版，新竹市。

呂木琳（2010）。《教學視導——促進教師專業發展》。台北市，五南。

李　珀（2000）。《教學視導》。台北市：五南。

李光榮（2008）。一個國民小學實施學校本位教學視導之行動研究。《國民教育研究學報》，20：115-146

林明淵（2008）。《運用發展性教學輔導系統協助初任教師專業成長之個案研究》。國立中正大學教育研究所，碩士論文，未出版，嘉義市。

林梅琴（2007）。教育實習輔導制度運用發展性教學輔導系統之策略。《教育研究與發展期刊》，3（1），143-174。

林琬淇、許文薰、陳宥伶、卓靜宜（2007）。幼兒園教保員教學評鑑系統建構與實驗之相關研究。《社會變遷下的幼兒教育與照顧學術研討論文集》，193-211。

洪俐如（2010）。《幼稚園教師實施同儕臨床視導之行動研究》。國立新竹教育大學幼兒教育學系碩士論文，未出版，新竹市。

張德銳（1996）。《發展性教師評鑑系統》。台北：五南。

張德銳（2006）。教師自我評鑑與專業成長計畫。《中等教育》，57（5），20-35。

張德銳、丁一顧、許雅惠、陳信夫、李俊達、高紅瑛（2004）。台北市中小學試辦教學輔導教師制度，九十一學年度試辦實施成效評鑑研究。《台北市立師範學院學報》，35（1），101-126。

張德銳、李俊達（2004a）。發展性教學輔導系統的實施與展望。《教育資料與研究》，58，79-84。

張德銳、李俊達（2004b）。《啟導實習教師教學實習輔導手冊》。台北：台北市立師範學院實習輔導處。

張德銳、高紅瑛、康心怡（2010）。《教學專業發展評鑑系統——實務手冊與研究》。台北市，五南。

張德銳等（2003）。《發展性教學輔導系統——理論與實務》。台北：五南。

張德銳等（2004）。《中學教師教學：專業發展系統》。台北：五南。

莊春鳳（2006）。《在發展性教學輔導系統運作下充實數學教學先備知識對生手教師有效教學專業判斷之影響》。國立臺北教育大學課程與教學研究所，碩士論文，未出版，台北市。

許正宗（2002）。《國民小學初任教師臨床視導之個案研究》。台北市立師範學院國民教育研究所碩士論文，未出版，臺北。

郭淑芳（2005）。《教學視導與專業成長相關研究》。國立台南大學教育與經營管理研究所碩士論文，未出版，台南市。

陳麗莉（2002）。《發展性教學輔導系統應用研究一位國小實習教師教學成長歷程》。台北市立師範學院國民教育研究所，碩士論文，未出版，台北市。

黃春滿（2004）。《實施臨床視導對國中國文教師教學專業成長影響之研究》。國立臺灣師範大學語文教育研究所碩士論文，未出版，臺北。

萬新知（2006）。教師自我診斷視導之分析與策略。《學校行政雙月刊》，41，26-42。

萬榮輝（2002）。《國小資深教師實施同儕視導之研究》。國立臺北師範學院課程與教學研究所碩士論文，未出版，臺北。

劉文通（2010）。建構學校本位教學視導制度——協助教師專業成長。《學校行政雙月刊》，69，107-122

劉仲成（2009）。教學視導與精進教師教學。《教育研究月刊》，186，111-122。

蔡志鏗（2004）。《一位實習教師的專業成長故事——臨床視導之個案研究》。台北市立師範學院國民教育研究所，碩士論文，未出版，台北市。

蔡明峰（2009）。《教學視導對私立高中教師教學效能影響之個案研究》。國立東華大學教育研究所教育學碩士論文，未出版，臺東。

蔡若蘋（2006）。《有效教學專業判斷之影響》。國立臺北教育大學課程與教學研究所，碩士論文，未出版，台北市。

賴廷生（2002）。《國小實施發展性教學輔導之研究——以二位實習教師為例》。臺北市立師範學院國民教育研究所輔導教學碩士論文，未出版，臺北。

賴政國（2001）。《國小教師臨床教學視導之行動研究》。國立臺北師範學院課程與教學研究所碩士論文，未出版，臺北。

賴靜瑤（2006）。《台南市國民小學教師教學視導實施現況與問題之研究》。國立台南大學學校經營與管理研究所碩士論文，未出版，臺南市。

英文部分

Glickman, C. D.（2002）。《教學視導——做老師的最佳學習拍檔》（陳佩正譯）。台北：遠流。（原著出版於 2002）。

Harris, B.M., Hill, J.（1983/1992）。《教師發展評鑑系統》（*The DeTEK handbook*）呂木琳、張德銳譯。新竹市：國立新竹師範學院。

Sergiovanni, Thomas. J. & Starratt, R. J.（2002）. *Supervision: A redefinition*（7th ed.）. NJ: McGraw-Hill.

社會科學類　AF0155

幼稚園教育實習輔導

編 著 者 / 黃文樹
責任編輯 / 林泰宏
圖文排版 / 王思敏
封面設計 / 陳佩蓉

發 行 人 / 宋政坤
法律顧問 / 毛國樑　律師
印製出版 / 秀威資訊科技股份有限公司
　　　　　114 台北市內湖區瑞光路 76 巷 65 號 1 樓
　　　　　電話：+886-2-2796-3638　傳真：+886-2-2796-1377
　　　　　http://www.showwe.com.tw
劃撥帳號 / 19563868　戶名：秀威資訊科技股份有限公司
　　　　　讀者服務信箱：service@showwe.com.tw
展售門市 / 國家書店（松江門市）
　　　　　104 台北市中山區松江路 209 號 1 樓
　　　　　電話：+886-2-2518-0207　傳真：+886-2-2518-0778
網路訂購 / 秀威網路書店：http://www.bodbooks.com.tw
　　　　　國家網路書店：http://www.govbooks.com.tw
圖書經銷 / 紅螞蟻圖書有限公司
　　　　　114 台北市內湖區舊宗路二段 121 巷 28、32 號 4 樓
　　　　　電話：+886-2-2795-3656　傳真：+886-2-2795-4100

2011 年 9 月 BOD 一版
定價：340 元
版權所有　翻印必究
本書如有缺頁、破損或裝訂錯誤，請寄回更換

國家圖書館出版品預行編目

幼稚園教育實習輔導 / 黃文樹編著. -- 一版. -- 臺北
市 : 秀威資訊科技, 2011.09
　　面 ； 　公分. -- (社會科學類 ; AF0155)
BOD 版
ISBN 978-986-221-803-7(平裝)

1. 學前教育　2. 教育實習　3. 文集

523.2307　　　　　　　　　　　　100014372

讀者回函卡

感謝您購買本書，為提升服務品質，請填妥以下資料，將讀者回函卡直接寄回或傳真本公司，收到您的寶貴意見後，我們會收藏記錄及檢討，謝謝！
如您需要了解本公司最新出版書目、購書優惠或企劃活動，歡迎您上網查詢或下載相關資料：http:// www.showwe.com.tw

您購買的書名：_____

出生日期：_____年_____月_____日

學歷：□高中 (含) 以下　　□大專　　□研究所 (含) 以上

職業：□製造業　□金融業　□資訊業　□軍警　□傳播業　□自由業
　　　□服務業　□公務員　□教職　　□學生　□家管　　□其它_____

購書地點：□網路書店　□實體書店　□書展　□郵購　□贈閱　□其他

您從何得知本書的消息？

　□網路書店　□實體書店　□網路搜尋　□電子報　□書訊　□雜誌
　□傳播媒體　□親友推薦　□網站推薦　□部落格　□其他_____

您對本書的評價：（請填代號　1.非常滿意　2.滿意　3.尚可　4.再改進）

　封面設計____　版面編排____　內容____　文／譯筆____　價格____

讀完書後您覺得：

　□很有收穫　□有收穫　□收穫不多　□沒收穫

對我們的建議：_____

_____

_____

_____

11466
台北市內湖區瑞光路 76 巷 65 號 1 樓

秀威資訊科技股份有限公司 　　　收

BOD 數位出版事業部

⋯⋯⋯⋯⋯⋯⋯⋯⋯⋯⋯⋯⋯⋯⋯⋯⋯⋯⋯⋯⋯⋯⋯

（請沿線對折寄回，謝謝！）

姓　　名：＿＿＿＿＿＿＿＿＿　年齡：＿＿＿＿　性別：□女　□男

郵遞區號：□□□□□

地　　址：＿＿＿＿＿＿＿＿＿＿＿＿＿＿＿＿＿＿＿＿＿＿＿

聯絡電話：(日)＿＿＿＿＿＿＿＿＿　(夜)＿＿＿＿＿＿＿＿＿

E-mail：＿＿＿＿＿＿＿＿＿＿＿＿＿＿＿＿＿＿＿＿＿＿＿